dtv

Trumtinchen Deltanullzwei – so heißt das winzige Wesen, das Knall auf Fall von seinem Heimatstern Trumtino zur Erde geschleudert wird und das mit allerlei wundersamen Kräften ausgestattet ist. Mit deren Hilfe meistert es den unvertrauten Erdenalltag und schenkt auch allen seinen neuen Freunden einen Sternenmantel voll Vertrauen. So verliert etwa der Holzwurm Guggi mit Hilfe des »Ankerns«, des Speicherns guter Gefühle, nicht nur seine Lustlosigkeit, sondern auch seine zahlreichen Speckschwarten. Dieses phantasievolle Märchen für Erwachsene und Kinder, in dem Konzepte aus NLP, Psychographie, systemischer und lösungsorientierter Therapie verpackt sind, zeigt, wie sich alltägliche Probleme in Lösungen verwandeln lassen. Auf jede Märchenepisode folgt ein Kapitel ›So geht's‹, das das Erzählte in den entsprechenden theoretischen Rahmen stellt, mit Beispielen aus der Praxis ergänzt und Literatur zum Weiterlesen empfiehlt. So gibt das Buch leicht nachvollziehbare Rezepte an die Hand, damit wir Problemsituationen künftig leichter bewältigen können, weil wir klarer denken, klüger handeln und psychisch stabiler sind.

Dr. Klaus Fritz, geboren 1946, ist Diplomsoziologe und promovierter Philosoph. Seit 1991 arbeitet er als freier Journalist, und seit 1996 ist er außerdem im sozialen Projektmanagement tätig. Zusammen mit Dietmar Friedmann veröffentlichte er ›Wer bin ich, wer bist du?‹ (1996) und ›Wie ändere ich meinen Mann?‹ (1997).

Klaus Fritz

Ein Sternenmantel voll Vertrauen

Märchenhafte Lösungen für
alltägliche Probleme

Deutscher Taschenbuch Verlag

Von Dietmar Friedmann und Klaus Fritz
sind im Deutschen Taschenbuch Verlag erschienen:
Wer bin ich, wer bist du? (36530)
Wie ändere ich meinen Mann? (36545)

Originalausgabe
November 1998
© Deutscher Taschenbuch Verlag GmbH & Co. KG,
München
Umschlagkonzept: Balk & Brumshagen
Umschlagbild: © Kerstin Meyer
Satz: Fotosatz Reinhard Amann, Aichstetten
Gesetzt aus der Sabon 9,5/11,75˙ (QuarkXPress)
Druck und Bindung: C. H. Beck'sche Buchdruckerei,
Nördlingen
Gedruckt auf säurefreiem, chlorfrei gebleichtem Papier
Printed in Germany · ISBN 3-423-36120-4

Inhalt

Vorwort

Ein Buch für zwei

So läuft's doch meist: Kommen wir mit jemandem nicht zurecht, dann werden wir ihn meiden oder übersehen, ihm Vorhaltungen machen oder auch schön tun, ihn mit Anweisungen eindecken oder anbrüllen. Hat einer Kummer, dann werden wir ihm sagen, daß es nicht so schlimm ist, ihn ablenken, aufmuntern oder versuchen, ihm die trüben Gedanken auszureden. Tut man uns weh, dann reagieren wir aggressiv, beleidigt, verletzt oder sind traurig. Wollen wir andere verstehen, dann deuten wir sie meist aus unserer Sicht.

Doch die Erfahrung zeigt, daß diese Muster, auch wenn wir sie ständig wiederholen, wenig verbessern oder nützen, sondern solche Situationen oft noch verschlimmern. Der Teilnehmer eines Seminars in Kurztherapie ging einen anderen Weg. Als seine kleine Tochter Angela nach einem erschreckenden Erlebnis unter Ängsten litt, half er ihr mit Vorgehensweisen, die er in diesen Kursen gelernt hatte, aus der Krise heraus. Tage danach bemerkte er, daß Angela diese Übungen wiederholte. Auf seine Frage »Wieso machst du das? Ich denke, es geht dir wieder gut!« bekam er von Angela die pfiffige Antwort: »Ich bin schon wieder ganz o. k. Aber ich will, daß es mir noch viel, viel besser geht!«

Die Art, wie der Vater das Problem löste und wie Angela seine Lösungsvorschläge annahm und mit ihnen experimentierte, führte zu der Idee, »ein Buch für zwei« zu schreiben (denn Lösungen brauchen Kinder und Erwachsene gleichermaßen): mit einer Geschichte zum Vorlesen und Darüberreden, zum Hineindenken, Mitfühlen und mit Übungen zum Nachmachen. Es ist eine Geschichte, in der

Trumtinchen, ein kleines Wesen von einem anderen Stern, zeigt, wie man sich nach seelischen Verletzungen stabilisiert, vor tristen Gefühlen und dunklen Gedanken schützt und heikle Situationen zum Guten wendet – oder sie durch umsichtiges Handeln gar nicht erst entstehen läßt. Kurz gesagt: wie man alltägliche Sorgen in Lösungen verwandelt.

Die dafür verwendeten Vorgehensweisen sind ausgewählte und zum Teil überarbeitete Konzepte aus dem »Neurolinguistischen Programmieren« (NLP), der »Systemischen« und »Lösungsorientierten Kurztherapie« sowie die Typologie einer neu entwickelten Charakterkunde. Die Kapitel mit der Überschrift »So geht's« vertiefen und ergänzen die davor erzählte Geschichte für Erwachsene mit Beispielen aus dem Alltagsleben und der therapeutischen Praxis.

Diese mentalen und/oder praktischen Strategien werden auch da ein großes Stück weiterhelfen, wo wichtige Energien zu wecken sind, die für die (Weiter-) Entwicklung des Menschen – und insbesondere eines jungen – unerläßlich sind. Gemeint sind jene Qualitäten, die Daniel Goleman »die Potentiale der Emotionalen Intelligenz« nennt. Ausgehend von der Frage, woran es liegt, wenn Menschen mit einem hohen IQ im Leben scheitern und andere mit einem bescheidenen IQ überraschend erfolgreich sind, kommt er in seinem Buch zu dem Schluß:

> »Entscheidend sind nach meiner Ansicht sehr oft die Fähigkeiten, die ich hier als ›emotionale Intelligenz‹ bezeichne; dazu gehören Selbstbeherrschung, Eifer und Beharrlichkeit und die Fähigkeit, sich selbst zu motivieren. Wie wir sehen werden, sind das Fähigkeiten, die man Kindern beibringen kann, so daß sie das intellektuelle Potential, das die genetische Lotterie ihnen vermittelt hat, besser nutzen können« (Emotionale Intelligenz, S. 12).

Auf dem Weg zu einer gelingenden Persönlichkeitsentwicklung, die Lücken füllt und das, was an Ressourcen ruht, in jungen Menschen weckt, führt die Frage weiter: Wie können wir dieses Vermögen fördern? Oder, an uns Erwachsene gerichtet: Wie bin (oder werde) ich

»selbstbeherrscht«, »eifrig« und »zielstrebig«, um Golemans Begriffe zu nennen. Für diese und alle übrigen personalen Fähigkeiten oder Eigenschaften ist ein spezifisches Wissen notwendig, das beim Erlangen dieser Qualitäten hilft.

Auch hier bieten sich die Methoden der Kurztherapie an, denn frei von psycho-*logischen* Konstrukten sind sie so konzipiert, als hätte man sie einer *intelligenten* Lebensweise und der damit verbundenen *lösungsorientierten* Haltung abgeschaut. Wie man beides einnimmt, zeigt uns Trumtinchen ebenfalls und macht dazu den Vorschlag: »Ein übergangenes Glück ist kein Glück. Umgekehrt, wenn wir aus einer Situation kein Problem machen, gibt es auch kein Problem.« Seien wir darum so klug und öffnen uns immer mehr dem Glücklichsein und denken immer weniger ans Problematisieren. Und wenn wir imstande sind, Lösungen für unsere Probleme zu finden, dann ist dieses wohltuende Gefühl dem Glücklichsein sehr nah.

Noch anzumerken ist: Großvater Karl erzählt vom Zauberer Houdini. Dieser berühmte Mann ist keine Phantasiefigur, sondern hat von 1874 bis 1926 gelebt und war als Magier und »König der Entfesselungskünstler« auf der ganzen Welt bekannt. In Europa längst vergessen, wird Harry Houdini in Amerika noch heute als Star verehrt, was u. a. die zahlreichen Seiten im Internet und die vielen Neuerscheinungen auf dem amerikanischen Büchermarkt belegen.

Kapitel 1

Knall und Fall

Seit vielen tausend Jahren lebte das kluge Volk der Trumtine glücklich und zufrieden auf dem Stern Trumtino, weit, weit draußen im Weltall. Doch damit sollte es bald ein Ende haben. Warum? Nun, Trumtino fühlte sich nicht mehr wohl in seiner Haut. Er hatte seine kugelrunde Form und das ewige Gekreise um die andern Sterne mitsamt seinen Bewohnern gründlich satt. Trumtino wollte lieber solo und ein duftig frischer Sternennebel sein, der sich im Weltall so frei und unbeschwert bewegen konnte, wie es ihm grad paßte.

Eines Morgens hatte Trumtino endgültig die Nase voll und faßte einen folgenschweren Entschluß. Er blies sich auf, so fest er konnte, lief vor Anstrengung rot an, schaukelte hin und her und wurde mit jedem Atemzug dicker. Dann, ein Riesenknall, das Weltall bebte – Trumtino hatte es geschafft! Er war tatsächlich geplatzt und in einen Sternennebel aus lauter glitzernden kleinen und größeren Sternchen zersprungen. Und was tat er nun vor lauter Freude? Er hüpfte erst mal im Zickzack umher. Später dann würde er vielleicht Haken schlagen oder ein Wettrennen mit einem anderen Sternennebel veranstalten oder einfach nur endlos Spiralen drehen.

Aber wo waren seine Bewohner geblieben? Trumtino hatte sie ohne viel Federlesen ins dunkelblaue Nichts geschleudert. Sie fielen in Richtung Erde, denn die hatte in dem Moment, da Trumtino sich zerkrümelte, die größte Anziehungskraft auf die dahinsausenden Trumtine. Und während sie kopfüber und rasend schnell durch das Weltall purzelten, geschah etwas Seltsames: Sie wurden von Sekunde zu Sekunde kleiner. Bei ihrer Ankunft auf der Erde waren sie schließlich nicht mal mehr fingernagelgroß.

Ein Trumtin, Deltanullzwei, hatte sich im Fallen noch flink ein Steinchen von Trumtino gegrapscht und in die Tasche gesteckt. Nun schwebte es an seinem grellbunten Fallschirm über Wiesen und Wälder, Berge und Seen. Plötzlich kamen große Häuser in Sicht. Und weil Deltanullzwei immer mehr an Höhe verlor, hieß es: bereit sein für die Landung!

Deltanullzwei segelte über einen kleinen Teich und einen Kinderspielplatz hinweg auf ein Haus zu. Schräg unter sich sah es viele Balkone – die waren zum Landen günstig. Es steuerte seinen Fallschirm in engen Kurven nach unten und hielt geradewegs auf eine zerknüllte Papierserviette zu. Die lag auf dem Frühstückstisch von Familie Schulze, und der stand leergegessen und verlassen auf dem Balkon eines Wohnblocks in der Tulpenstraße 9, Vorstadt, dritter Stock.

»Plumps« machte es, und Deltanullzwei war gelandet. Es nahm seinen Helm ab, rieb sich den kosmischen Staub aus den Augen, stand auf und schälte sich aus seinem Raumanzug. Dann zog es einen orangefarbenen Rucksack hervor und stopfte Ausrüstung und Fallschirm hinein.

»Wo sind nur die anderen gelandet?« dachte Deltanullzwei. Aber so sehr es auch den Kopf verdrehte, weit und breit war kein anderer Trumtin zu sehen. Vorsichtig setzte es ein Bein vor das andere. Das ging ganz gut. Von der Serviette heruntergeklettert, sah es vor sich einen großen braunen See und am gegenüberliegenden Ufer einen weißen Berg, aus dessen Innerem ein Stimmchen herzzerreißend rief: »So helft mir doch, so helft mir doch!«

»Oh, wie schön! Da ist ja doch einer von uns«, ging es Deltanullzwei durch den Kopf, und es rief, so laut es konnte: »Ich komme gleich!« Doch wie sollte es zu dem Berg gelangen? Es hatte nie schwimmen gelernt. Es sah sich um. Da, neben der Serviette, lagen weiße Blätter mit schwarzen Zeichen darauf. Wenn es von denen ein Stück abreißen und ein Boot falten würde, dann wäre das die Lösung. Schiffchen, Blumen, Flieger und noch vieles mehr falten war auf Trumtino seine liebste und schönste Freizeitbeschäftigung gewesen. Und frei hatte es jeden Tag gehabt.

In großer Eile faltete es ein kleines Boot. Ein Stück von einem Zahnstocher nahm es als Ruder her. Und damit es genügend Kraft hatte, drückte es mit der flachen Hand auf eine besondere Stelle an seiner Schulter. Die hatte etwas mit seinem geheimnisvollen Wissen zu tun. Gleich darauf legte es mit kräftigen Schlägen vom Ufer ab und ruderte und ruderte, bis es auf der anderen Seite vor dem weißen Berg stand.

Die Eintagsfliege

»Hab keine Angst, hier ist Deltanullzwei!« rief es und hieb mit dem Zahnstocher gegen den Berg.

»Hol mich hier raus!« tönte es dumpf von innen. »Ich bin in das Ei gefallen und ertrinke, wenn ich nicht sofort herausgezogen werde!«

»Das ist also ein Ei«, dachte Deltanullzwei, als es plötzlich dunkel wurde, ein ohrenbetäubendes Getöse erklang und ein fürchterlicher Wind über den Tisch hinwegfegte. Deltanullzwei duckte sich und hielt sich fest. Was war geschehen?

Frau Schulze hatte das schmutzige Geschirr zusammengestellt und mit einem Tuch über den Tisch gewischt. Doch gerade, als sie das Ei wegtragen wollte, klingelte es an der Wohnungstür. Frau Schulze stellte das Ei ab, und dabei fiel es um. Da sah Deltanullzwei, was passiert war. Im Ei zappelte kein Trumtin, sondern ein gelb verschmiertes Etwas, das ihm jetzt langsam entgegenrutschte. Da streckte ihm Deltanullzwei rasch den Zahnstocher hin und fischte das Wesen damit heraus.

»Du bist ja kein Trumtin«, sagte es enttäuscht. »Wer bist du dann?«

»Mach nicht auch noch Witze«, keuchte das Wesen. »Du wirst doch wohl wissen, wer ich bin?«

Deltanullzwei schwieg.

»Ich bin eine Eintagsfliege«, sagte das Wesen, »ein sehr munteres Geschöpf, vorausgesetzt, ich gehe nicht in Eigelb baden!« Und es begann, seine verklebten Flügel zu säubern. »Und du, wer bist du? So was wie dich hab ich auch noch nie gesehen. Und was für komische Klamotten du anhast!«

»Ich verstehe nicht, was du meinst. Ich bin Deltanullzwei, oder, um's genau zu sagen, Trumtin Deltanullzwei, und ich komme gerade vom Stern Trumtino«, antwortete Deltanullzwei den Tränen nah. »Und wie heißt du?«

»Wir haben keine Namen«, war die barsche Antwort, »das wäre pure Zeitverschwendung. Erstens lohnt es sich für den einen Tag nicht, den wir am Leben sind, und zweitens haben wir wichtigere Aufgaben zu erledigen, als uns Namen auszudenken!«

»Das ist aber schlimm mit dem einen Tag«, sagte Deltanullzwei betroffen. »Ich bin erst an die zweihundert Jahre alt und darum noch jung. Das Alter ist für uns Trumtine kein Problem, denn wir haben die Zeit abgehängt.«

Die Eintagsfliege war verärgert: »Was du nicht sagst«, antwortete sie. »Und Trumtin Deltanullzwei, wie du dich meinetwegen nennst, klingt ja auch ganz schön geschwollen bei deiner bescheidenen Größe. Wenn ich dich so betrachte, dann bist du höchstens Trumtinchen Deltanullzwo, der Weltraumfloh – mehr nicht. Und außerdem muß es fürchterlich langweilig sein, wenn man so lange lebt.«

»Langweilig ist es nicht im geringsten!« protestierte Deltanullzwei und stampfte mit dem Fuß auf.

»Na, wie du meinst«, entgegnete die Eintagsfliege etwas versöhnlicher und fuhr fort: »Jetzt aber genug geredet! Die Sonne ist schon wieder ein ganzes Stück weiter. Ich hab heute noch viel vor und muß erst mal zum Teich zurück. Herzlichen Dank für deine mutige Tat. War nett von dir. Im übrigen bin ich heute abend um viertel vor sechs wieder in der Gegend, da könnten wir uns noch mal kurz treffen. Aber sei bitte, wenn du kommst, pünktlich. Ja?« Und die Eintagsfliege schwirrte, noch etwas Eigelb um sich spritzend, eilig davon.

»Dann verrat ich dir den Trick mit der Zeit«, rief Deltanullzwei ihr nach und war gar nicht mehr beleidigt. Aber die Eintagsfliege hörte es nicht mehr. Gedankenvoll sah Deltanullzwei ihr nach. Sollte es tatsächlich Wesen geben, die nur einen einzigen Tag lang lebten? Nein, das mochte Deltanullzwei nicht glauben.

Wie plump und einfallslos die Eintagsfliege davongeflogen war. Einfach nur geradeaus. In der Schwerelosigkeit von Trumtino ließen sich ganz andere, tolle Flugfiguren machen. Doch hier auf der Erde war auch Deltanullzwei erdenschwer geworden. Kein Schweben, Gleiten und Kurven mehr. Irgend etwas hielt es am Boden fest. Hopsen konnte es zwar noch, aber selbst das mit viel Kraft und Mühe.

»Mein lustiges Leben ist auf einmal sehr traurig geworden«, dachte es, und dicke Tränen kullerten ihm über die Wangen. Da fiel ihm etwas ein, und es drückte mit einer Hand sacht auf eine Stelle nahe seinem Herzen. Die hing wieder mit seinem geheimnisvollen Wissen zusammen. Ein Lächeln glitt kurz darauf über sein Gesicht. Und weil es ihm jetzt viel besser ging, griff es nach einem wohlriechenden Kuchenkrümel, der überraschend gut schmeckte. Und nachdem es sich gestärkt hatte, dachte Trumtinchen Deltanullzwei entschlossen: »Jetzt kann das Abenteuer Erde beginnen!«

Monsieur Pompong

Nicht weit entfernt schmatzte irgendwer noch viel lauter als Trumtinchen, und zweifelsfrei kam dieses Geräusch aus einem gelben Klotz mit vielen Löchern. Der machte Trumtinchen neugierig. Es stopfte sich vorsorglich noch einen Kuchenkrümel in den Mund, ging furchtlos auf das größte Loch zu und kroch hinein. Auf Händen und Füßen rutschte es weiter hinein, und je tiefer es gelangte, desto deutlicher konnte es das Schmatzen hören. Wie seltsam es hier drinnen roch. Da, nach der Biegung sah es im Halbdunkel etwas rot und weiß Gestreiftes stehen.

»Bonjour, bonjour«, sagte das rot-weiße Ding freundlich lächelnd und schob sich etwas in den Mund. Und wieder machte es laut »schmatz, schmatz«. »Isch 'offe, Sie verste'en etwas von Käse, Mademoiselle, äh, Monsieur?« sagte der Unbekannte und griff gierig nach dem nächsten Happen.

Trumtinchen wußte weder, was Käse war, noch, wer da vor ihm stand. War das etwa eine rot-weiß-gestreifte Eintagsfliege? Nein, es hatte keine Flügel und sah überhaupt ganz anders aus.

»Oh, verzei'en Sie«, flötete das Ding wieder. »Isch 'eiße Monsieur Pompong le Rouge und bin Käsekritiker für Weisch- und 'artkäse. Aber bitte sagen Sie nur Monsieur Pompong zu mir.« Trumtinchen machte Riesenkulleraugen: So was gab's auf ganz Trumtino nicht.

»Ich nasche 'ier, ich nasche dort. Aber isch bin, e'rlich gestanden, selten zufrieden. Das Aroma, die Reife lassen meist zu wünschen übrig!« sprach Monsieur Pompong, nahm ein Stückchen Käse und schob es Trumtinchen flugs in den Mund. »Probieren Sie«, sagte er, genüßlich kauend. »Isch finde, dieser Käse müßte noch ein paar Tage lagern. Meinen Sie nischt auch?«

Trumtinchen wollte Luft holen, verschluckte sich aber und wurde mit einem Mal noch viel, viel grüner im Gesicht, als es ohnehin von Natur aus war.

»Pardon, das Stück war wohl zu groß. Isch werde Mademoiselle, äh, Monsieur sofort an die frische Luft bringen!« versprach Monsieur Pompong, packte das zappelnde und hustende Trumtinchen am Hals und schleifte es durch die zahlreichen Gänge wieder aus dem Käse hinaus. Doch kaum waren beide draußen angelangt, da brach der Orkan von vorhin wieder los, und diesmal schien er noch viel furchtbarer zu wüten.

Ehe Trumtinchen und Monsieur Pompong sich versahen, wurden sie mit einem Besenschwupp auf ein Kehrblech gefegt und durch das Wohnzimmer über den Flur in die Küche getragen. Dort landeten sie schließlich im Spülbecken zwischen schmutzigem Geschirr.

Monsieur Pompong kam der schnelle Ortswechsel sehr gelegen, denn von hier aus würde er gleich weiterreisen. Also kramte er nur Taucherbrille, Schnorchel und gelbe Schwimmflossen hervor, seinen rot-weiß-gestreiften Badeanzug hatte er berufsbedingt immer an. Im Nu war Monsieur Pompong fertig ausgerüstet.

»Isch wünsche I'nen einen schönen Tag«, sagte er aufgeräumt zu Trumtinchen, »leben Sie wo'l, und toujours bon appetit!«, atmete danach dreimal tief ein und aus und hielt anschließend die Luft an. »Was machen Sie denn jetzt Verrücktes?« rief Trumtinchen verwirrt. Aber Monsieur Pompong antwortete nicht, sondern hielt jetzt auch noch die Arme nach oben und schaute erwartungsvoll in die Höhe. Und da kam auch schon, worauf er gewartet hatte: der große Wasserguß von oben! Frau Schulze hatte nämlich den Wasserhahn aufgedreht. Mit einem eleganten Kopfsprung stürzte sich Monsieur Pompong in den Wasserfall und rauschte mit ihm in die Tiefe. Das war seine bevorzugte, weil rasanteste und müheloseste Art der Fortbewegung. Immer wenn sich die Gelegenheit bot, ließ sich Monsieur Pompong mit dem Wasserschwall durch das Gewirr der Rohre von Stockwerk zu Stockwerk, von Wohnung zu Wohnung treiben, auf der Suche nach Käse aller Art. Und er fand, dank seiner hervorragenden Nase, immer ein Stück zum Naschen und Probieren.

Jetzt ging auch für Trumtinchen mit einem Mal alles sehr rasch. Es versuchte sich noch irgendwo festzuhalten, aber der Strahl war um vieles stärker, riß es mit sich und spülte es durch den Ausguß in das Abflußrohr hinunter. Dort wurde es von einer dicken Kartoffelschale aufgefangen.

Der Schwall war vorüber. Trumtinchen wischte sich die Wassertropfen aus dem Gesicht und sah sich um. Wie es hier ausschaute und roch! Noch dazu war es überall feucht und glitschig. Wo es auch hingriff, es rutschte an der ekelhaften Schmiere ab. Von oben schimmerte das Tageslicht herab – immerhin ein Trost. Aber lang würde es sicher nicht dauern, bis der nächste Wasserguß kam. Bis dahin mußte etwas zu seiner Rettung geschehen. In solch einer mißlichen Lage mußte es klare Gedanken haben, darum berührte Trumtinchen eine besondere Stelle an seiner Schläfe.

»Blubb«, machte es plötzlich, und vor dem schreckensbleichen Trumtinchen schoß Monsieur Pompong wie ein Korken von unten aus der trüben Brühe hoch. »Isch 'ab vor'in in der Eile etwas vergessen«, rief er Trumtinchen zu, und dann landete er ebenfalls auf der Kartoffelschale, die sich beängstigend durchbog.

»'ab isch I'nen eigentlich schon erzählt«, begann er, während er es sich gemütlich machte, »daß isch an einem Buch für Käsefeinschmecker schreibe?« Und er blies das restliche Wasser aus seinem Schnorchel, so daß es Trumtinchen mitten ins Gesicht spritzte. Aber das machte ihm jetzt auch nichts mehr aus, so klitschnaß wie es war.

»Das wird ein Fü'rer von einer Käseköstlischkeit zur anderen. Die Verlage reißen sich um misch. Jeder will mein Käsebuch 'aben. Dabei bin isch damit noch gar nischt fertisch. Ist das nischt lustig?« Und Monsieur Pompong fand kein Ende, quasselte Trumtinchen die Ohren voll, beschrieb ihm lang und breit diese und jene Käsesorte, zählte ihre Vorzüge und Nachteile auf – bis Trumtinchen ihm kurz entschlossen den Mund zuhielt.

»So, jetzt seien Sie endlich still!« fuhr es ihn vor Kälte bibbernd an, »und helfen Sie mir hier irgendwie raus, bevor das gräßliche Wasser wiederkommt und ich als Nichtschwimmer dann verloren bin, Sie fürchterliches Großmaul!«

Doch war es bereits zu spät. »Wuuusch«, machte es mit ohrenbetäubendem Lärm, ein neuer Sturzbach kam angerauscht und riß Trumtinchen und Monsieur Pompong in die Tiefe. Der konnte noch im letzten Moment Trumtinchen packen und ganz fest an sich drücken. Gurgelnd, pfeifend und zischend ging es jetzt in rasender Geschwindigkeit durch die vielen Rohre nach unten. Erst kugelten beide ein Stück geradeaus, dann schlidderten sie in einer Kurve nach rechts, dann nach links und wieder nach rechts. Monsieur Pompong kannte den Weg genau, und an der nächsten Abzweigung steuerte er, geschickt mit den Schwimmflossen rudernd und Trumtinchen immer noch fest in den Armen haltend, in Richtung Familie Schmitt zu einem reifenden Romadur. Von dem wollte er noch vor Feierabend probieren, denn bald würden Schmitts ihn aufgegessen haben.

Doch Trumtinchen bekam das alles nicht mehr mit. Es war vor Schreck ohnmächtig geworden und hing wie leblos in Monsieur

Pompongs Armen. Der mußte dann mit ihm, abwechselnd geschultert und unter den Arm geklemmt, noch ein gutes Stück zu Fuß zurücklegen. Das war mühsam, und Monsieur Pompong schnaufte mächtig. Aber schließlich waren sie da, und er legte Trumtinchen vorsichtig nieder.

Als Trumtinchen erwachte, lag es auf einer Wiese voller Blumen. Es blinzelte, weil ihm die Sonne hell und freundlich ins Gesicht schien, und streckte sich wohlig. Ach, tat das gut. Da hörte es mit einem Mal Monsieur Pompong schmatzen – und war mit einem Schlag wieder in der irdischen Wirklichkeit. Trumtinchen hielt sich zwar die Ohren zu, schloß die Augen wieder und wünschte sich ganz fest auf Trumtino zurück, aber das half alles nichts. Und als es die Augen schließlich ganz langsam erneut öffnete, sah es, daß die Wiese, auf der es lag, gar keine Wiese war, sondern ein Geschirrtuch mit Blumenmuster. Hier hatte Monsieur Pompong es zum Trocknen hingelegt.

Trumtinchen dachte augenblicklich an Flucht. Nein, mit diesem Monsieur Pompong wollte es nicht länger zusammensein! Der brachte nur reihenweise Katastrophen. Es nahm seinen ganzen Mut zusammen, schwang sich, ohne zu schauen, wohin es überhaupt sprang, mit einem Hechtsprung über die Tischkante in die Tiefe, schlug in der Luft ein, zwei Purzelbäume und fiel auf die Küchenbank darunter. Sein Rucksack bewahrte es vor dem harten Aufprall. Trumtinchen rappelte sich auf, und kaum stand es, da senkte sich schon etwas Dunkles von oben herab und drohte es zusammenzudrücken. Das war für Trumtinchen zuviel. »Hilfe, Hilfe!« schrie es laut. »Ich sterbe, ich sterbe!«

Doch da wurde es plötzlich hell, und Trumtinchen fühlte sich sanft emporgehoben. Es lag auf einer weichen Hand, große, liebe Augen hinter einer Brille sahen es an, und eine tiefe Stimme sagte: »Entschuldige, kleiner Käfer, ich hab dich nicht gesehn. Hoffentlich hast du dir nicht weh getan?«

»Ich bin doch kein . . ., ich bin . . .«, wollte Trumtinchen lauthals protestieren, doch da stockte es und fing zu schluchzen an. »Ach, das tut mir aber leid«, sagte die Stimme warm.

Aber Trumtinchen konnte sich selbst gut trösten. Es atmete ein paar Mal tief durch, drückte auf die geheimnisvolle Stelle nahe an seinem Herzen und sagte dann mit deutlich festerer Stimme: »Ich bin kein Käfer. Ich bin Trumtin Deltanullzwei und komme gerade von da her!« Und es deutete mit dem Daumen heftig nach oben.

»Und ich bin der Großvater«, sagte der alte Herr freundlich, setzte Trumtinchen vorsichtig auf dem Küchentisch ab und blickte dann zur Decke hoch, sah dort aber nichts. »Ich weiß nicht, was du meinst«, sagte er. »Doch, wart mal, ich hole eine Lupe, dann kann ich dich besser sehen.« Er schlurfte zum Küchenschrank. Eine schwarze Katze sprang zur Seite. Schließlich kam er mit einer großen Lupe an den Tisch zurück. Er nahm Platz und betrachtete Trumtinchen eingehend von allen Seiten.

»Stimmt, du bist ja gar kein Käfer«, stellte er überrascht fest und fuhr sich über seine Stirnglatze. Dann legte er die Lupe beiseite und nahm sein Hörgerät vom Ohr. »Seltsam, daß es doch funktioniert, denn ich hab dich verstanden«, murmelte er, drückte auf einen Knopf und setzte das Gerät wieder hinters Ohr. »Ich hab gemeint, die Batterie wär leer!«

Trumtinchen, inzwischen wieder putzmunter, hopste vergnügt auf dem Küchentisch umher. »Na, was ist?« rief es unternehmungslustig zu dem Großvater hinauf. »Wenn du wissen willst, von wo ich herkomme, dann erzähl ich es dir!«

»Ja, das möchte ich gern«, antwortete dieser und drückte noch mal auf das Hörgerät.

Als Trumtinchen mit seiner abenteuerlichen Geschichte von Knall und Fall, beinahe ertrunkener Eintagsfliege, wichtigtuerischem Monsieur Pompong und atemberaubendem Wasserrutsch fertig war, schüttelte der Großvater nur den Kopf: »Unglaubliche Sachen gibt's! Aber jetzt wollen wir mal überlegen, wie und wo wir deine große Familie finden.«

»Keinen blassen Schimmer«, sagte Trumtinchen und breitete ratlos die Arme aus.

»Das ist aber auch zu dumm«, brummte der Großvater und

drehte gedankenverloren an einem Rädchen an seinem Apparat. Nach einer Weile meinte er: »Das blöde Ding hier läßt mir einfach keine Ruhe. Ich möchte noch mal was anderes ausprobieren, wenn du erlaubst.« Und er schaltete das Hörgerät aus. »So, kleiner Trumtin, und nun sag mal bitte was zu mir!«

Trumtinchen rief zu dem Großvater hinauf: »Hallo, hörst du mich?«

Der nickte. »Ich hör dich sogar ausgezeichnet. Das ist schon sehr merkwürdig. Wie soll das mit der leeren Batterie bloß funktionieren? Das geht doch nicht!«

Trumtinchen wußte ganz genau, warum der Großvater es hören konnte. Aber das wollte es ihm jetzt noch nicht erklären. Trumtinchen hatte seinen eigenen Willen. Es war keineswegs eigensinnig, nein, es machte einfach nur das, was es für gut und richtig hielt.

»Tja, und was machen wir jetzt mit dir?« begann der Großvater und rückte seine Brille zurecht. »Weiß ich auch nicht«, antwortete Trumtinchen und probierte einen Handstand.

»Ich schlage vor, daß du einstweilen bei mir im Zimmer in der Nachttischschublade wohnst, wenn du willst. Ich denke, dort bist du gut aufgehoben, und wir können überlegen, was wir machen. Und morgen schon wird uns die entscheidende Idee kommen. Könnt auch sein, daß bald was in der Zeitung über euch steht. Ich sehe schon die Überschrift: ›Kleine grüne Männchen gelandet‹ oder so ähnlich!« Der Großvater mußte schmunzeln.

»Erst morgen«, dachte Trumtinchen enttäuscht, und ihm fiel plötzlich siedendheiß die Eintagsfliege ein. Es war doch mit ihr auf dem Balkon von Schulzes verabredet, um ihr den Trick mit der Zeit zu verraten. Aber das ging nun leider nicht. Wie schade.

»Komm, klettere auf meine Hand«, sagte der Großvater, »ich nehm dich in mein Zimmer mit.« Und er trug Trumtinchen vorsichtig hinaus.

Der große Maginello

»Das hier ist mein Zuhause«, sagte der Großvater stolz, streckte die Hand mit Trumtinchen vor, damit es das Zimmer richtig sehen konnte, und wies mit der anderen auf den Raum. Trumtinchen sah ein Bett, einen Nachtkasten, einen verschlissenen Sessel und einen alten Kleiderschrank. Von der Decke hing ein gelber Fliegenfänger herab. Das alles sah wenig einladend aus.

»In dem häßlichen Kasten dort soll ich wohnen?« dachte es traurig und senkte den Kopf. Doch dann wandte es sich dem Großvater zu und fragte ihn kurzerhand: »Wie heißt du eigentlich?«

»Ich heiße Karl«, antwortete er und setzte sich in den Sessel. Die Federn knacksten.

»Dann darf ich Karl zu dir sagen?«

»Gern, wenn du willst. Und ich möchte Sternchen zu dir sagen, weil du ja von einem Stern kommst!«

»Oh, Sternchen, das klingt sehr hübsch. Und was machst du so, Karl?«

»Was ich mache? Da gibt's nicht viel zu erzählen, und schon gar nicht so etwas Abenteuerliches, wie du es erlebt hast. Ja, früher mal, als ich noch jünger war, da war das anders.«

»Und was war da?«

»Nun, ich war Zauberer von Beruf und bin durch die halbe Welt gereist.«

»Zauberer, was ist denn das?«

»Ach ja, ich verstehe, Sternchen, Zauberer gibt's bei euch wahrscheinlich nicht. Man könnte sagen, ein Zauberer ist ein Mann, der kleine oder größere Wunder vollbringen kann, je nachdem, was für ein Künstler er ist.« Und Karl begann dem aufmerksam lauschenden Trumtinchen zu erzählen, welche Kunststücke so ein Zauberer vollführen konnte: »Zu meiner Zeit nannte man mich den großen Carlo Maginello. Ich hatte einige gute Nummern drauf. Vieles habe ich mir von dem großen Zauberer Houdini abgeschaut, er war sozusagen mein Vorbild. Ich war noch klein, da sagte mein Vater schon zu mir, ich hätte Zirkusblut in den Adern. Er behauptete, einer unserer Vorfahren wäre mal beim Zirkus gewesen. Da hat er wohl nicht recht gehabt. Und doch bin ich lange Zeit mit einem Zirkus mitgereist. Das war eigentlich meine schönste Zeit. Heut bin ich siebzig, da ist das alles längst vorbei, und vieles sieht anders aus.«

Trumtinchen schaute den Großvater fragend an: »Was sieht denn bitte anders aus?«

»Mein Leben hat sich verändert, jetzt, wo ich nicht mehr auf Reisen bin. Das Zimmer hier ist meine Welt geworden.«

»Wohnst du hier allein?«

»Ja und nein, wie man's nimmt. Nach dem Tod meiner Frau bin ich hier eingezogen. Damals wohnte noch meine Tochter mit ihrem Mann und ihrem Sohn hier. Aber Lore hat sich mit ihrem Mann nicht verstanden. Deshalb ist sie eines Tages ausgezogen und hat dann auch gleich wieder geheiratet. Vielleicht wegen Danny?«

»Ist Danny ihr Sohn?«

»Ja.«

»Und du weißt nicht, wie es deiner Tochter geht?«

»Nein. Wir sind zerstritten.«

»Und wer wohnt jetzt noch hier?«

»Danny und sein Vater, na, und ich. Mit Kurt verstehe ich mich einigermaßen. Nur mit Danny klappt's nicht so recht. Mit dem ist auch sein Stiefvater nicht klargekommen. Darum ist Danny auch wieder hier. Das scheint für ihn noch das kleinere Übel zu sein. Aber Danny lebt in seiner eigenen Welt, und die ist mir vollkommen fremd. Sicher bin ich auch zu alt dafür!« Der Großvater schluckte, und Trumtinchen streichelte sanft über seine Hand.

»Sicher, zu meiner Zeit gab's auch Ärger mit der Schule. Aber Schwänzen, das hat's bei uns nicht gegeben. Und wenn der Unterricht aus war, sind wir alle schnurstracks nach Haus marschiert. Bring das mal Danny bei. Da gibt er mir meist nur rotzfreche Antworten!« Der Großvater legte seine Hand wie schützend auf die Brust. »Ich weiß, ich rege mich nur unnötig auf!«

»Und was sagt Kurt dazu?«

»Der ist zu weich und zu nachgiebig. Und außerdem kriegt er das

alles nicht mit, weil er oft wochenlang auf Montage im Ausland ist.
So bleibt halt vieles an mir hängen.«

Draußen fiel eine Tür ins Schloß. »Da kommt Danny grad nach
Haus«, sagte der Großvater.

»Carlo, darf ich dich was fragen?«

Der Großvater strahlte. »Carlo, das hat die ganzen Jahre keiner
mehr zu mir gesagt. Aber bitte, Sternchen, frag nur.«

»Meinst du, daß Eintagsfliegen an Kummer und Überarbeitung
sterben können?«

»Oh, darüber habe ich noch nicht nachgedacht. Ich habe nur mal
gehört, daß Elefanten in Gefangenschaft an Schwermut gestorben
sein sollen. Aber das ist wohl was anderes.« Da mußten beide lachen.

»Entschuldige, Sternchen, darf ich dich hier auf dem Nachtkasten
absetzen? Meine Hand wird auf einmal so schwer.« Der Großvater
setzte Trumtinchen auf einer Marmorplatte ab. Da war es kalt und
ungemütlich.

Doch Trumtinchen ließ sich nichts anmerken und fuhr fort: »Ich
meine, so eine Eintagsfliege hat nicht viel Freude in ihrem Leben, so
wie du. Wir Trumtine kennen so etwas wie Trübsinn gar nicht
mehr.« Und es begann davon zu erzählen, wie heiter und unbeschwert sein Sternenleben auf Trumtino gewesen war und daß man
dort keine Probleme kannte, sondern nur von Lösungen wußte.
Doch das hörte Carlo gar nicht mehr. Er war eingenickt und
schnarchte leise vor sich hin. Da fühlte sich Trumtinchen zum ersten
Mal einsam, und das tat schrecklich weh.

Guggi, der Krachmacher

Inzwischen war es dunkel geworden. Trumtinchen kletterte in das
Innere der Schublade und suchte sich einen freien Platz hinten in
einer Ecke. Hier wollte es ausruhen. Sein Rucksack war sein Kopf-

kissen, und der Zipfel von einem Taschentuch seine Zudecke. Das ging ganz gut so, nur müde wurde es nicht. Also zog es aus dem Rucksack ein schmales, graues Kästchen hervor, klappte den Deckel hoch, setzte die dabeiliegenden Kopfhörer auf und begann, dem Kästchen viele Fragen zu stellen. Das starke Licht, das das Kästchen abstrahlte, tauchte Trumtinchens Gesicht in ein buntes Geflimmer. So erfuhr Trumtinchen von dem Kästchen alles, was es über Zauberer, das Leben der Eintagsfliegen, die Erde, ihre Tiere und ihre menschlichen Bewohner wissen wollte.

Nachdem Trumtinchen lang zugehört und alles angeschaut hatte, was das Kästchen ihm ausführlich zeigte und erklärte, schloß es den Deckel und verpackte es wieder sehr sorgfältig in seinem Rucksack. Jetzt war Trumtinchen doch müde geworden. Es berührte noch einmal die Stelle nahe seinem Herzen und schlief bald darauf ein. Den kleinen Stein von Trumtino hielt es dabei fest in der Hand. Von irgendwoher klangen die Schläge einer Turmuhr durch die Nacht. Danach war Stille. Nur Carlos Wecker tickte.

Doch plötzlich machte es laut »brrr, brrr, brrr«. Trumtinchen fuhr hoch. Hatte es geträumt? Es lauschte. »Brrr, brrr, brrr« dröhnte es von neuem los. Schublade und Trumtinchen zitterten.

»Aufhören, sofort aufhören!« rief es.

»Ich hab's doch gleich, Momentchen noch«, kam es dumpf aus einer anderen Ecke, »oder willst du, daß ich augenblicklich verhungre?« Und wieder machte es »brrr, brrr, brrr«.

»Was soll denn dieser fürchterliche Radau mitten in der Nacht?« rief Trumtinchen mutig ins Dunkel hinein. Da tauchte in der anderen Ecke hinten ein mattes Licht auf und verschwand wieder. Schnell versteckte Trumtinchen den Stein in seinem Rucksack. Wieder diese unheimliche Stille. Sollte der Spuk vorüber sein?

»Darf ich dich herzlich zum Essen einladen?« näselte plötzlich eine Stimme ganz dicht an Trumtinchens Ohr, eine Taschenlampe ging an, und zwei große, blaue Augen sahen es freundlich an.

Trumtinchen fuhr zusammen. »Hast du mich aber erschreckt! Ich hab dich gar nicht kommen hören!« Und es blickte in ein blasses, aber liebes Gesicht mit großen, veilchenblauen Augen. Die Augen dieses fremden Wesens erweckten in ihm ein Gefühl der Vertrautheit, denn auch die Trumtine hatten ebenso blaue und sanfte Augen, aus denen ihre wunderschöne Seele sprach.

»Das ist eine meiner vielen Fähigkeiten«, sagte das liebe Gesicht, das einem Holzwurm gehörte. »Ich kann mich nämlich sehr leise fortbewegen, wenn ich will.« Er dunkelte die Taschenlampe ein wenig ab und fragte dann mit gespitztem Mund: »Na, wie steht's, ißt du vielleicht jetzt doch was mit?«

»Nein danke, ich bin überhaupt nicht hungrig«, entgegnete Trumtinchen. »Ich hab einen Katastrophentag hinter mir und bin hundemüde!«

»Ach, das meinst du nur«, gab der Holzwurm zur Antwort und kaute genießerisch auf einem Holzspan herum. »Iß was, dann geht's dir wieder gut. Übrigens nenne ich den ganzen Nachtkasten hier mein stolzes Eigentum. Hhhmmm, köstlich, wie mein Mitternachtshäppchen mundet.«

»O je, diese Einöde, und dann auch noch mutterseelenallein dort«, dachte Trumtinchen entsetzt. Dann wandte es sich wieder dem Holzwurm zu. »Sag mal, wieso hast du vorhin so einen Höllenlärm gemacht?« fragte es.

»Übertreib bitte nicht, so schlimm war es nun auch wieder nicht. Ich habe zu Weihnachten eine sagenhaft gute Bohrmaschine geschenkt bekommen, richtige Profiqualität. Mit der zu arbeiten ist eine Freude, schont die Zähne und geht vor allem ruck zuck. Leider hat das Ganze den Nachteil, daß ich jetzt mehr esse. Ich denke, um die Hüften herum habe ich schon ein klein wenig zugenommen.« Und der Holzwurm tätschelte seine unübersehbaren Speckfalten. »Darum muß ich bald wohl auch die Gänge breiter machen, damit ich noch durchkomme. Ach, willst du nicht doch etwas kosten, ganz frisch gebohrt? Schmeckt übrigens ausgezeichnet!«

»Vielen Dank, bloß nicht«, sagte Trumtinchen ungeduldig. »Mein Zuhause hat sich in einen Sternennebel verwandelt, und du quatschst nur pausenlos vom Essen. Bei mir geht's um die nackte Existenz, wenn du überhaupt weißt, was ich damit meine? Außerdem gibt's sicher was Wohlschmeckenderes als deine trockenen Holzbrösel aus diesem alten Kasten hier!«

»Das will ich aber überhört haben«, maulte der Holzwurm, »vielleicht gibt's da, wo du herkommst, besseres Essen. Kann sein. Das weiß ich natürlich nicht.« Und sein bleiches Gesicht bekam für einen Moment etwas Farbe.

»Entschuldige bitte«, sagte Trumtinchen, »ich wollte dich nicht beleidigen!«

»Ist schon in Ordnung«, sagte er versöhnlich. »So, so, in einen Sternennebel hat sich dein Zuhause verwandelt. Ach, wie romantisch. Der glitzert doch bestimmt wunderschön. Wenn ich mal nicht schlafen kann, dann schau ich immer zu den Sternen hinauf. Die wirken so beruhigend auf mich. Und von da droben kommst du also her? So seltsam, wie du aussiehst, glaube ich dir das auch. Übrigens, wie heißt du denn?«

»Ich heiße Deltanullzwei und bin ein Trumtin«, sagte Trumtinchen selbstbewußt, denn es wußte wohl, daß die Trumtine durch ihr geheimnisvolles Wissen etwas Besonderes waren.

»Und wie war das mit dem Sternennebel?«

»Tja, heute morgen war unser Stern Trumtino noch kugelrund und heil. Und phantastisches Wetter war obendrein. Ich wollte eigentlich mit meiner Freundin Laniah sonnensegeln gehen. Aber daraus wurde nichts, denn plötzlich hieß es: ›Fallschirme und Notausrüstung anlegen‹. Beides liegt immer bereit, weil unser Trumtino alle paar Jahre mal spinnt. Da wird er fürchterlich unzufrieden und kommt plötzlich auf die komischsten Ideen. Bisher konnten wir sie ihm immer wieder ausreden, aber diesmal half gar nichts. Heute früh ist Trumtino einfach geplatzt. Tja, und wenig später bin ich schon hier bei euch gelandet. Laniah, meine Freunde und meine Familie habe ich seither nicht mehr gesehen.« Trumtinchen blickte traurig zu Boden. »Und mein erster Eindruck von der Erde ist nicht gerade umwerfend. Man könnte beinahe glauben, daß sich bei euch alles nur ums Essen und ums Sterben dreht.«

»Ja, da muß ich dir recht geben«, sagte der Holzwurm nachdenklich und wollte sich gerade einen dicken Holzbrösel in den Mund schieben. Aber dann ließ er ihn sinken. »Essen und Trinken hält nun mal Leib und Seele zusammen, was man vom Sterben ja nicht gerade behaupten kann«, erklärte er und steckte den Holzbrösel nun doch in den Mund. »Übrigens kannst du gern hier bei mir bleiben, da bin ich wenigstens nicht so allein. Und damit du nachts deine Ruhe hast, könnte ich tagsüber auf Vorrat arbeiten oder insgesamt ein bißchen weniger. Das täte auch meiner Figur gut. Du hättest mich früher sehen sollen, was war ich da für ein schlankes Kerlchen. Chancen hatte ich, Chancen, sag ich dir!« Und der Holzwurm strich wehmütig seine Speckfalten glatt.

»So ein Schaumschläger«, dachte Trumtinchen, laut aber fragte es: »Sag mal, was meinst du zu Großvater Carlo?«

»Carlo? Carlo? Nie gehört. Wer soll denn das sein? Hier in der Wohnung gibt's nur einen Großvater Karl, einen Danny und einen Kurt, aber keinen Carlo!«

»Genau das ist er. Der Großvater war früher ein großer Zauberer, und Carlo war damals sein Künstlername!«

»Na klar kenn ich den. Hast du's schon gerochen? Karl, äh, Carlo hat hier unten drin im Kasten seine Pfeifen und den Tabak aufgehoben. Aber rauchen darf er hier im Zimmer nicht, weil das immer so stinkt, wie die anderen sagen, und deswegen haben sie ihn auch schon gescheit geschimpft! Ich hab nichts dagegen, im Gegenteil, ich riech das gern.«

»Carlo tut mir leid«, seufzte Trumtinchen. »Er scheint genauso wie die Eintagsfliegen recht wenig Freude an seinem Leben zu haben!«

Der Holzwurm schaute verdutzt, weil er den Zusammenhang zwischen Carlo und einer Eintagsfliege nicht so recht herstellen konnte. »Ja, mir tut Carlo auch leid«, nickte er dann. »Übrigens hör ich oft, wie er seinem Kater von seinen Sorgen erzählt. Mohrle nennt er ihn. Der ist auch schon etwas älter. Manchmal gibt ihm Carlo eine Spielzeugmaus aus Blech zum Fangen. Aber nicht mal die kriegt der Kater mehr, wo sie doch immer nur halb aufgezogen ist.«

Trumtinchen gähnte: »Jetzt bin ich aber wirklich müde. Doch bevor ich einschlafe, mußt du mir noch sagen, wie du heißt.«

»Für meine Freunde bin ich Guggi«, antwortete der Holzwurm und wandte sich zum Gehen.

»Carlo sagt Sternchen zu mir. Das find ich schöner als Deltanullzwei«, schlug Trumtinchen vor.

»Doch, hört sich nicht schlecht an. Dann sag ich halt auch Sternchen zu dir.«

»Gut. Hilfst du mir morgen vielleicht, nach meiner Familie zu suchen?« fragte Trumtinchen zaghaft, aber es bekam keine Antwort mehr. Ein kurzes Aufscheinen der Lampe in geraumer Entfernung, und Guggi war wie eine irrlichternde Gestalt genauso geheimnisvoll verschwunden, wie er aufgetaucht war.

Kapitel 2

Von der Macht der guten Gefühle

Kaum schaute die Sonne durchs Fenster, da war Guggi schon wach und stand neben Trumtinchens Nachtlager. »Aufwachen!« rief er und zog ihm frech mit einem Ruck die Zudecke weg.

»Ich will aber noch nicht aufwachen«, stöhnte Trumtinchen und versuchte, sich wieder zuzudecken. Vergeblich, Guggi hielt die Decke fest. »Komm schon, du Schlafmütze, erzähl mir von deinem Stern. Mir ist es heute gelungen, mal früher aufzustehn. Das nehme ich mir zwar regelmäßig vor, aber es klappt so gut wie nie. Und außerdem habe ich beschlossen, eine Diät zu machen. Da brauche ich nicht zu bohren und habe den ganzen Tag Zeit. Vielleicht kriege ich gegen Abend Besuch. Ein lieber Freund schaut gelegentlich vorbei.«

»Und wer ist das?« fragte Trumtinchen und gähnte.

»Das ist ein interessanter Bursche. Er wird auch dir gefallen. Er hat einen seltenen Beruf. Er ist Feinschmecker und testet den Käse in der ganzen Umgebung. Darüber will er sogar ein richtig großes Buch schreiben. Mag sein, er riecht etwas streng, doch daran gewöhnt man sich schnell. Das bringt seine Arbeit mit sich.«

»Das kann doch nur der unsägliche Monsieur Pompong sein«, folgerte Trumtinchen und war mit einem Schlag hellwach. Es stand von seinem Nachtlager auf, krabbelte nach vorn ans Licht, stellte sich auf den Schubladenrand und sah erwartungsvoll zu Carlo hinüber. Der war nicht da, die Tür nach draußen stand offen, und aus der Küche kam leise Radiomusik herüber. Was blieb Trumtinchen da anderes übrig? Es lief zu Guggi zurück, setzte sich zu ihm und begann vom Alltag auf Trumtino zu erzählen.

Während Trumtinchen erzählte, schien es, als wäre Guggi mit seinen Gedanken ganz woanders, denn er machte ein seltsam abwesendes und regungsloses Gesicht. Aber das war so seine Art, wenn er zuhörte, ruhig und nachdenklich.

Was haben große Gefühle mit dicken Schiffen zu tun?

Mit »übrigens, Moment mal bitte« unterbrach Guggi plötzlich Trumtinchens Redefluß. »Gerade hast du von der Kraft der guten Gefühle gesprochen. Und dann hast du noch was von ›ankern‹ gesagt. Da denk ich gleich an dicke Schiffe. Die tun so was. Nur hast du sicher was anderes damit gemeint. Was denn?«

»Paß auf, ich erklär's dir anders. Über deine neue Bohrmaschine hast du dich doch sicher gefreut, oder?«

»Ja, Sternchen, wo denkst du hin. Ich war vollkommen aus dem Häuschen, könnte man sagen. Ich habe über Weihnachten an die hundert neue Gänge gebohrt. Das war bislang mein absoluter Spitzenrekord!«

»So, und jetzt denkst du so fest, wie du nur kannst, an Weihnachten zurück. Und wenn du dich wieder so freust wie damals, dann berühre ich dich an einer Stelle über deinem Herzen. Und das nennen wir Trumtine ›ankern‹, weil jetzt dieses Gefühl an der Stelle dort ganz fest verankert ist – klar? Also: Denk jetzt bitte ganz fest an den Augenblick zurück, an dem du die Bohrmaschine zum ersten Mal gesehen hast. Und wenn du die Freude wieder in dir spürst, dann gibst du mir ein Zeichen. Entweder nickst du mit dem Kopf oder sagst ›ja‹!«

Guggi machte ein Gesicht, als müßte er einen großen Holzbrösel unzerkaut auf einmal hinunterschlucken, rutschte aufgeregt hin und her, wurde dann aber doch ruhiger und machte schließlich die Augen zu. Kurz darauf bekam sein blasses Gesicht etwas Farbe. Er lächelte und sagte leise »ja«. Da berührte Trumtinchen ihn mit der Hand sacht über dem Herzen.

»Ach, war das schön«, seufzte Guggi und strahlte Trumtinchen aus seinen blauen Augen an. »Es hat mich grad so wohlig durchrieselt. Aber ich versteh nicht, was du da mit mir machst?«

»Hab bitte noch Geduld, ich erklär's dir später. Wir machen das Ganze nämlich noch mal. Fällt dir denn noch was ähnlich Schönes ein?«

»Laß mich mal nachdenken«, sagte Guggi und tippte sich mit dem Finger kräftig gegen die Stirn. »Ja, ich hab was«, meinte er nach einiger Zeit. »Neulich hat mir eine Verwandte eine feine Holzspänetorte mit Zuckerguß gebacken. Das fand ich lieb von ihr. Und darüber habe ich mich sehr gefreut. Meinst du, damit geht's?«

»Ja, ausgezeichnet. Denk jetzt fest an die Torte. Und wenn du die Freude wieder spürst, dann berühr ich dich wieder an der Stelle über deinem Herzen.«

Es verging eine ganze Zeit. Und als Guggis Gesicht wieder etwas Farbe bekam und er leise »ja« sagte, berührte Trumtinchen ihn an derselben Stelle.

»Prima!« rief Trumtinchen. »Und jetzt noch einmal. Fällt dir noch was ein?«

»Du, das ist ja unglaublich aufregend!« rief Guggi vergnügt und dachte gleich wieder angestrengt nach. Schließlich meinte er: »Ja, fast hätte ich die kleine rote Ente vergessen. Die hat mir eine Freundin zum Geburtstag geschenkt, und ich würde sie am liebsten dauernd anknabbern, so lieb hab ich sie.«

»Wen willst du anknabbern?«

»Die Ente natürlich!« Guggi verdrehte die Augen. »Bloß gut, daß sie aus Plastik ist. Das schmeckt mir nicht.«

»Gut, dann denk jetzt an deinen Geburtstag zurück.«

Und als Guggi tief in seinem guten Gefühl war und »ja« gesagt hatte, berührte ihn Trumtinchen wieder sacht an derselben Stelle in der Nähe seines Herzens.

»So, das war's«, meinte Trumtinchen zufrieden und rieb sich die Hände. »So einfach geht das, was wir Trumtine ›mit den guten Gefühlen leben‹ nennen. Wir müssen jetzt aber noch ausprobieren, ob das Ankern auch funktioniert hat.«

»Was ausprobieren?« fragte Guggi erstaunt.

»Bitte frag nicht so viel, sondern denke lieber an was Unangenehmes!«

»Wieso denn das, ausgerechnet jetzt, wo es mir so gut geht«, brummte Guggi.

»Ich möchte herausfinden, ob du jetzt vor unangenehmen Gefühlen geschützt bist, zum Beispiel vor Ärger, Mutlosigkeit oder Traurigkeit.«

»Dazu will mir jetzt gar nichts einfallen«, sagte Guggi trotzig.

»Komm, denk nach.«

»Trumtinchen, du jagst mich hier kreuz und quer durch die Gefühle! Das bin ich nicht gewöhnt. Davon krieg ich sicher wieder Hunger, und dann hast du mich gesehen!« drohte Guggi mit einem schnellen Blick auf seine Bohrmaschine.

»Komm, werd jetzt bloß nicht ungehalten. Na, irgendwas wird's bei dir doch geben?«

»Ach«, seufzte Guggi plötzlich traurig, schniefte und verdrehte wieder seine Augen, »es ist ja eigentlich mein Dauerthema: meine Jugendliebe Isolde, das schnuckelige Ding. Sie war es auch, die mir die Ente geschenkt hat. Eigentlich sollte sie bei mir einziehen. Was war ich da glücklich, wo sie doch so gut kochen kann. Ich hatte extra ganz neue und besonders fein gearbeitete Gänge für sie gebohrt, damit sie sich ja nirgendwo weh tut. Damals sogar noch ohne Maschine. Aber dann hat sie sich's auf einmal anders überlegt und ist zu einem anderen in eine bessere Wohngegend mit feinerem und schmackhafterem Holz gezogen. Über diese Enttäuschung bin ich noch immer nicht richtig hinweg!« Guggi seufzte wieder tief und war um die Nase noch blasser als sonst.

»Das Beispiel ist hervorragend«, meinte Trumtinchen. »Also denk jetzt bitte ein klein wenig an Isolde, und dann berühr ich dich wieder an der Stelle über deinem Herzen.«

»So, so ein klein wenig«, seufzte Guggi, und aus seinem Gesicht schien der letzte Tropfen Blut zu weichen. Da berührte ihn Trumtinchen sofort sacht über dem Herzen. Eine wunderbare Verwandlung geschah: Guggi bekam nicht nur plötzlich wieder Farbe, sondern er sah Trumtinchen so freudig an wie vorhin beim Ankern.

»Na, wie geht's dir jetzt?« fragte es erwartungsvoll.

»Besser, sehr viel besser sogar! Komisch, es tut gar nicht mehr weh, wenn ich jetzt an Isolde denke. Ich habe sogar das Gefühl, es geht ihr gut.«

»Na prima. Hast du gespürt, was in dem Moment, wenn ich dich berühre, mit dir passiert?«

»Ja, seltsam, ich habe mich auf der Stelle besser gefühlt. Wie kommt denn das?«

»Dann hat es also geklappt! Wie das kommt? Also, wenn du was Unangenehmes erlebst oder an was Trauriges denkst, dann drückst du einfach auf diese Stelle nahe deinem Herzen. Da sind ab sofort deine Glücksgefühle gespeichert oder verankert. Nur mußt du an diese Stelle auch immer alle deine glücklichen Gefühle tragen. Sonst kannst du sie dort nicht abrufen, wenn du sie ganz notwendig brauchst.«

»Also immer da hindrücken, wenn ich mich schlecht fühle, meinst du das, Sternchen?«

»Ja, das Ganze funktioniert so ähnlich wie bei einem Sparbuch. Wenn du immer fleißig Geld eingezahlt hast, kannst du auch was abheben. Genauso zahlst du an dieser Stelle nahe deinem Herzen eben deine guten Gefühle ein.«

»Du, das ist ja toll!« rief Guggi aus und streichelte gleich noch mal über diese Stelle.

»Das geht auch mit dem Denken so. Wenn ich zum Beispiel keinen klaren Gedanken mehr fassen kann, dann hab ich hier an meiner Schläfe eine Stelle, da ist alles gespeichert, was mit ›Köpfchen‹ zusammenhängt. Und wenn ich nicht mehr weiterweiß – in der Schule ist mir das oft passiert – dann fasse ich unauffällig hier hin und hebe von meinem Guthaben etwas ab. Und plötzlich bin ich wieder klar im Kopf und kann besser denken.«

»Das Denken ist mir immer leichtgefallen«, sagte Guggi mit stolzgeschwellter Brust.

»Und beim Sport habe ich das genauso gemacht«, fuhr Trumtinchen fort. »Wir hatten jedes Jahr Prüfungen im Figurenfliegen. Wer da schlechte Noten hatte, konnte sogar Flugverbot bekommen. Ich hab meine miserablen Ergebnisse in der Pflicht immer mit einer guten Kür wettgemacht. Trudeln war dabei meine Spezialität.

Um also bei diesen schwierigen Prüfungen nicht mit Pauken und Trompeten durchzufallen, habe ich mir eine Stelle an meiner Schulter ausgesucht und dort alles gesammelt, was ich beim Fliegen und überhaupt beim Sport gut gemacht habe. Und immer wenn ich diese Kraft wieder brauche, dann berühre ich einfach jenen Punkt. Ich denke, ich hätte die Eintagsfliege sonst nicht so locker aus dem Ei gezogen. Aber damit ging's sehr einfach!«

Guggi kam aus dem Staunen nicht mehr heraus. »Das klingt ja abenteuerlich«, sagte er und strich wieder ein paar Speckfalten glatt.

»Du kannst dir auch andere Punkte aussuchen, an denen du was ankern willst«, sprach Trumtinchen weiter. »Das können zum Beispiel ein Fingernagel sein, der Handrücken oder die Fingerknöchel.«

»Das mit dem Kopf find ich gar nicht schlecht, Sternchen. Nehmen wir bei mir doch eine Stelle auf der Stirn.«

»Gut. Noch ein Beispiel: Wenn du das Problem hast, leicht nervös zu werden und das abstellen willst, dann denkst du zuerst an ein Erlebnis zurück, bei dem du nicht aus der Ruhe zu bringen warst.«

»Oh, da weiß ich was«, rief Guggi freudig. »Da war Monsieur Pompong mal stocksauer auf mich und hat mich angepflaumt, weil ich beim Mensch-ärgere-dich-nicht andauernd gewonnen habe. Ich hab ihn aber nur angelächelt. Sein ganzes Gemecker konnte mir nichts anhaben!«

»Und wenn du dich jetzt wieder in diese innere Ruhe hineinversetzt hast, dann berührst du eine Stelle an deiner Stirn.«

Und Guggi machte, was Trumtinchen ihm gesagt hatte. Mit einem Mal verzog er unwillig das Gesicht.

»Was hast du denn?« fragte Trumtinchen besorgt.

»Da ist noch was anderes, Wichtiges, was mich sehr bedrückt.

Wie soll ich sagen? Ich leide unter einer gewissen Lustlosigkeit. Ich habe zwar gute Ideen, und in meinem Kopf geht's dann zu wie in einem Bienenkorb. Aber dann sitze ich da und weiß nicht, was ich zuerst machen soll. Und so bringe ich gar nichts zuwege. Eine scheußliche Situation, sag ich dir. Ich vermute, darum hab ich mir auch den Speck angefressen. Weißt du, ob ich was dagegen tun kann?«

»Sicher«, meinte Trumtinchen, »das gehst du ganz genauso an. Such dir eine Stelle aus, wo du Kraft ankern willst.«

»Hmm, laß mich mal überlegen, vielleicht am Ohrläppchen. Da kann ich ganz unauffällig hinfassen.«

»Also, erinnere dich jetzt an eine Situation, in der du das, was du dir vorgenommen hast, auch sofort durchgezogen hast.«

»Oh, da muß ich mich erst besinnen, das ist bei mir nicht so einfach.« Und Guggi dachte nach. Nach einer Weile sagte er: »Ich hab's! Der Frühjahrsputz stand letztes Jahr mal wieder wie ein Berg vor mir, doch da hab ich einfach nur gedacht: Ob ich will oder nicht, ich muß alles mal gründlich durchputzen! Und so hab ich dann losgelegt, ohne nachzudenken, ob ich Lust dazu habe oder nicht.«

»Finde ich toll, wie du das gemacht hast«, lobte Trumtinchen. »Und wenn du daran zurückdenkst, was hast du da für ein Gefühl? Beschreib's mir bitte.«

»Ich fühle mich voller Energie, spüre so viel Kraft, daß ich gleich wieder mit Putzen loslegen könnt. Na ja, das ist vielleicht übertrieben. So ein bißchen loslegen eben.«

»Gut, und wenn du die Kraft wieder in dir spürst, dann faßt du dein Ohrläppchen an, ja!«

Guggi dachte an sein großes Erfolgserlebnis zurück. Und nachdem er sein Ohrläppchen berührt hatte, sagte Trumtinchen: »Mach das noch ein paar Mal bei ähnlichen Erinnerungen; denn je öfter du speicherst, desto größer wird dein Vorrat werden und desto hilfreicher ist er. Mach das also in den nächsten Tagen und Wochen immer wieder mal. Denk dabei vor allem dran, daß du immer erst dann ankerst, wenn das Gefühl am stärksten in dir ist.«

»Du, das war sehr lieb von dir, Sternchen, vielen Dank. Laß dich dafür herzlich umarmen, du hast mir sehr geholfen«, sprach Guggi, umarmte Trumtinchen und drückte es so fest an sich, daß dem ganz heiß wurde.

Guggi entdeckt seine übersinnlichen Fähigkeiten

»Und was mach *ich* jetzt?« fragte Trumtinchen und wand sich verlegen aus Guggis Armen.

»Das ist eine gute Frage«, antwortete Guggi und zeigte prompt wieder sein ruhiges, nachdenkliches Gesicht.

»Wenn *du* schon nichts weißt, dann muß ich mir halt selber was einfallen lassen. Wie finde ich Laniah und alle meine Verwandten wieder? Das ist mein Problem. Aber wie soll ich es lösen, denn das Fliegen kann ich hier auf der Erde abhaken. Ich kann nur mit meinen Gedanken versuchen, mit ihnen Verbindung aufzunehmen, das wär der einfachste und schnellste Weg. Vielleicht sind sie sogar irgendwo in der Nähe gelandet und denken jetzt auch an mich.«

»Wie meinst du das, Sternchen?«

Trumtinchen schaute Guggi erstaunt an. »Was, das kennst du nicht? Ich denke an jemanden und an das, was ich ihm sagen will, und er denkt in dem Moment genau dasselbe.«

»Versteh ich immer noch nicht«, sagte Guggi.

»Wie Radio- oder Fernsehwellen, so schicke ich meine Gedanken in die Welt. Nur ob das hier auf der Erde genauso funktioniert wie bei uns auf Trumtino, das ist die große Frage. Sei mal bitte still. Ich will mich ganz fest konzentrieren.« Trumtinchen schloß die Augen, drehte den Kopf erst langsam nach links, dann langsam nach rechts und von rechts wieder langsam nach links. Dann öffnete es die Augen. »Nein, nichts«, meinte es enttäuscht. »Ich habe nicht den geringsten Empfang. Komm, wir probieren mal aus, ob die Gedankenübertragung wenigstens auf die kurze Entfernung zwischen uns klappt.«

»Was muß ich denn da tun?« fragte Guggi etwas ratlos.

»Gar nichts, still sein und nicht mal denken«, entgegnete Trumtinchen.

»Das geht nicht, ich kann meine Gedanken nicht einfach wegfegen!«

»Doch, du kannst, denn das, woran du denken sollst, werde ich dir ja senden, vorausgesetzt, es funktioniert. Und jetzt sei bitte ruhig.« Und Trumtinchen schloß die Augen und dachte so fest an Trumtino wie noch nie, an diesen wunderschönen Stern, nach dem es so unendliches Heimweh hatte und der je nach Laune seine Farbe wechseln konnte, ins Dunkelrot, wenn er schlecht aufgelegt war, oder ins Lindgrün, wenn es ihm gut ging.

Da plapperte Guggi los: »Übrigens, warum hat euer Trumtino manchmal seine Farbe gewechselt?«

Trumtinchen riß die Augen auf. »Es klappt, es klappt!« rief es außer sich vor Freude, schloß Guggi in die Arme und gab ihm einen dicken Kuß.

Es dauerte ein wenig, bis Guggi begriffen hatte, worum es überhaupt ging und daß er Trumtinchens Gedanken richtig empfangen hatte. Aber dann bekam er vor lauter Glück große rote Backen.

So geht's

Das Ankern ist nicht nur was für Sternenkinder

Was hat Trumtinchen gemacht? Es hat durch Berühren bei Guggi einen »Anker« gesetzt. So bezeichnet das Neurolinguistische Programmieren (abgekürzt NLP) einen spezifischen Auslöser – zum Beispiel eine Berührung, ein Wort, eine Melodie, ein Bild, eine Impression oder eine bestimmte Umgebung –, der uns an ein schönes (oder auch schlechtes) Erlebnis erinnert. Dieser Anker kann auch etwas sein, das wir schmecken oder riechen, zum Beispiel ein Duft, der in uns ganz plötzlich eine weit zurückliegende Erinnerung wachruft.

Die Werbung benutzt visuelle und akustische Anker, um ein bestimmtes Produkt mit Lebensfreude und Genuß, mit Energie, Schönheit, Erotik oder Jugend zu koppeln. Doch statt uns von diesen Ankern manipulieren zu lassen, wollen wir sie wie Trumtinchen und Guggi bewußt für etwas Positives verwenden, nämlich fürs Wohlfühlen und für Problemlösungen. Gerade in unserer verhaltenen und kontakt- und berührungsarmen Gesellschaft ist liebevolles Ankern ein seltenes und um so wirkungsvolleres Stimulans.

Was Trumtinchen bei sich und Guggi Schönes geankert und damit gespeichert hat, wissen wir. Darüber hinaus gibt es noch unzählige andere Möglichkeiten, durch Berühren positive Erinnerungen und/oder Energien bei uns zu speichern. Wir können sie immer dann wieder abrufen, wenn es uns nicht so gut geht, weil beispielsweise die Gefühle der Verzweiflung, Niedergeschlagenheit oder Verbitterung übergroß geworden sind, uns daher schwächen oder sogar krank machen. Dieses Abrufen der guten und heilsamen

Gefühle heißt dann in der Fachsprache »den Anker lösen«. Doch das kann jeder nennen, wie er will.

Hier noch einige Tips zum Ankern: Wir sollten so konzentriert wie nur möglich in die zurückliegenden angenehmen Situationen hineingehen, uns darin versenken und uns große, helle und sehr bildhafte Vorstellungen davon machen. Wir lassen uns beim Gestalten unserer Erinnerungen viel Zeit, spüren sie vielleicht wie Wellen im Körper oder lassen sie wie Musik in uns erklingen. Und wenn unser angenehmes Gefühl ganz stark ist, ankern wir.

Beim Ankern speichern wir dasselbeThema immer an derselben Stelle auf dieselbe Art und Weise. Deshalb sollte das jeweilige Gefühl mit der dazu passenden Körperhaltung, Atmung und Mimik verbunden sein. Fragen wir uns also: Wie stehen oder sitzen wir, wenn wir uns geliebt, anerkannt oder geschätzt fühlen? Wie ist dann unser Gesicht? Lächeln wir? Blicken wir freudig, gelassen oder aber konzentriert? Wie atmen wir? Ruhig und tief? Und genau diesen Blick, diese Haltung und Atmung nehmen wir im Moment des Ankerns – je nach Thema – dazu.

Das Ankern wird wesentlich intensiver, wenn uns ein anderer berührt. An einer vertrauten Person können wir auch genau beobachten, wann sie am intensivsten in ihrem guten Gefühl ist. Wir können die Freundin zum Beispiel bitten, daß sie uns zeigt, wie sie dasteht oder dasitzt, wenn sie sich besonders liebenswert, selbstbewußt oder glücklich fühlt. In diesem Augenblick setzen wir bei ihr den Anker, legen ihr sacht die Hand auf die Schulter, den Arm, das Knie oder die Hand.

Ein bißchen Üben für unser Glück müssen wir schon. Doch es wird nicht lange dauern, bis wir deutlich spüren, wie wirkungsvoll ein fest installierter Anker ist, wenn wir ihn in einer schwierigen Situation lösen und merken, wie uns die dabei freigesetzten Kräfte und guten Gefühle beistehen.

Doch wir sollten nicht in jedem Fall aus negativen Gefühlen positive machen. Lieber sollten wir zunächst überprüfen, ob die negativen Gefühle angemessen sind oder nicht und wie sie dann verändert werden sollen.

Ob Trumtinchen das Pacing kennt?

Es macht nichts, wenn es mit der Gedankenübertragung auf Anhieb nicht klappt. Es gibt eine andere Methode, die wirkt so ähnlich, funktioniert aber prompt und sicher und hat auch etwas Geheimnisvolles. Es ist das sogenannte »Pacing«. Der Begriff kommt aus dem Englischen und heißt soviel wie »mit jemandem Schritt halten«. Schritt halten ist hier im übertragenen Sinn gemeint. Es ist ein behutsames und unmerkliches Angleichen des eigenen kommunikativen Verhaltens an das anderer.

In der einfachsten Grundform ist Pacing ein dezentes Spiegeln, das heißt, es ist ein Anpassen meines körpersprachlichen Verhaltens an das anderer. Somit ist es der erste wichtige Schritt zu einer harmonischeren Kommunikation und die Voraussetzung für eine gelingende »Abstimmung« zwischen Menschen, die kurz oder länger miteinander umgehen. Gemeint ist damit jener feine Verstehensprozeß beim Austausch von Gedanken und Gefühlen, der, wenn er mißlingt, bei der Erziehung zu schweren Entwicklungsstörungen der Kinder führen kann – dazu später mehr. Zuerst, wie gelingt Pacing, und was kann man damit erreichen?

Von Milton Erickson (1901–1980), dem durch seine ungewöhnlichen Methoden bekannt gewordenen amerikanischen Psychotherapeuten, wird berichtet, daß er Pacing in vollendeter Form beherrschte. Er glich sich seinen Klienten in Atemrhythmus, Tonfall, in Stimmlage und Sprechgeschwindigkeit an, übernahm ihre Lieblingsvokabeln, ihre Körperhaltung und Gesten so diskret, natürlich und perfekt, daß seine Klienten in kürzester Zeit ein Vertrauensverhältnis zu ihm aufbauten und meinten, sie würden Erickson schon seit ewigen Zeiten kennen. Pacing bedeutet also, den anderen in seiner Wesensart annehmen, ihn bestätigen und ihm das zurückgeben, was ihn im Innersten ausmacht. Es ist eine liebevolle Einladung an den anderen, sich zu öffnen.

Sollten wir solch eine Offerte nicht schon intuitiv und wie selbstverständlich machen, dann folgt hier eine kleine Vorübung, die wir mit dem Partner, einem Freund oder einem anderen vertrauten Menschen ausprobieren können: Wenn wir ihm gegenübersitzen, setzen wir uns genauso hin wie er, beispielsweise ähnlich aufrecht oder entspannt, schweifen genauso wie er mit dem Blick umher (wenn er das tun sollte) oder schauen ihn auch so konzentriert oder so offen an wie er uns. Spricht er ruhig, sprechen auch wir ruhiger. Redet er laut und energisch, werden auch wir betonter. Klingt seine Stimme melodisch und gefühlvoll, sprechen auch wir weicher und emotionaler.

So schwingen wir uns mehr und mehr auf die emotionale Wellenlänge des anderen ein. Gelingt uns diese Synchronizität, dann bewegen wir uns auf das zu, was man »mit jemandem ein Herz und eine Seele sein« nennt, und kommen selbst in ein gefühlsbetontes Erleben und Miterleben. Unser (Körper-)Gefühl, unsere Haltung, der Blick, Tonfall und die Gesten, auch der Inhalt unseres Gesprächs, die Intention oder der Tenor der Begegnung werden sich der gemeinsamen Stimmung angleichen.

Daniel Goleman schreibt dazu: »Der Grad an emotionaler Übereinstimmung, die Menschen in einer Begegnung empfinden, spiegelt sich darin, wie eng ihre körperlichen Bewegungen während des Gesprächs aufeinander abgestimmt sind – ein Kennzeichen der Nähe, das einem meistens nicht bewußt wird. Der eine nickt, während der andere gerade ein Argument äußert, oder beide rutschen gleichzeitig auf dem Stuhl hin und her, oder einer beugt sich vor, während der andere sich zurücklehnt. Die Abstimmung kann sich in einem so subtilen Zeichen äußern, daß zwei, die auf Drehstühlen sitzen, im selben Rhythmus schaukeln. Diese Synchronisation erleichtert offenbar das Senden und Empfangen von Stimmungen, auch wenn es um negative Stimmungen geht. Gleichgültig, ob die Menschen gutgelaunt oder bedrückt sind – je stärker sie körperlich aufeinander abgestimmt sind, desto mehr werden ihre Stimmungen sich angleichen« (Emotionale Intelligenz, S. 151).

Pacing ist also via feiner Imitation und sensiblem Empfang von Stimmungen ein ausgezeichneter Weg, um die Befindlichkeit eines nahen oder fremden Menschen in sich aufzunehmen, seine Gefühle und Gedanken dadurch nachzuvollziehen und sie gleichsam zu »lesen«. Diese Art »Gedankenübertragung« setzt voraus, daß wir selbst in einer ruhigen und gelassenen Stimmung sind, damit wir die Signale des anderen richtig »empfangen« und deuten können.

Werden, vereinfacht gesagt, diese komplexen Beziehungssignale durch Pacing richtig aufgenommen und wiedergegeben, so heißt dieser Prozeß in der Fachsprache »Abstimmung«. Mißlingt er (durch eine Art Anti-Pacing), so sprechen wir von einer Fehlabstimmung. Geschieht dies zwischen Eltern und Kind, so wirkt dies auf das Kind zutiefst verstörend: »Zeigt die Mutter beharrlich keinerlei Einfühlung in bestimmte Emotionen des Kindes – seien es Freuden oder Tränen, sei es das Schmusebedürfnis –, so fängt das Kind an, die Äußerung, vielleicht sogar das Empfinden dieser Emotionen zu vermeiden. Auf diese Weise können vermutlich ganze Empfindungsbereiche aus dem Repertoire für intime Beziehungen getilgt werden, besonders wenn diese Gefühle während der Kindheit weiterhin versteckt oder offen entmutigt werden« (Goleman, Emotionale Intelligenz, S. 133).

Goleman ist der Meinung, daß die »emotionale Selbstwahrnehmung«, also die wache Einsicht in das eigene emotionale Verhalten, grundlegend für den Prozeß der Abstimmung ist und uns davor bewahrt, daß aus der Abstimmung eine Mißstimmung oder Fehlabstimmung wird. Eine emotionale Selbstwahrnehmung, welche die richtigen Schlüsse zieht, wird bestimmt eine glückliche Abstimmung mit anderen hervorbringen. Und gelingendes Pacing ist der Einstieg in den Prozeß eines für beide befriedigenden emotionalen Gebens und Nehmens.

Leseempfehlung

Zum Thema »Ankern«:

Anthony Robbins: Grenzenlose Energie. Das Power-Prinzip. Wie
Sie Ihre persönlichen Schwächen in positive Energie verwandeln.
München 1994.
Ein Power-Buch, suggestiv geschrieben. Ziehen wir ruhig die
Hälfte davon ab, es reicht immer noch zum Powern.

Zum Thema »Pacing in der Partnerschaft«:

Dietmar Friedmann, Klaus Fritz: Wie ändere ich meinen Mann?
Den Partner verstehen, die Beziehung verbessern. München 1997.
Basierend auf der Typologie einer neuen Charakterkunde, die
später noch ausführlich beschrieben wird, zeigt dieser Ratgeber,
wie Beziehung gelingt, und gibt wertvolle Tips fürs Pacing.

Kapitel 3

Aurora, die Zweitagsfliege

»Jetzt richten wir deine Ecke erst mal gemütlicher ein«, schlug
Guggi vor. »Und dazu brauchst du vor allem ein richtiges Bett.
Glaub mir, der harte Boden ist wirklich nicht das Wahre für einen
gesunden Schlaf, und der ist überaus wichtig.« Und er verschwand,
ein Liedchen pfeifend, im nächsten Loch, um gleich darauf neugierig wieder daraus aufzutauchen, denn eine Fliege kurvte summend
über dem Nachtkasten. Es schien, als suche sie etwas. Nach einigen
Runden, bei denen sie immer enger werdende Kreise zog, landete
sie neben Trumtinchen in der Schublade. »Mir scheint, ich habe
dich gefunden«, sagte sie keuchend. »Du bist doch Trumtinchen
Deltanullzwo, der Weltraumfloh, wie ich hoffe?«

»Deltanullzwo, der Weltraumfloh, der Weltraumfloh«, wiederholte Trumtinchen. »Haah, haah, wie wahnsinnig spaßig! Von wem
hast du denn diesen blöden Reim gehört?«

»Bitte entschuldige vielmals, allerehrwürdigstes Trumtinchen«,
erwiderte die Eintagsfliege und blickte respektvoll zu Boden. »Ich
will dich keinesfalls beleidigen, ganz im Gegenteil. Ich wollte nur si-
chergehen, daß du auch wirklich Trumtinchen bist. Ich habe nämlich eine Botschaft für dich!«

»Von Laniah?« fragte Trumtinchen erwartungsvoll.

»Erlaube, daß ich mich zuerst vorstelle. Ich bin ein Mitglied der
Familie jener Eintagsfliege, die du unter Einsatz deines Lebens ge-
rettet hast. Nun kann ich die aufgetragenen Grüße meiner Verwandten an dich überbringen.« Und sie senkte zweimal die Flügel,
um auch ihre große Verehrung für Trumtinchen auszudrücken.

Trumtinchen war bitter enttäuscht. »Das ist aber lieb von dir«, sagte es trotzdem freundlich zu der Eintagsfliege. »Ja, ich war mit ihr verabredet, aber ich konnte nicht kommen, zu dumm. Sag mal, wie hast du mich denn hier gefunden?«

»Oh, das war nicht schwer. Ich hatte eine ungefähre Wegbeschreibung, und für den Rest der Strecke habe ich mich durchgefragt.« Die Eintagsfliege rieb ihre Vorderbeine gegeneinander. »Jede von uns kennt dich«, versicherte sie, »und deine mutige Tat ist immer noch in aller Munde!«

»Ach was«, erwiderte Trumtinchen, »ich denke, sie wäre so oder so mit dem Leben davongekommen. Sag doch bitte einfach nur Sternchen zu mir. So nennt man mich hier.«

»Gerne«, sagte die Eintagsfliege schüchtern. »Jedenfalls hat meine Tante noch in ihrer Sterbesekunde beklagt, daß ihr euch nicht mehr gesehen habt. Sie wollte dich nämlich für ihr unhöfliches Benehmen um Verzeihung bitten.«

»Unhöflich, ja, das war sie. Doch zu ihrer Entschuldigung ist zu sagen, daß sie einen bedauernswerten Eindruck auf mich gemacht hat. Sie wirkte abgehetzt und sehr sorgenvoll. Habt ihr Eintagsfliegen denn alle so ein freudloses Dasein?«

»Ich habe leider keine Vergleichsmöglichkeiten, Sternchen, aber ich denke schon, daß es so ist. Wir stehen ganz schön unter Druck. Alles ist straff durchorganisiert. Es muß ja auch alles hopplahopp gehen, denn viel Zeit bleibt uns als Eintagsfliegen nicht, wie du dir sicher vorstellen kannst.«

»Sag mal, hast du etwa auch keinen Namen?«

»Wir haben alle keine Namen, aber dafür sind wir der Reihe nach durchnumeriert. So kann man uns bestens auseinanderhalten, denn von uns schaut eine aus wie die andere. Ich habe da zwar an den Flügelspitzen einen feinen, silbernen Rand, der ist äußerst selten, aber darauf achtet ja sowieso keiner bei uns.«

Trumtinchen schüttelte den Kopf. »Wenn das so ist, dann fehlt euch aber viel. Und darum werde ich mir als erstes einen Namen für dich ausdenken.« Trumtinchen legte die Stirn in Falten und überlegte.

»Danke für deine Mühe, Sternchen. Aber ich denke, so ein Name macht doch nur Sinn, wenn die anderen ihn wüßten und mich damit auch anreden würden.«

»Dann wirst du dich eben künftig gleich mit deinem Namen vorstellen, ganz einfach. Aber es sollte schon ein besonderer Name sein . . ., hm . . ., wie alt bist du denn?«

»Ich bin bei Sonnenaufgang, so vor drei Stunden, zur Fliege geworden, bin also noch verhältnismäßig jung, auch wenn man mir's vielleicht nicht ansieht«, sagte die Eintagsfliege etwas traurig.

»Da habe ich doch deinen Namen schon . . . genau, der könnte passen. Du sollst ab sofort Aurora heißen, das heißt ›Morgenröte‹. Na, wie gefällt er dir?«

»Aurora«, sprach die Eintagsfliege Trumtinchen langsam nach und errötete vor Freude. »Das klingt sehr schön«, flüsterte sie.

»Also, ab sofort heißt du Aurora. Und als nächstes möchte ich wissen, warum ihr nur einen einzigen Tag lang als Fliege lebt. Das muß doch irgendwelche Gründe haben?«

»Also, wenn ich dazu was sagen darf, dann habe ich den Eindruck, daß wir uns buchstäblich zu Tode hetzen und schuften. Keine von uns gönnt sich eine Pause, ruht sich nicht ein bißchen aus und ist den ganzen Tag nur von ihren Pflichten getrieben. Da wird auch nur das Nötigste miteinander gesprochen. Eigentlich habe ich mich auch schon viel zu lange bei euch aufgehalten und müßte längst wieder an der Arbeit sein.«

»Mal langsam, Aurora«, sagte Trumtinchen. »Gesetzt den Fall, du wärst eine Zweitagsfliege, dann hättest du doch mit einem Schlag deine Lebenszeit verdoppelt.«

»Ja, dann! Aber Zweitagsfliegen gibt es nicht, soviel ich weiß. Und wenn doch, dann bin ich nun mal eine ganz gewöhnliche Eintagsfliege. Zwar wäre ich gern noch länger am Leben, weil man als Fliege die Welt so herrlich von oben betrachten kann. Aber so ist das Leben eben. Man muß sich damit abfinden. Das ist die Kunst.«

»Woher willst du denn das mit dem einen Tag Lebenserwartung wissen?«

»Ich weiß es eben hundertprozentig!«

»Und wenn du dir das nur einbildest?«

»Das bilde ich mir nicht ein. Das ist so!«

»Hast du Beweise?«

»Nein, natürlich nicht. Woher denn auch?«

»Na also. Und darum sagst du dir ab sofort ganz fest vor: ›Ich bin Aurora, die hübsche Zweitagsfliege. Ich habe das doppelte Leben vor mir, und das finde ich wunderbar!‹ Komm, sprich mir diesen Satz mal nach.«

Aurora zögerte, sagte dann aber doch: »Ich bin eine Eintags... äh, ich bin eine Zweitagsfliege und habe viel Zeit vor mir. Das ist schön.« Der Satz war heraus, und sie seufzte vor Erleichterung.

»Nein, nein, so nicht«, meinte Trumtinchen. »Das muß viel überzeugter kommen. Sag den ganzen Satz noch mal langsam und mit einer Riesenüberzeugung.«

Und Aurora sprach den Satz genau so nach wie Trumtinchen ihn vorgesagt hatte.

»Und wie geht's dir jetzt?« wollte Trumtinchen wissen.

Aurora streckte ihre Hinterbeine und überlegte. »Seltsam«, sagte sie nach einer Weile, »mir geht's besser. Die Panik läßt irgendwie nach.«

»Phantastisch. Und mit diesem neuen Gefühl läßt du den Tag heute und den Tag morgen ganz gemütlich auf dich zukommen«, sagte Trumtinchen beinahe beschwörend.

»Ich werde es versuchen«, erwiderte Aurora tapfer, aber doch noch sehr unsicher.

»Aber bestimmt machst du das. Du mußt wissen, du hast nämlich gerade etwas sehr Geheimnisvolles bei dir in Gang gebracht.«

»Was denn?« fragte Aurora neugierig.

»Paß auf. Wenn du immer mehr davon überzeugt bist, daß du eine Zweitagsfliege bist, dann wird sich auch dein Leben entsprechend ändern. Du merkst ja jetzt schon deutlich, daß du ruhiger bist. Das war der erste Schritt. Und wenn du weiterhin alles lockerer angehst, dann verbrauchst du nicht so viel Energie und Nervenkraft, folglich bleibst du vital und gesund. Da werden sich die anderen ganz schön wundern.«

»Meinst du wirklich, Sternchen?«

»Aber klar! Schau, du bist ab heute die einzige unter euch, die ruhig und gelassen ist. Und weil du anders bist, wird man sich dir gegenüber auch anders verhalten. Verstehst du?«

»Ja, so in etwa.«

»Und jetzt tun wir noch ein klein wenig mehr für dein Selbstbewußtsein. Aurora, bitte lächle doch mal!«

»Das bringe ich nicht fertig«, antwortete Aurora verlegen.

»Doch. Ich bin sicher, du kannst das. Denk einfach: Du bist die junge, attraktive Zweitagsfliege Aurora mit den ausgefallenen silbernen Flügelspitzen.«

Und Aurora zeigte mit einem Mal ihr allerschönstes Lächeln. Wie gut ihr das stand.

»Na, siehst du, es geht doch prima. Das ist doch gleich was ganz anderes. Und jetzt stellst du dich auch noch ein wenig selbstbewußter hin.«

Aurora hob leicht den Kopf und streckte die Flügel.

»Ja, so ist es schon viel besser. Setz die Beine aber noch etwas breiter hin und nimm die Flügel höher. Nein, nicht so hoch, etwas weniger. Ja, so ist es gut!« Trumtinchen sah Aurora kritisch an. »Doch, das gefällt mir ganz gut. Was meinst du dazu, Guggi?«

»Mir gefällt es ausgenommen gut«, sagte Guggi mit viel Schmelz in der Stimme.

»Und was denkst du, wie du jetzt auf deine Familie wirkst?«

»Weiß ich nicht«, sagte Aurora schon mit etwas mehr Kraft in der Stimme.

»Na, dann sag ich es dir: Du wirkst selbstbewußter. Schau, mit diesem Trick haben wir auf Trumtino allen, die große Hemmungen hatten, Selbstbewußtsein beigebracht. Wir haben sie eine entsprechende Haltung einnehmen lassen – Kopf hoch, Brust raus und so weiter. Und dann dachten die anderen: Oh, die wissen aber, wer sie sind! Und jemandem, der selbstbewußt auftritt, dem begegnet man doch gleich ganz anders, oder etwa nicht?«

»Ja, ja, sicher, stimmt schon«, pflichtete Aurora bei. »Das habe ich auch schon beobachtet, einer, der selbstbewußt auftritt, wird mit Respekt behandelt.«

»So ist das. Und jetzt will ich mir auch gleich ansehen, wie du fliegst. Das gehört bei euch ja auch zum Auftreten. Mach doch bitte einen Start!«

Aurora hob ab, beschrieb in der Luft einen kleinen Bogen und landete wieder. Trumtinchen schaute mit prüfendem Blick zu. Guggi hatte sich unterdessen einen Liegestuhl geholt und beobachtete Auroras Flugtraining vergnügt.

»Da müssen wir auch noch etwas verbessern«, meinte Trumtinchen nachdenklich. »Mir ist aufgefallen, daß du die Beine nach dem Start viel zu spät anziehst, und darum kommst du am Anfang auch nur schwer auf die Höhe. Probier's bitte noch mal. Und vor dem Abheben ausatmen und nicht einatmen. Damit machst du dich nur unnötig schwer. Also: ausatmen und Beine anziehen!«

Aurora startete und stieg fast bis zur Decke hoch. »Paß auf, der Fliegenfänger!« schrie Trumtinchen nach oben. Aurora ging sofort im Sturzflug nach unten und zog summend weite Kreise über der Schublade.

»Das reicht schon, danke, komm wieder herunter«, rief Trumtinchen hinauf. Aurora schwebte heran und landete.

Trumtinchen war sehr zufrieden. »Na, das war doch schon viel besser, Aurora. Hast du gemerkt, wieviel leichter das Fliegen geht, wenn du richtig atmest?«

Aurora nickte heftig mit dem Kopf. »Danke für deine Tips, Trumtinchen, soviel Mühe gibt sich bei uns keiner.«

Trumtinchen nahm Aurora beiseite. »Ich verspreche dir«, flüsterte es ihr zu, »bevor ich hier bei meinem Holzwurm versauere, fang ich bei euch als Fluglehrer an, abgemacht!«

»Eine tolle Idee, Sternchen«, sagte Aurora und sah Trumtinchen glücklich an. »Jetzt möchte ich mich aber revanchieren für alles, was du für mich getan hast. Du bist doch auf der Suche nach deinen Verwandten. Ich möchte dafür sorgen, daß wir einen Suchdienst für dich einrichten. Ich bin sicher, das müßte zeitlich bei uns noch drin sein.«

»O wie schön, ich bin für jede Unterstützung dankbar. Aber jetzt gebe ich dir noch ein paar wichtige Hausaufgaben mit. Erstens:

Bleib ganz ruhig und zeige, daß es dir gut geht. Zweitens: Sag jedem, daß du Aurora heißt. Drittens: Gib dich so und fliege so, wie wir's gerade besprochen haben. Außerdem mußt du ab und zu etwas Wasser trinken. Und morgen abend, wenn wir uns hier wieder treffen, berichtest du mir von deinen Erlebnissen. Auf die bin ich besonders gespannt.« Trumtinchen gab Aurora zum Abschied freundschaftlich die Hand.

Und Aurora verbeugte sich, sagte fast schon wie selbstverständlich: »Also, dann bis morgen«, nahm tänzelnd Anlauf, hob ab und schwirrte sehr elegant in einer leichten Linkskurve davon. Für einen kurzen Moment leuchteten ihre silbernen Flügelspitzen hell in der Sonne auf.

So geht's

Erst tun wir so, als ob – und wenig später können wir's tatsächlich

Wenn wir uns so verhalten, »als ob« wir etwas könnten, obwohl wir es in Wirklichkeit noch nicht zu beherrschen oder fertigzubringen glauben, oder wenn wir eine innerliche Haltung einnehmen, »als ob« wir die gewünschte Einstellung bereits hätten, dann hilft uns dieser Kniff ein großes Stück weiter.

Dazu ein Beispiel: Ein junger Mann ist ängstlich und unsicher. Weil er das ändern will, überlegt er sich, wie er gehen, stehen und wie seine Stimme klingen würde, wenn er mutiger und selbstsicherer wäre. Wenn er nun entsprechend geht, sich hinstellt, spricht oder agiert, sich auch so ruhig und präsent gibt – also so tut, »als ob« er bereits selbstsicher sei –, dann wird er sich nach kurzer Zeit schon mutiger und sicherer fühlen. Warum?

Nicht nur signalisiert sein Körper seiner Psyche »Ich bin selbstbewußt«, auch sein häusliches und soziales Umfeld (Eltern, Freunde oder Bekannte) wird in der Folge anders auf ihn reagieren, weil er das, was er jetzt beispielsweise sagt, nicht mehr unsicher vorträgt, sondern überzeugter und betonter formuliert und ausspricht. Da sein Umfeld nun aufmerksamer reagiert, wird unser junger Mann bald die Empfindung haben, daß das, was er sagt, auch tatsächlich wichtig ist. Das wird sein Selbstbewußtsein stärken. Er hat einen positiven Kreislauf, der sich jedes Mal selbst neu verstärkt, bei sich in Gang gesetzt.

Ein anderes Beispiel aus der Erwachsenenberatung: Frau L. ist von Minderwertigkeitskomplexen geplagt. Sie fühlt sich zu wenig anerkannt. So versucht sie meist, es anderen recht zu machen. Der Therapeut bittet sie, ihm eine Vorstellung davon zu geben, wie sie sich als einen geliebten Menschen erleben würde. Sie antwortet ihm: »Ich würde sagen, was ich mir wünsche oder was ich möchte.«

Dieses Gefühl ist für Frau L. neu. Wenn sie es verinnerlicht und danach handelt, wird es ihr Sprechen und Auftreten wie im Beispiel zuvor verändern. So wird aus dem Als-ob-Anerkannt im Lauf der Zeit ein Tatsächlich-Anerkannt werden.

Und noch ein Beispiel: Ein junger Mann, verheiratet, kommt in die Beratung. Sein Problem sind seine Wutanfälle. Die will er in den Griff bekommen, damit er seiner Frau angemessen und sachlich zeigen kann, daß sie Unrecht hat, wenn sie ihn kritisiert. Dann fühlt er sich von ihr provoziert und heruntergesetzt. Und ihn ärgert zudem, daß sie keinerlei Interesse für sein Studium zeigt. Der Therapeut formuliert den Wunsch des Mannes, »mit seinem Ärger anders umzugehen«, als Ziel der Therapie. Die Lösungssuche beginnt.

Unter anderem fragt er ihn nach Ausnahmen (eine wichtige Vorgehensweise der neuen lösungsorientierten Beratung, siehe Kapitel 14: »Großer Besuch kommt angeflogen«). Eine Ausnahme besteht für den jungen Mann darin, daß er sich von nun an vorgenommen habe, »daß jeder Tag ein neuer Tag ist und ich versuchen werde, einen guten Tag daraus zu machen«. Das sei insofern anders für ihn, als er früher seinen Unmut und seine negativen Gefühle vom vorigen Tag in den nächstenTag mit hineingenommen habe.

In der dritten Sitzung berichtet der junge Mann, daß er, als sich zwischen den Ehepartnern wieder ein handfester Streit anzubahnen drohte, plötzlich zu seiner Frau gesagt habe: »Ich will nicht mit dir streiten, ich will einfach, daß wir Freunde sind!« Das habe die Situation unterbrochen, und wenig später sei seine Frau sogar wieder nett zu ihm gewesen. Ihm war plötzlich der Gedanke gekommen, »daß Freunde zusammenarbeiten und nicht versuchen, zu gewinnen oder den anderen zum Verlierer zu machen«.

Die Lösung war gefunden. Wenn er seine Frau so sah, »als ob« sie eine Freundin wäre, konnte er ruhiger werden und seinen Ärger in den Griff bekommen. Aus seiner neu gewonnenen Einstellung heraus erkannte er, daß es egoistisch von ihm war, sich in sein Studium zu verkriechen. Er verspürte den Wunsch, mehr an familiären Dingen teilzunehmen. (Walter, Peller: Lösungs-orientierte Kurztherapie, S. 277 ff.)

»Daß Freunde zusammenarbeiten und nicht versuchen, zu gewinnen oder den anderen zum Verlierer zu machen« – dieser Satz bringt die entscheidende Wende in die verfahrene Beziehung des jungen Mannes. Freundschaft empfindet liebevolle Achtung und Respekt vor dem anderen, eine Haltung, die er auf der bisherigen Beziehungsschiene seiner Partnerin nicht mehr entgegenbringen konnte. Die neue Schiene »Freunde« hingegen erlaubt ein anderes Verhalten und bewirkt eine Veränderung in ihrer Kommunikation. Sein Vorsatz, »aus jedem Tag einen guten Tag zu machen«, ist ein ausgezeichnetes Motto und wird ihn in seinem Vorhaben weiter unterstützen. (Eine weitere Variante der Als-ob-Methode werden wir in Kapitel 9: »Der Trick mit der Wunderfrage« kennenlernen.)

Vielleicht haben diese Beispiele schon einen ersten Eindruck davon vermittelt, wie eine lösungsorientierte Beratung vorgeht. Sie hilft Menschen, indem sie ihnen zeigt, »wie etwas gelingen kann«. Damit läßt sie uns dem auf die Spur kommen, was wir mit Lebenskunst, Lebensgewandtheit oder Lebenskompetenz bezeichnen können. Oder auf den einfachen Nenner bringen können: Lösungen finden! Und eine Lösung wird sich schon dadurch abzeichnen, daß wir etwas tun oder denken, das außerhalb unseres üblichen Denk- und Verhaltensmusters steht. So einfach oder so schwer – je nachdem, wie wir es sehen – ist dann eine Lösung.

Leseempfehlung

John L. Walter, Jane E. Peller: Lösungs-orientierte Kurztherapie. Ein Lehr- und Lernbuch. Dortmund 1994.
Nur für den fachspezifisch interessierten Leser geeignet.

Kapitel 4

Eine seltsame, doch recht wirkungsvolle Sternenmedizin

»Wie du die Eintagsfliege aufgebaut hast, das war schon beeindruckend«, meine Guggi anerkennend. »Aber noch toller fand ich das vorhin mit der Gedankenübertragung. Komm, Sternchen, damit machen wir jetzt weiter. Ich schlage vor, ich verziehe mich in den äußersten Gang meiner Behausung, schließe die Augen und halte mir auch noch die Ohren zu, und du denkst an was Wunderschönes. Und später sage ich dir dann, was es war. Abgemacht?«

»Psst, sei mal bitte still! Ich glaub, ich höre was draußen auf dem Flur«, sagte Trumtinchen und legte Guggi den Finger auf den Mund. Sie lauschten. Da war es ganz deutlich zu hören: Carlo hatte Krach mit Danny.

»So was tut mir im Herzen weh«, flüsterte Guggi, »wo ich doch so für Harmonie und Frieden bin«, und verschwand kopfschüttelnd in seinem Gängegewirr.

Carlo trat ins Zimmer. »Es ist doch immer dasselbe Theater mit Danny«, schimpfte er los, knallte die Tür zu, murmelte so etwas wie »Hier kommt er mir nicht rein!« und ließ sich wutschnaubend in den Sessel fallen. »Und das Schlimmste ist: Ich Rindvieh kann mich nicht beherrschen!« Carlo beugte sich zu seinem Nachttisch vor und zog die Schublade auf, und zwar so ruckartig, daß Trumtinchen drinnen beinahe umgefallen wäre.

»Trumtinchen, wo steckst du denn?« fragte Carlo ungeduldig in die Schublade hinein. »Entschuldige, ich muß mir erst eine Pfeife anzünden, dann bin ich wieder ansprechbar. Wo sind denn nur die Streichhölzer hin? Und meine Brille find ich auch nicht!«

»Die Streichhölzer liegen hier bei mir, und deine Brille hast du auf der Nase«, sagte Trumtinchen seelenruhig und versuchte, die Streichholzschachtel nach vorn zu schieben. Aber sie war zu schwer.

»So«, brummte Carlo und griff nach den Streichhölzern. Nachdem er seine Pfeife gestopft, sie angezündet und ein paar Züge gemacht hatte, wurde er ruhiger. »Komisch, mit dem bißchen Rauchen kann ich allen Ärger vergessen. Natürlich weiß ich, daß es nicht gesund ist. Besser wär's, ich könnte es sein lassen. Aber das schaffe ich einfach nicht.« Carlo sah einem Rauchkringel nach.

»Verstehe«, sagte Trumtinchen und blickte ebenfalls nach oben, bis sich der Kringel aufgelöst hatte.

»Sternchen, entschuldige, ich war vorhin ziemlich wütend. Fast hätte ich vergessen, daß ich dir ein kleines Schmucketui mitgebracht habe. Hier ist es. Da ist auch etwas Watte drin. Wäre das nicht ein Bettchen für dich? Ach ja, wie war denn die letzte Nacht?«

»Oh, ganz in Ordnung«, antwortete Trumtinchen und beäugte die kleine Schachtel skeptisch. »Bis auf die unheimliche Begegnung mit einem supergescheiten Holzwurm, der hier im Nachtkasten wohnt. Der hat vielleicht einen Lärm gemacht. Doch inzwischen sind wir beinahe dicke Freunde.«

Carlo mußte lächeln. »Den Holzwurm hast du getroffen? Das ist ja interessant. Ich sehe immer die kleinen Löcher, die er ins Holz frißt. Aber das stört mich nicht. Er soll sich meinetwegen durch den ganzen Kasten bohren. Ich denke, der hält's aus. Aber was anderes: Du hast doch sicher Hunger?«

»Ja«, antwortete Trumtinchen. »Ich habe zwar gestern ein paar Kuchenkrümel verspeist, aber das ist nun doch schon eine Weile her. Denkst du, du könntest so was Ähnliches für mich hier auftreiben?«

»Ich schau mal in der Küche nach, da finde ich sicher was.« Carlo machte sich auf den Weg und kehrte tatsächlich mit Kuchenkrümeln und einigen Tropfen Milch in einem Teelöffel zurück. »Hier, Sternchen, laß dir's schmecken. Wenn du willst, bring ich dir davon jeden Tag eine Portion.«

Trumtinchen hatte großen Hunger, und die Kuchenkrümel schmeckten fein. Die Milch erinnerte es an einen Sternentrank auf Trumtino, der eine ähnliche Farbe hatte.

»Du, Carlo, was war denn da vorhin auf dem Flur los?« fragte Trumtinchen, nachdem es alles restlos vertilgt hatte.

»Ach, mal wieder Ärger mit Danny. Immer wieder mache ich den Fehler, mich auf sein blödes Benehmen einzulassen. Danach fühle ich mich noch mieser. Wenn ich doch bloß etwas gelassener wäre!« Carlo machte einen Zug aus seiner Pfeife. »Ich muß meine Nerven schonen, sonst falle ich eines Tages noch tot um. Kennst du vielleicht eine Sternenmedizin, die gegen Aufregung hilft?«

»Sicher weiß ich eine, nur sei bitte so lieb und hol mich aus der Schublade heraus. Ich will nicht so durch die Gegend schreien.«

Carlo ließ Trumtinchen auf seinen Zeigefinger klettern, hob es sacht empor und ließ es auf seiner warmen Handfläche Platz nehmen.

»Um die richtige Medizin für dich herauszufinden«, begann Trumtinchen und schlug die Beine übereinander, »muß ich wissen, was in dir vorgeht. Beschreib mir das bitte ganz genau.«

Carlo nahm die Pfeife aus dem Mund. »Also, stell dir vor, jetzt erst kam Danny von der Schule heim. Weißt du, wie spät es ist? Nein, na, ist ja auch egal. Als ich ihn fragte, woher er komme, sah er einfach weg. Sonst hat er immer eine ganze Sammlung an Ausreden parat oder erzählt mir die wildesten Geschichten. Doch heute war's anders, da schmiß er wortlos seinen Rucksack in die Ecke, zog Mohrle am Schwanz und verschwand in seinem Zimmer. Mohrle ist fürchterlich erschrocken. Na, und dann habe ich Danny an den Ohren aus seinem Zimmer geholt und ...«

»Stop, Carlo«, unterbrach ihn Trumtinchen, »den Krach haben Guggi und ich sogar hier drinnen in der Schublade gehört. Aber was im einzelnen zwischen dir und Danny abgelaufen ist, interessiert mich gar nicht. Ich will von dir nur wissen, was du dabei empfunden hast?«

Carlo machte ein verdutztes Gesicht. »So, so, interessiert dich gar nicht«, meinte er verwundert. »Na gut, wie du meinst. Also, ich ärgere mich fürchterlich über Danny, er ist ungezogen, hat nicht die Bohne von ... wie soll ich sagen ..., ja, von Benehmen. Ich find's unmöglich, wie er sich mir gegenüber aufführt!«

»Mag sein, aber du hast meine Frage noch nicht ganz beantwortet. Deshalb, anders gefragt: Was regt dich bei Dannys Benehmen auf?«

»Also, wenn Danny sich so verhält wie vorhin, dann habe ich das Gefühl, daß er eigentlich nur mit sich selbst beschäftigt ist.«

»Mit anderen Worten, Danny läßt dich links liegen. Du fühlst dich nicht genügend beachtet. Regt dich das am meisten auf?«

»Ja, genau das.«

»Dann möchte ich von dir wissen: Wann könnte es ausnahmsweise o. k. sein, wenn ich jemanden nicht weiter beachte?«

Carlo nahm einen Zug aus seiner Pfeife. »Das weiß ich im Moment nicht«, sagte er dann und überlegte. »Tja ... richtig, wie wär's damit? Beim Einüben von neuen Zaubertricks wollte ich nicht gestört werden. Da durfte mir keiner zusehn.«

»Hat es doch jemand probiert?« fragte Trumtinchen.

Carlo schmunzelte. »Ja, meine frühere Assistentin, Gloria hieß sie, hat es immer wieder probiert. Die konnte es kaum erwarten, daß ich wieder einen neuen Trick beherrschte.«

»Das Beispiel paßt leider nicht so ganz. Ich hab mich vielleicht nicht genau genug ausgedrückt. Es geht nicht darum, danach zu fragen, wann es ausnahmsweise o. k. ist, daß *ich* nicht beachtet werde. Sondern meine Frage ist: Wann könnte es o. k. sein, wenn ich *jemand anderen* nicht weiter beachte? Gut wäre zudem, wenn du dabei an jemanden denkst, den du magst. Also brauchen wir ein Beispiel dafür, wo meinetwegen deine Assistentin Gloria nicht wollte, daß man sie beachtet. Fällt dir dazu vielleicht was ein?«

»Ja«, sagte Carlo gleich, »Gloria mochte es gar nicht, wenn ihr jemand dabei zusah, wie sie sich vor unserem Auftritt schminkte. Da brachte sie es mal fertig, sogar mir die Garderobentür vor der Nase zuzuknallen.«

»Genau das ist es. Es ist also völlig o. k., Gloria beim Schminken nicht zu beachten, um sie nicht zu irritieren. Also, denk jetzt bitte an diese Situation zurück, und konzentriere dich auf die in dir entstehende Energie, wenn du jemanden absichtlich nicht beachtest. Manche sagen, es ist mehr ein Gefühl oder eine Empfindung. Wir Trumtine aber sind der Meinung, es ist zuerst pure Energie. Ganz egal, wie man's nennt, achte nur genau darauf.«

Carlo konzentrierte sich mit geschlossenen Augen auf dieses wohlwollende Nichtbeachten von Gloria und nickte dann Trumtinchen zu.

»Wenn du die Energie jetzt spürst, dann halt sie fest und denk an die Situation mit Danny zurück. Vielleicht läßt du diese Energie so wie ein Licht darauf strahlen.«

Carlo konzentrierte sich wieder einen Moment lang und lächelte dann Trumtinchen an.

»Und, wie fühlst du dich jetzt?« fragte Trumtinchen, obwohl es schon wußte, was soeben mit Carlo passiert war: Sein Gefühl der Mißachtung hatte sich in ein Gefühl der taktvollen Zurückhaltung verwandelt.

»Oh, überraschend gut. Ich bin plötzlich ganz heiter. Und wenn ich's recht bedenke, dann bin ich auch gar nicht mehr wütend auf Danny. Eigentlich war es ja lächerlich, wie wir beide uns aufgeführt haben.« Und Carlo legte die Pfeife weg.

»Siehst du, so macht man das. Und uns Trumtinen ergeht es dabei so ähnlich wie dir: Wenn wir die O.k.-Situation gefunden haben und gefühlsmäßig hineingehn, spüren wir zuerst eine Energie in uns aufsteigen. Wenn wir mit dieser Energie dann in die schmerzliche Situation zurückkehren, löst sich das zuvor empfundene Leid in ein angenehmes Gefühl auf, und wir empfinden entweder Kraft oder wohltuende Distanz und Gelassenheit oder eine Heiterkeit, die uns darüberstehen und lächeln läßt – je nachdem.«

»Bitte, Sternchen, erklär mir das noch mal ganz genau.«

»Also, Carlo, zuerst fragst du dich: ›Was fühle ich?‹ Zum Beispiel bist du sauer, enttäuscht, verärgert, fühlst dich mißachtet oder was auch immer. Dann suchst du nach einer Situation, in der es ausnahmsweise o.k. ist, wenn du jemand anderen sauer machst, enttäuschst, ärgerst oder mißachtest, weil du ihn vor Schaden bewahren willst. Und denk dabei an jemanden, den du magst – das ist wichtig. Versetze dich in diese Situation, und halte die dabei in dir aufsteigende Energie fest. Nun denkst du mit dieser neuen Energie an die Situation oder den Menschen zurück, die oder der dich vorher so mißgestimmt hat. Dabei verändert sich dein Erleben wie durch Zauberkraft, und die negativen Energien in dir lösen sich auf. Das war's dann. Und das ist meine wundersame Sternenmedizin für dich.«

»Hat sie auch einen Namen?« wollte Carlo wissen.

»Einen speziellen Namen haben wir ihr nicht gegeben. Wozu auch? Wir sagen nur: Ähnliches soll man mit Ähnlichem, aber Positivem, heilen.«

Jetzt schien Carlo noch verwirrter zu sein. Deshalb zauberte Trumtinchen ihm heimlich einen unsichtbaren Sternenmantel voll Vertrauen herbei und legte ihn behutsam um seine Schultern.

»Ich muß dir dazu noch von meinem Freund Jasin erzählen«, fuhr Trumtinchen fort. »Es mag schon eine Weile her sein, da hatte er ein schlimmes Erlebnis mit seiner Fluglehrerin. Während des Unterrichts war sie plötzlich ohnmächtig geworden und zusammengebrochen. Spucke lief ihr aus dem Mund – das war eklig. Jasin bekam einen furchtbaren Schreck.« Trumtinchen verzog das Gesicht. »Der Lehrerin ging's zwar bald wieder besser, doch Jasin wollte auf keinen Fall mehr zu ihr in den Unterricht gehen. Er hatte furchtbare Angst, daß das mit ihr wieder passieren könnte. Und vor dem Einschlafen bekam er meist das große Zittern.«

»Das war ja wirklich schlimm!«

»So habe ich Jasin gefragt: ›Wann ist es ausnahmsweise o. k., jemandem Ekel und Angst zu machen?‹ Und Jasin hat mir geantwortet: ›Das würde ich bei meiner kleinen Schwester tun, wenn sie gerade etwas Ungenießbares in den Mund stecken will. Zu der würde ich sagen: Bäh, das ist eklig. Das steckst du nicht in den Mund!‹ Und als sich Jasin diese Situation mit seiner kleinen Schwester vorstellte und mit derselben Energie an seine Lehrerin dachte, fühlte er sich besser. Und von da ab ging er auch wieder zu ihr in die Flugstunde.«

»Das ist Zauberei, behaupte ich!«

»Vielleicht. Du mußt es nur unbefangen ausprobieren, und dann merkst du, wie gut es tut.«

»Sag mal, Sternchen, wie funktioniert denn das genau?«

»Genau kann ich dir das nicht erklären. Oder vielleicht will ich es auch nicht, denn uns Trumtinen liegt nicht viel an hochgelehrten Erklärungen. Wir sind der Meinung, daß es gut so ist, wenn etwas funktioniert, und zerbrechen uns nicht weiter den Kopf darüber, wie oder warum es das tut. Wozu denn auch? Es gibt doch Schöneres und Wichtigeres im Leben, statt sich über alles und jedes endlos den Kopf zu zerbrechen.«

»Und was wär das so zum Beispiel?«

»Sich einfach gut zu fühlen.«

Da lag um Carlos Mund ein stilles Lächeln, und er sah Trumtinchen lange an. Jetzt hatte er genau verstanden.

So geht's

Aus einem unangenehmen Gefühl schnell in ein schönes gehen

Ärgert oder verletzt uns jemand, ist unser Wohlbefinden oft empfindlich gestört. Wie schaffen wir es nun, ins emotionale Gleichgewicht zurückzukommen? Die Methode der »Systemischen Haltungsänderung« (siehe Leseempfehlung) gibt uns in ganz kurzer Zeit eine wohltuend gelassene, zuversichtliche oder souveräne Haltung zurück, die uns auch befähigt, die problematische Situation zu entschärfen.

Das heißt: Gelingt es uns, auf eine negative Botschaft (beispielsweise der Lieblosigkeit, Mißachtung, Zurückweisung, Kränkung etc.) mit der entsprechenden, jedoch positiven Einstellung in Form der ähnlichen, aber positiven Energie zu reagieren, dann wird uns das nicht nur guttun und seelisch stärken, sondern wir werden durch unsere Gefühlsveränderung mit der Person oder Situation auch besser klarkommen und sie zum Guten hin beeinflussen.

Wir haben bereits in unserer Geschichte gesehen: Unsere negative Energie (Wut, Enttäuschung, Schmerz etc.) wird ins Positive gekehrt. Wir »zahlen« zwar emotional »mit gleicher Münze zurück«, nur mit dem Unterschied, daß wir dabei die negative Energie (in uns) in positive verwandeln. Die Vorgehensweise im einzelnen:

1. Wir fragen: Was erlebe ich unmittelbar? Meist sind es Grundängste wie:

»Ich fühle mich hilflos.«

»Ich fühle mich bedroht.«

»Ich fühle mich zurückgewiesen, nicht geliebt.«

»Ich fühle mich häßlich.«

»Ich fühle mich wertlos.«

»Ich fühle mich nicht beachtet.«

»Ich fühle mich unfähig.«

»Ich fühle mich blockiert.«

»Ich fühle mich nicht o. k.«

Nur dieses Erleben ist wichtig – darum braucht Trumtinchen auch gar nicht zu wissen, was zwischen Danny und seinem Großvater schiefgelaufen ist. Das hat den Vorteil, daß wir mit dieser Vorgehensweise auch jemandem helfen können, der uns aus Scheu, Scham oder anderen Gründen seine unangenehmen Erlebnisse nicht mitteilen will.

2. Der zweite Schritt dient nur dazu, die negative Energie in positive zu transformieren. Wir fragen uns: In welcher Situation wäre es ausnahmsweise o. k., jemandem so ein negatives Gefühl wie in 1. zu geben?

Jetzt ist Phantasie gefragt. Es gibt immer eine Ausnahmesituation, in der es o. k. ist, jemanden so zu behandeln, wie es uns geschehen ist. Ein kleiner Tip: Oft sind das ärgerliche und empörende Situationen, in denen ein anderer unsere Hilfe braucht. Wichtig! Dabei unbedingt an jemanden denken, der uns sympathisch ist. Dann fällt es leichter, in diese O. k.-Haltung zu gehen und ihn (zu seinem Wohl) zurückzuweisen, zu bedrohen, zu ignorieren oder zu stoppen.

3. Wenn wir die entsprechende Situation gefunden haben, in der es o. k. ist, jemandem ein negatives Gefühl einzuflößen, gehen wir ganz tief in dieses neue und energiereiche Gefühl hinein. Die Situation in unserer Geschichte (die Assistentin Gloria, die nicht wollte, daß man ihr beim Schminken zusieht), mit der wir das energiereiche Gefühl verbunden haben, brauchen wir danach nicht mehr, halten nur diese Energie in uns fest.

4. Mit diesem energiereichen Gefühl denken wir an die Person oder Situation, die uns verletzt hat, zurück und lassen dabei das Geschehen wie einen Film an uns vorüberziehen und dieses positive Gefühl auf die leidauslösende Person oder belastende Situation einwirken. (Trumtinchen spricht von Energie: »Laß diese Energie so wie ein Licht darauf strahlen.«) Wir werden rasch merken, wie sich dabei eine positive Reaktion in uns einstellt. In der Beratung wird diese Übung mehrmals mit vergleichbaren Situationen durchgespielt.

(An dieser Stelle sei vorweggenommen, was in den Kapiteln 5: »Die 3-Typen-Lehre der Psychographie« und 7: »Die beinahe überirdischen Kräfte der Schlüsselenergien« noch näher erläutert werden wird: Diese positive Reaktion erfolgt je nach Typ verschieden differenziert und steht im engen Zusammenhang mit seinen sogenannten Schlüsselenergien. Das heißt, der **Beziehungstyp** erlebt Ruhe, Abstand und Gelassenheit; der **Sachtyp** Kraft, Souveränität und Selbstbewußtsein; der **Handlungstyp** empfindet Wärme und meist Heiterkeit.)

Ein Beispiel aus der Praxis: Roland, ein sehr guter Schüler, fühlte sich durch Fragen seiner Mitschüler gestört, wenn sie unintelligent und inkompetent (»dumm«, wie er sagte) gestellt waren. Er reagierte darauf meist nervös und ungeduldig, konnte sich abwertende Bemerkungen oft nicht verkneifen und war dann (zum eigenen Schaden) für den Rest der Stunde unkonzentriert.

Frage an Roland: »Was machen die dummen Fragen mit dir?«

Antwort: »Sie nerven mich.«

Frage: »In welcher Ausnahmesituation ist es o. k., jemanden zu nerven oder zu reizen?«

Antwort: »Wenn man jemanden zu einer Leistung bringen will, beispielsweise der Trainer eines Sportvereins, der seine Schützlinge ›nervt‹ oder ›reizt‹, damit sie hart trainieren und ihr Ziel erreichen.«

Als Roland in dieses Gefühl ging – jemanden aus »gutem« Grund zu nerven – und aus dieser Haltung heraus die Schulsituation rückblickend betrachtete, ging es ihm deutlich besser.

Was ist da vor sich gegangen? Der erste Schritt war, das unmittelbare Erleben zu ermitteln. Das geht am besten mit der einfachen Frage: »Was macht das Erlebte mit dir?« Roland spürte aggressive Nervosität. Im zweiten Schritt ging es darum, die als negativ erlebte Botschaft ins Positive zu kehren und ihre Richtung zu ändern in »Ich mache aus einem fürsorglichen Gefühl heraus jemand anderen aggressiv und nervös!« Dann ging Roland in die Situation zurück und konfrontierte sie mit dieser Energie. Sein negatives Erleben löste sich auf.

Wenn man so vorgeht, dann interessiert allein das unmittelbare Erleben, das von der Botschaft, die bei einem ankommt, ausgelöst wird. Es genügt also, die von Roland als negativ erlebte Energie zu identifizieren, sie mit der neuen, fürsorglichen Haltung zu verbinden und sie auf die leidauslösende Situation einwirken zu lassen. Das bewirkt, daß künftig unsere Energie automatisch in konstruktivere Bahnen fließt.

Ein anderes Beispiel: Tina ärgert sich regelmäßig über ihren Freund, der nach dem sonntäglichen Fußballspiel mit seinen Kameraden noch einen ausgiebigen Frühschoppen einnimmt. Diskussionen mit ihm darüber haben nichts erbracht.

Frage an Tina: »Was kommt bei dir als Botschaft an?«

Antwort: »Das ärgert mich, weil er anscheinend nicht ›nein‹ sagen kann!«

Frage: »Was geht deinem Ärger voraus?«

Antwort: »Ich bin ihm nicht so wichtig wie seine Freunde.«

Frage: »Was geht diesem Gedanken voraus?«

Antwort: »Ich bin ihm gleichgültig. Ich habe das Gefühl, meinem Freund liegt nichts an mir.«

Jetzt kommt der Schritt, diese Botschaft (»ihm liegt nichts an mir«) ins Positive und nach außen zu kehren.

Frage: »In welcher Lebenssituation wäre es für dich ausnahmsweise o. k., jemandem zu vermitteln, daß er dir gleichgültig ist und dir nichts an ihm liegt?«

Antwort: »Das wäre einem Mann gegenüber o. k., der mich mit Anträgen belästigt und sich nicht davon abbringen läßt!«

Frage: »Wie würdest du dieses Verhalten positiv bezeichnen?«

Antwort: »Ich schütze mich vor seinen Belästigungen und schütze ihn davor, daß er sich Hoffnungen macht.«

Tina geht nun in dieses Gefühl oder diese Energie »Mir liegt nichts an ihm!« hinein. Dann läßt sie das Bild des lästigen Verehrers weg, richtet die zuvor entstandene Energie auf die Situation mit ihrem Freund und läßt sie darauf einwirken. Tina spürt, wie sie Distanz zu ihrem Problem bekommt. Nun soll sich Tina eine zweite Situation vorstellen, in der sie eine schützende Haltung einnimmt, die mit einem Nein verbunden ist, beispielsweise einem Kind gegenüber, das zu viele Süßigkeiten ißt. Tina soll in diesem Gefühl bleiben und an die Situation mit ihrem Freund zurückdenken. Als ihr das gelingt, fühlt sie sich deutlich besser, und sie meint, daß es wohl eine Schwäche von ihrem Freund sei, gegenüber seinen Freunden nicht »nein« sagen zu können, daß sein Verhalten aber nichts mit ihrer Beziehung zu tun habe. Einige Wochen später berichtete sie, daß ihr die Situation nichts mehr ausmache.

Und noch ein letztes Beispiel: Marianne hatte Kummer mit ihrem Sohn. Nach einer abgebrochenen Lehre und seinem Auszug aus der elterlichen Wohnung war der Kontakt zu ihm immer spärlicher geworden. Das alles gab Marianne ein tiefes Gefühl der Hilflosigkeit und Ohnmacht.

Frage an Marianne: »Wann ist es o. k., jemanden hilflos zu machen?«

Antwort: »Wenn ich sehe, da läuft jemand in sein Unglück, oder wenn ich denke, da geht was schief. Ich muß denjenigen unbedingt stoppen, damit er so nicht weitermacht!«

Als Marianne dieses energiereiche Gefühl, jemanden hilflos und ohnmächtig zu machen, mit der Erinnerung an ihren Sohn verband, löste sich ihre Anspannung augenblicklich. Sie hatte spontan den Wunsch, ihren Sohn herzlich zu umarmen.

Leseempfehlung

Dietmar Friedmann: Integrierte Kurztherapie. Neue Wege zu einer
Psychologie des Gelingens. Darmstadt 1997.
Ein Kompendium der neuen lösungsorientierten Vorgehens-
weisen.

Kapitel 5

In fremde Welten sehen

Kein Wunder, daß Carlo nun erstaunlich guter Dinge war. Und doch wollte er sich nicht so leicht von dem Gedanken abbringen lassen: »Hier ist eine ganz geheimnisvolle Kraft im Spiel!« – Ja, er verspürte obendrein eine Energie, die war so stark, daß er meinte, er könne es wie früher mit der ganzen Welt aufnehmen.

Trumtinchen erzählte noch mehr von dem Stern Trumtino und seinen klugen Bewohnern und daß man sie in drei Typen einteilen kann. Carlo hörte aufmerksam zu. Trumtinchen erklärte, daß die einen Sternenbewohner eher eine Begabung für die Kraft des Denkens haben, andere mehr für die des Handelns und wieder andere für die des Herzens. Da mußte Carlo schmunzeln.

»Warum lächelst du?« fragte Trumtinchen erstaunt.

»Wenn ich dich richtig verstanden habe, dann seid ihr sehr klug und euer Wissen ist unvorstellbar groß. Aber gerade sagst du doch, daß es drei Typen von Trumtinen gibt. Wie paßt denn das zusammen?«

»Das hast du schon richtig verstanden. Es gibt drei Typen, und jeder hat seine ursprüngliche Begabung. Aber dabei ist er nicht stehengeblieben, sondern in die anderen Fähigkeiten hineingewachsen, bis er dann alles beisammen hatte: Grips, Kraft *und* Gefühl. Und doch lebt zunächst einmal der eine Typ von Trumtin mehr aus dem Gefühl heraus, der andere eher mit dem Kopf, und der dritte ist meist am Tun und Machen.«

»Das hört sich gut an«, sagte Carlo, »bitte erzähle weiter.«

»Also, paß auf. Damit du besser verstehst, was ich mit den drei

Typen meine, stellst du dir einen Kreis oder noch besser das Ziffer-blatt einer Uhr vor. Oben bei der Zwölf schreibst du in Gedanken ›Fühlen‹ hin, bei der Vier ›Denken‹ und bei der Acht ›Machen‹. Bringst du das zusammen?«

»Aber Sternchen, das ist doch nicht schwer.«

»Gut, und da setzen wir jetzt unsere unterschiedlichen Trumtine hin. Nun beginnen wir mit dem Uhrzeiger eine Reise und starten bei der Zwölf. Der Trumtin hier, der in den Gefühlen zu Hause ist, ist fasziniert von dem, was als nächstes folgt. Und was folgt darauf, Carlo?«

»Bei der Vier das Denken.«

»Sehr gut. Der Trumtin hier, der bei der Vier zu Hause ist und das Denken so besonders gut kann, will aber auch so entschlossen sein und genauso die Dinge vorantreiben wie der Trumtin bei der Acht. Doch dem reicht das auch nicht, und er will sich so an seine Gefühle trauen wie der Trumtin bei der Zwölf, der in den Ge-fühlen zu Hause ist. Die Reise ist beendet, der Kreis hat sich ge-schlossen.«

»Wenn sich aber jeder für das interessiert, was er noch nicht so gut kann, dann seid ihr Trumtine am Schluß doch alle gleich gut?«

»Nein, wenn man sich für eine Fähigkeit interessiert, heißt das noch lange nicht, daß man sie auch besitzt. Außerdem macht es einen großen Unterschied, wie ein Trumtin zuerst reagiert, ob mit dem Kopf, dem Gefühl oder ob er sofort etwas tut. Dazu kommt, daß fast jeder mit dem darauffolgenden Bereich so seine ... ich möcht mal sagen ... Schwierigkeiten hat.«

»Also, wenn ich es richtig verstehe, heißt das, daß sich jeder Trumtin für den nächsten Bereich interessiert, aber auch seine Pro-bleme damit hat?«

»Du sagst es, Carlo. Jeder Trumtin muß sich auf dem fremden Gebiet anstrengen, der Gefühlstyp im Denken, der Denktyp im Ma-chen und der Machertyp in den Gefühlen. Sind sie dort aber erfolg-reich, dann sind sie ihr ganzes Leben lang viel, viel glücklicher.«

Trumtinchen schwieg.

Carlo merkte, es war Sternchen ernst mit dem, was es gesagt

hatte. Jetzt tat es ihm leid, daß er es vorhin belächelt hatte. »Entschuldige«, wollte er gerade sagen, da hob Trumtinchen die Hand.

»Vorhin hast du mir nicht geglaubt, daß es drei Typen Trumtine gibt. Wetten, daß es bei euch hier auf der Erde auch die drei Typen gibt!« Trumtinchen sah Carlo herausfordernd an.

»Glaub ich dir nicht«, entgegnete Carlo.

»Ich werd's dir beweisen, mein großer Zauberer«, sagte Trumtinchen und gab seiner Stimme plötzlich einen überirdisch hallenden Klang. »So wie man bei euch in der Schule Lesen und Schreiben lernt, lernen wir auf Trumtino, uns erst mal besser zu verstehen und gegenseitig aufeinander einzugehen. Wenn du darauf achtest und das mit den Typen weißt, wird jede neue Begegnung für dich zu einer aufregenden Entdeckungsreise in die fremde und doch irgendwie bekannte Welt des anderen. Und dann wirst du ihm, je nach Typ, auch mit dem begegnen, was ihm am wichtigsten ist. Das heißt, du wirst zu dem, dem das Gefühl wichtig ist, liebevoll sein. Dem, dem das Denken wichtig ist, bringst du Interesse entgegen, und zu dem, dem das Machen wichtig ist, verhältst du dich aufgeschlossen und respektvoll. Und das bringt dann wieder mit sich, daß du dir deiner selbst viel bewußter wirst, und darum kannst du den anderen auch mehr schätzen.«

»Das beeindruckt mich sehr, Sternchen.«

»Doch nun zu dir. Ich weiß, daß du der dritte Typ, der Macher, bist. Das heißt, du packst die Dinge an und ziehst sie durch. Braucht jemand Hilfe, bist du zur Stelle. Familie, Freunde und Kollegen können auf dich bauen. Selten hast du dir Urlaub gegönnt oder dich von deinen anstrengenden Tourneen erholt. Auf deine Gesundheit hast du wenig geachtet. Denn geht's um dich selbst, dann weichst du aus. Und über deine tiefsten Gefühle zu sprechen, ist beinahe eine Qual für dich. So, Carlo, die Beschreibung reicht fürs erste. Was sagst du nun?«

Doch Carlo sagte kein Wort. Er lächelte auch nicht, er schaute nur sehr nachdenklich drein. In dem Moment klang aus der Schublade ein langer, tiefer Seufzer herüber.

»Wenn du schon heimlich lauschst«, rief Trumtinchen zu Guggi hinüber, »dann will ich dir auch gleich verraten, was du für ein Typ bist!«

»Das will ich gar nicht wissen«, maulte Guggi und spitzte aus einem Loch hervor. »Übrigens, daß du's genau weißt«, sagte er und schluckte irgend etwas hinunter, »ich hasse Einteilungen jeder Art. Ich wohne schon in einer Schublade, da muß man mich nicht noch in eine andere stecken. Außerdem habe ich von allem was. Ich habe Herz und Verstand, und auch im Gängebohren bin ich einsame Spitze. Also sag mir bitte, ob das in dein Schema paßt?«

»Warum denn nicht? Unser Wissen besagt, daß wir zwar eine Mischung aus allen drei Bereichen sind, aber nur in einem einzigen wirklich zu Hause und die anderen Fähigkeiten dazulernen müssen. Und deinen Bereich werde ich dir trotzdem gleich verraten. Ach ja, darf ich euch miteinander bekanntmachen? Das ist Guggi, mein großzügiger Hausherr, und das ist Großvater Carlo.«

»Oh, sehr angenehm«, sagte Carlo, nahm die große Lupe in die Hand und sah Guggi jetzt gewagt hinten auf dem Schubladenrand balancieren. Der nickte Carlo besonders freundlich zu.

»Also, ich bin in den Gefühlen zu Hause«, fuhr Trumtinchen fort. »Und weil ich mit meinem Temperament früher immer kräftig übers Ziel hinausgeschossen bin, half mir nur das sachliche Denken. Aber das mußte ich erst fleißig üben. Als ich es richtig konnte, verspürte ich mit einem Mal ein riesiges Glücksgefühl. Großvater Carlo hier ist der Macher. Er ist sich im Bereich der Gefühle noch nicht so sicher. Doch von dir, Guggi, weiß ich, daß du der Typ mit Köpfchen bist. Aber Entscheidungen treffen und loslegen – damit tust du dich schwer. Da, denk ich, muß man dich immer ganz schön anschieben.«

»Tja«, meinte Guggi kleinlaut, »darin könnte ich schon stärker sein, stimmt zufällig.«

»Das stimmt nicht nur zufällig«, verbesserte Trumtinchen. »Aber aufschieben wirst du künftig nichts mehr. Du faßt dich am Ohrläppchen an, wo du deine Kraft gespeichert hast, und legst los.«

»Und wie steht's bei dir mit den Gefühlen?« fragte Trumtinchen so, als hätte es keine Ahnung, wie es bei Guggi damit bestellt war.

»Oh, ich denke, ich bin ein sehr gefühlvoller und vor allem anhänglicher Typ. Manchmal wirke ich vielleicht etwas kühl, aber in meiner Brust schlägt ein warmes Herz voll Sehnsucht nach Liebe und Zuwendung. Ich habe auch nichts dagegen, wenn man mich verwöhnt, ganz im Gegenteil. Doch meine verflossene Isolde sagte immer, ich hätte zu wenig Temperament und sei auch so zurückhaltend. Das hat mich tief getroffen. Ich bin nämlich sehr nachtragend, wenn man mich kränkt oder verletzt.« Und Guggi seufzte wieder tief in sich hinein.

»Also, mit dem Machen, da geht's mir ganz anders«, sagte Carlo darauf, »damit habe ich keine Probleme. Meine Devise war und ist: Tu's gleich, tu's gern, tu's gut!«

Und während Carlo das sagte, wirkte er so entschlossen wie früher, als er noch ein jüngerer Mann und der bekannte Zauberer Maginello war. Auch seine Stimme schnarrte ein wenig. Zweifelsohne, die verschaffte ihm Respekt. Mohrle, die schwarze Katze, hob den Kopf und sah aufmerksam zu ihm hoch. Man hatte den Eindruck, daß sie wohl hörte, was Carlo damit meinte.

So geht's

Die 3-Typen-Lehre der Psychographie

Unser Leben setzt sich aus den drei Grundbereichen Beziehung, Erkenntnis und Handeln zusammen. Ordnen wir ihnen die entsprechenden Energien des Fühlens und Empfindens, des Denkens und der (Willens-)Kraft zu, so drückt sich darin jede Lebensform aus, das gefühlsmäßige Zugehen auf andere ebenso wie das Nachsinnen über die Relativitätstheorie oder eine Tätigkeit wie Staubwischen.

Diese drei Lebensbereiche verknüpfte Dietmar Friedmann für die Entwicklung seiner Charakterkunde, der sogenannten »Psychographie«, mit der Erfahrung, daß jeder Mensch in einem dieser Bereiche besonders kompetent ist – also entweder im Beziehungsverhalten oder im Denken oder im Handeln. Friedmann nannte daher den Menschentyp, dessen Persönlichkeitsakzent auf dem Beziehungsverhalten liegt, den **Beziehungstyp**; den, der im Denken zu Hause ist, den **Sachtyp** (eigentlich Erkenntnistyp); und den aktiven, tätigen Charakter den **Handlungstyp** – wobei sich jeder Grundtyp weiter in einen mehr »ich-bezogenen« **Typ 1** und in einen eher »ich-vergessenen« **Typ 2** differenziert.

Weil sich jeder Typ in (s)einem Bereich vertraut und sicher fühlt, greift er meist auf ihn zurück und wendet die entsprechenden Fähigkeiten, Rezepte oder auch Maschen in vielen Situationen an. Das bewährt sich dann und bestärkt ihn immer wieder von neuem, wenn Situation und seine Grundfähigkeit zueinander passen: So kann ein gewinnender **Beziehungstyp** seine kommunikativen Fähigkeiten in Beziehungen nutzen; ein nachdenklicher **Sachtyp** im

Bereich Erkennen seine Begabung anwenden und ein aktiver **Handlungstyp** im Handeln seine Kompetenz umsetzen.

Wo aber diese Grundfähigkeit und die Situation nicht übereinstimmen, fühlen sich die weniger entwickelten Typen (besonders in Belastungssituationen) überfordert: Ist Dialog und Einfühlung weniger gefragt, sondern klarer Verstand, Sachlichkeit und emotionale Distanz, dann tut sich der wenig entwickelte **Beziehungstyp** schwer. Ist nicht Denken gefordert, sondern Initiative, Zupacken und Unternehmungslust, dann zeigt der wenig entwickelte **Sachtyp** Schwächen. Ist nicht nur Aktion, sondern Sensibilität und Einfühlungsvermögen angesagt, dann kommt der wenig entwickelte **Handlungstyp** ins Schwimmen.

Hier setzen die individuellen Entwicklungsprozesse an. Hat sich ein Mensch von Kindesbeinen an aufs Beziehungsverhalten spezialisiert, so sorgt sein Interesse am Erkennen (Friedmann spricht vom »Erkenntnis-Interesse« als spezifische »Schlüsselenergie« des **Beziehungstyps**) für die Weiterentwicklung seiner Persönlichkeit. Was gehört zum Erkennen? Es ist interessiertes Wahrnehmen und Wissenwollen. Es sind die vielfältigen Sinneswahrnehmungen und Sinnesgenüsse, es ist das intuitive und bewußte Denken und mentale Verknüpfen, das mit Konzentration, Sammlung und Entspannung, mit Bewußtsein und Entwicklung der Ich-Identität zusammenhängt.

Wurde zuerst das Erkennen ausgebildet (wie beim **Sachtyp**), dann wird später seine Erfolgsorientiertheit (sein sogenanntes »Erfolgs-Interesse«) sein Wollen und Handeln immer mehr fördern. Das ist seine ganz bestimmte »Schlüsselenergie«, die ihm zu mehr Lebensqualität verhilft. Erfolgs-Interesse zielt ab auf praktisches Gelingen, Selbstverwirklichung im Wollen und Sich-Ziele-Setzen, Entscheidungen treffen, schöpferisch handeln, Verantwortung für sich und andere übernehmen.

Hat sich ein Mensch zuerst aufs Handeln festgelegt (der **Handlungstyp**), so wird sein »Sympathie-Interesse« das Beziehungsverhalten bei ihm weiterentwickeln. Das ist seine spezifische »Schlüsselenergie«. Unter Sympathie versteht Friedmann die gefühlsmäßigen und auf Beziehung orientierten Impulse wie Liebe, Freundschaft und Kameradschaft, auch Lebenslust und Lebensfreude, Lachen und Humor, Spiel und Spaß. Die Sympathie kann sich auf Menschen, Tiere oder die Natur beziehen.

Diese spezifische Ausrichtung der Schlüsselenergien kann bei der Typidentifikation hilfreich sein: Haben wir es mit einem emotionalen **Beziehungstyp** zu tun, der an Erkenntnissen interessiert ist; oder mit einem nachdenklichen **Sachtyp**, der im Lauf seines Lebens immer mehr ins Handeln geht; oder mit einem tüchtigen **Handlungstyp**, für den das Gefühl zunehmend wertvoller wird?

Wie erkennt man nun den **Beziehungstyp?** Die mehr ich-bezogene Variante ist schlank, dynamisch, hat sich im Griff, lächelt zurückhaltend, legt Wert aufs Äußere, bewegt sich elegant, als ginge er (oder sie) auf einem imaginären Laufsteg. Steht dieser Typ unter Druck, zeigt er sich angespannt, ehrgeizig, kühl und möchte besonders intelligent wirken. Die mehr ich-vergessene Variante dieses Typs ist auffallend liebenswürdig und herzlich, was aber je nach Situation ebenso in kühles, abweisendes Verhalten umschlagen kann. Daß der Beziehungstyp als Kind eine Welt mit wenig Liebe und Geborgenheit erlebt hat, ist seine persönliche Tragödie, und damit versucht er sein ganzes Leben lang zurechtzukommen, mal, indem er sich auf sich selbst zurückzieht, mal, indem er sich für andere aufopfert.

Prominente dieses Typs sind: Elvis Presley, Ben Kingsley, James Dean, der Magier Roy (von Siegfried und Roy), Claudia Schiffer, Marilyn Monroe, Lady Di und die Primadonna Montserrat Caballé.

Wie erkennt man den **Sachtyp?** Er wirkt weich und oft leicht abwesend, weil er ständig am Denken ist. Das ist eine Fähigkeit, von der man wenig sieht, und deshalb kommt bei ihm auch nicht viel zum Ausdruck, es sei denn, er ist besonders guter Laune oder stocksauer. Beides gibt er allerdings deutlich zu erkennen. Typische Vertreter sind schattenhafte Partner und zerstreute Lehrertypen. **Der Sachtyp** liebt es, bewundert zu werden, dabei gibt er sich locker und überlegen. Enttäuschung und Wut verpackt er in gedankliche Harmonie. Aber emotional kocht es in ihm weiter. Er ist ein guter Zuhörer, verständnisvoll und geduldig. Doch er braucht viel Anerkennung und verträgt noch weniger Kritik als die anderen Typen. Als Kind hat man ihn zu wenig beachtet. Nun schwankt er zwischen Sich-wichtig-Machen und betont unauffälligem Verhalten.

Prominente dieses Typs sind: Eugen Drewermann, Marcel Reich-Ranicki, Helmut Kohl, Boris Becker, Jutta Ditfurth, Alice Schwarzer, Hillary Clinton, Katja Seizinger.

Wie zeigt sich der **Handlungstyp?** Im Vergleich mit dem **Beziehungstyp** ist er direkter, offener (er nennt das gern »ehrlich sein«) und bescheidener. Verglichen mit dem **Sachtyp** ist er dynamischer, ordentlicher, doch im ganzen konventioneller. Kompakt bis kräftig die Figur, verläßlich und standhaft in seiner Art, bewegt sich der **Handlungstyp** kraftvoll und etwas abgezirkelt oder steif. Er redet deutlich und bestimmend, lacht auch gern laut und herzlich, und das steht ihm zu Gesicht. Im Streß wirkt er verbissen, pocht noch mehr auf Ordnung und teilt ein in Freund und Feind. Pflicht und Absicherung sind seine Welt, tief innen eine brennende Sehnsucht nach Freiheit. Wer einen guten Freund sucht, wird selten vom **Handlungstyp** enttäuscht: Mit ihm kann man die sprichwörtlichen Pferde stehlen. Ist das Denken beim **Beziehungstyp** von Bildern begleitet und geht es beim **Sachtyp** mit Körperempfindungen einher, so denkt der **Handlungstyp** viel in Selbstgesprächen. Als Kind hat er zu wenig Erlaubnis bekommen. Jetzt wechselt er zwischen Pflichterfüllung und dem Bedürfnis, über die Stränge zu schlagen.

Prominente dieses Typs sind: Theo Waigel, Gerhard Polt, Roman Herzog, Dieter Thomas Heck, Rita Süssmuth, Camilla Parker-Bowles, Carolin Reiber, Elisabeth Kübler-Ross.

(Mehr zu den Persönlichkeitstypen in Kapitel 6: »Die richtige Abstimmung zwischen Menschen finden«. Auch Trumtinchen wird seinen Freunden im Verlauf der Geschichte noch einiges mehr über die Psychographie und ihre 3-Typen-Lehre erzählen.)

Persönlichkeitsporträts aus der Homöopathie

Die Homöopathie hat spezifische Arzneien (sogenannte Konstitutionsmittel) für ganz bestimmte Persönlichkeitstypen (Konstitutionstypen) herausgefunden, die diesen bei der Aktivierung ihrer körpereigenen Selbstheilungskräfte helfen sollen. Um das für den Patienten passende Mittel aufzuspüren, achtet der Homöopath genau auf dessen seelisches, geistiges und körperliches Gesamtbild – in guten wie in schlechten Tagen. Aus diesen detaillierten Beobachtungen sind sehr bildhafte und psychologisch ausgefeilte Persönlichkeitsporträts entstanden.

Während Friedmann von drei Grundtypen ausgeht und sie in insgesamt sechs Persönlichkeitstypen ausdifferenziert, kennt die Homöopathie wesentlich mehr Konstitutionstypen. Davon seien hier in kurzen Auszügen die neun Charakterporträts von Catherine R. Coulter angeführt, deren Strukturen zu den entsprechenden Typen der Psychographie zurückführen und Beschreibungen aus einem anderen Blickwinkel ermöglichen.

Beziehungstyp	Phosphor (strahlend)	Silicea (zäh)	Pulsatilla (lieb)
Sachtyp	Natrium muriaticum (melancholisch)	Sulfur (wichtig)	Calcium carbonicum (weich)
Handlungstyp	Sepia (stolz)	Nux vomica (rauh)	Lycopodium (diplomatisch)

PHOSPHOR ist ein ungebundenes Wesen, das fröhlich und leichten Herzens durchs Leben flattert, der Peter Pan, der sich weigert, erwachsen zu werden. Es gibt so viel im Leben, das dieser Typus genießen und erleben will. Diese Jugendlichkeit auf emotionalem Gebiet findet ihre Entsprechung auf der physischen Ebene. Sowohl Männer als auch Frauen können für ihr Alter bemerkenswert jung aussehen. Sie behalten ihre strahlenden Augen, ihren jugendlich frischen Teint, die natürliche Haarfarbe und die wache, lebhafte Art. Und genau wie das Phosphor-Kind können sie gutgelaunt sein und hervorragend aussehen, auch wenn sie ernsthaft krank sind.

Als Kind hat Phosphor auch die glückliche Fähigkeit, Arbeit in Spiel zu verwandeln. Die Schule ist für ihn ein einziges Fest, sogar aus den Hausaufgaben macht er sich einen Spaß. Die Eltern müssen ihn erinnern, die Rechen- oder Schreibübungen weniger zu illustrieren und seine Geschichtsaufgaben lieber zu lernen, als sie nachzuspielen. Wenn er etwas Langweiliges im Haushalt tun soll, gibt es keine großen Auseinandersetzungen, er macht auch keine Szene, sondern verschwindet einfach von der Bildfläche. Wenn er seinen Pflichten nicht ausweichen kann, wird er sie in kreativer Weise angehen: Der Junge stellt zum Beispiel kunstvoll die Möbel um, wenn er sein Zimmer aufräumen soll, das Mädchen schmückt den Raum, den es staubsaugen soll, mit Blumen.

SILICEA ist fein und zart, ein richtiges »Engelskind«, im Inneren jedoch zäh und voller Energie. Dieser Typ bevorzugt eine gewisse Unverbindlichkeit und scheut sich vor Nähe und Intimität. Er ist sensibel, hat etwas von der »Prinzessin auf der Erbse«, ist leicht verzagt, sehr feinfühlig und rücksichtsvoll. Häufig ist er kritisch und stellt an sich hohe Anforderungen. Silicea ist auch das junge Mädchen oder die Frau, die gefügig und schutzbedürftig erscheint, jedoch ganz genau weiß, was sie will, oder besser, was sie nicht will. Silicea hat zwar genügend Energie, um eigene Wünsche durchzusetzen, aber nicht genügend, um anderen seinen Willen aufzuzwingen.

Das Silicea-Kind, normalerweise gehorsam und wohlerzogen, wird seine Wünsche beharrlich durchsetzen. Gelingt ihm das nicht, wird es ab einem bestimmten Punkt so konsequent darauf bestehen, daß sich die Eltern meist geschlagen geben. Silicea kann auf alles mögliche ängstlich und vorsichtig reagieren. Schwimmen lernen kann zu einer traumatischen Erfahrung werden, oder es fürchtet sich davor, in der Schule laut vorzulesen, weil die Mitschüler lachen könnten. Obwohl es den Stoff beherrscht, sitzt es mucksmäuschenstill in der Bank, wagt selten, eine Frage zu stellen, und hofft, daß es nicht aufgerufen wird.

PULSATILLA-Menschen sind sanft und hübsch, mit zartem Teint und hellem Haar. Wechselhaftigkeit ist typisch für sie. Der Umschwung von strahlend-lebhaft zu müde-erschöpft kann innerhalb weniger Augenblicke passieren. Sie brauchen viel frische Luft, um fit und gesund zu bleiben. In der Sonne welken sie buchstäblich dahin. Die Pulsatilla-Frau hat eine freundliche Art und spricht mit sanfter Stimme. Ihr Feingefühl, ihre Rücksichtnahme und Liebenswürdigkeit lassen sie nie etwas sagen, was andere verletzen könnte. Auch in widrigen Situationen wird sie weder arrogant noch unangemessen rechthaberisch sein. Der Pulsatilla-Mann ist ebenso angenehm und liebevoll und hat zu anderen eine warmherzige Beziehung.

Das Konstitutionsmittel paßt zu lieben, gehorsamen Kindern, die Anerkennung und Zuneigung suchen. Pulsatilla streitet nicht, sie ärgert sich auch nicht leicht, weil sie wenig angriffslustig ist. Sie ist ihrer Mutter eine eifrige Stütze, um dafür Liebe und Zuwendung zu bekommen. Sie setzt sich auf ihren Schoß, kuschelt sich an sie und bleibt ganz still sitzen, ohne zu zappeln oder sich aus ihren Armen herauszuwinden. Wenn sie gerügt wird, versucht sie sofort, begangene Fehler gutzumachen, damit ihr Liebe und Zuwendung, nach denen sie so verlangt, nicht entzogen werden.

NATRIUM MURIATICUM gehört seiner Struktur nach zum **Sachtyp**, ist ein melancholischer, nachdenklicher Mensch, ein Sinnsucher, echt und ehrlich. Er möchte die Welt verbessern und die Menschen erziehen, sehnt sich nach Nähe und zieht sich dennoch zurück, um nicht verletzt zu werden. Es fällt ihm nicht leicht, die Realität so zu nehmen, wie sie ist. Sein scheues Lächeln ist gewinnend, und Lachen wirkt auf ihn erlösend. Verletzungen vergißt er schwer und vergibt kein Unrecht, das ihm widerfahren ist. Er hegt nicht selten weltfremde Erwartungen und ist entsprechend oft enttäuscht, gibt aber die Hoffnung nicht auf. Tapfer beißt er die Zähne zusammen, wenn es ihm schlecht geht. Doch er will nicht getröstet, sondern lieber als dazugehörend anerkannt werden.

Manche Natrium-muriaticum-Kinder fühlen sich nicht wohl,

wenn man sie anfaßt, und haben Schwierigkeiten, ihre Gefühle auszudrücken. Dieses Rühr-mich-nicht-an-Syndrom trägt zu der schwierigen Beziehung des Kindes zu den Eltern bei. Es weigert sich, ihre Hilfe anzunehmen, und wird wütend, wenn es getröstet wird. Auch wenn die Beziehung zu den Eltern oder Geschwistern gut war, wird es vielleicht noch jahrelang an die Verletzungen durch Schulkameraden oder die Ungerechtigkeit eines Lehrers zurückdenken und sie nicht vergessen können.

SULFUR ist ein Mensch, dem Erkenntnisse, Lernen und Bücher wichtiger sind als menschliche Beziehungen und Gefühle. Allgemein ist er ein erfinderischer, kreativer Geist mit Tendenzen zum Egoismus. Meist hält er sich für ein Genie. Sein reiches Wissen kann aber tatsächlich fast wissenschaftliches Ausmaß haben. Er hat eine gesunde Beziehung zum Geld und handelt pragmatisch. Er ißt gern, gut und oft, gibt sich jovial und ungezwungen, kann im Umgang dickfellig, ungehobelt, explosiv und dabei selbst ganz zufrieden sein. Meist redet er ausführlich, wichtig und unpersönlich. Sulfur ist schauspielerisch bis komödiantisch begabt und kann, wenn er in Stimmung ist, pointiert und witzig sein.

Das Sulfur-Kind muß buchstäblich am Stuhl festgebunden werden, damit es während der Mahlzeit sitzen bleibt. Auch in der Schule zappelt es herum oder springt dauernd auf. Wenn es älter wird, gehören Lärmen und Bewegung weiter zu seinem Wesen: Türen zuschlagen, Sachen hinknallen, die Treppe hinunterstürzen etc. Ist der Sulfur-Jugendliche in seinem Element, ist er ein intellektuelles Energiebündel: wach, phantasiereich, skeptisch. Aber seine Lehrer wünschen sich dennoch, er würde seine Hausaufgaben fleißiger und sorgfältiger machen. Er ist zwar sehr begabt, aber erreicht oft nicht das Leistungsniveau, zu dem er eigentlich fähig wäre.

CALCIUM CARBONICUM ist ein rundlicher Menschentyp, friedlich und gemütlich, aber auch träge, mit einem Hang zum Gutmütigen und Weltfremden. Er braucht Ansporn, denn er hat von sich aus wenig Schwung, kann sich schwer durchsetzen und neigt zum Rückzug. Sein erfinderisches Denken, dem es aber an Vorstellungsvermögen mangeln mag, macht ihn eigenwillig. Dieser Typ ist weder leicht erregt noch leicht bewegt und wäre eigentlich damit zufrieden, das absolute Minimum zu tun. Sein gutmütiges Wesen lädt andere ein, ihn zu bevormunden. Darauf reagiert er mit passivem Widerstand. Doch es ist äußerst selten, daß er wirklich böse wird.

Das Calcium-Kind ist ein autonomes kleines Wesen mit einem starken Sinn für Gerechtigkeit. Zu Hause und in der Schule beobachtet es genau, reagiert sensibel und angemessen, vorausgesetzt, man läßt ihm sein eigenes, bedächtiges Tempo. Am besten ist es, wenn man ihm erlaubt, eigenständig vorzugehen, dann wird es häufig mit originellen oder überraschenden Ideen aufwarten. Wird es kritisiert, so reagiert es verletzt, wird es unter Druck gesetzt, dann leistet es unbeugsamen Widerstand, wird böse, verweigert, verhält sich still oder schaltet einfach ab.

Dem **Handlungstyp** zugehörig ist SEPIA, ein willensstarker Mensch mit schlanker Figur, ein Kumpeltyp, stolz und pflichtbewußt. Er ist im Grunde seines Herzens ein liebevoller Mensch, der sich eher bedürfnislos gibt. Seine direkte Art muß man mögen. Dieser Typ braucht nicht viel Gesellschaft, er fühlt sich wohler, wenn er allein ist. Der Beruf steht für ihn im Mittelpunkt, und darin ist er meist auch äußerst kompetent. Sein Denken ist manchmal durch konventionelle Vorurteile begrenzt. Versucht man sie ihm auszureden, wird man damit höchst selten Erfolg haben. Sepia neigt dazu, sich psychisch und körperlich zu übernehmen, und hat Schwierigkeiten damit, sich schonende Grenzen zu setzen. Dann kommen Lebensfreude, Spaß und Liebe über lange Zeit zu kurz, und die Folge kann eine lähmende Depression sein.

Sepia-Kinder sind im allgemeinen eher ernst und zurückhaltend als lustig, und sie freunden sich auch nicht leicht mit anderen Kindern an. Wenn sie jedoch einmal aktiv sind, sei es auf dem Spielplatz oder auf einer Party, und ihre Laune sich durch Bewegung bessert, sind sie so glücklich wie andere Kinder. Lucy von den »Peanuts« ist eine kleine Sepia. Sie ist intelligent, ständig unzufrieden, stolz auf ihre schlechte Laune und darauf, daß sie andere Kinder ärgern kann.

NUX VOMICA ist von kräftiger Statur und Konstitution. Er wirkt in seinem Verhalten eher rauh, verbirgt jedoch dahinter meist ein warmes Herz. Häufig ist er im Beruf erfolgreicher als im Privatleben, da er ersterem den Hauptteil seiner Energie widmet. Entspannung findet er im Essen und Trinken. Er trägt autoritäre, aggressive und streitlustige Züge, vor allem ist er aber dann mißgestimmt, wenn er nicht arbeiten kann oder darf. Der glücklichere Typ lacht gern, hat Feingefühl, moralische Integrität, die zusammen mit seiner hilfsbereiten Art, seiner Sensibilität und fürsorglichen Persönlichkeit einen wertvollen Menschen aus ihm machen.

Auch das Nux-Vomica-Kind handelt für gewöhnlich zielgerichtet, ist voller Selbstvertrauen und schon in frühem Alter der festen Überzeugung, daß harte Arbeit allein zum Erfolg führt. Es ist stark, aber die Lektionen, die ihm das weitere Leben erteilt, können sein emotionales Gleichgewicht, seine Fröhlichkeit, Spannkraft und Freundlichkeit stören und seine cholerische Seite aktivieren. Seine Unfähigkeit, mit emotionalen Mißklängen und Enttäuschungen fertig zu werden, kann es reizbar, unbeherrscht oder emotional instabil machen.

LYCOPODIUM ist eher rundlich, kräftig gebaut, wirkt selbstbewußt und umgänglich und möchte respektiert sein. Daß er von sich mehr als von anderen hält, kann er recht gut verbergen. Ereignisse, die für andere traumatisierend sind, überwindet er mit Hilfe seiner Robustheit und Vitalität. Er gibt sich diplomatisch, gefällig und respektvoll, macht einen ausgesprochen vertrauenswürdigen Eindruck, ist freundschaftlich und hilfsbereit und setzt sich behutsam bis konsequent durch. Doch auf eine typische Weise bleibt er distanziert und läßt sich nicht so tief auf Menschen und Gefühle ein. Sein Sinn für Humor hilft ihm, sich wenigstens zeitweilig von übernommenen Rollen zu distanzieren. Sein Selbstwertgefühl zeigt sich schon früh, vor allem bei Lycopodium-Jungen. Ein Schüler, der nur Einser und Zweier in Englisch geschrieben hatte, bekam im Jahreszeugnis eine Drei, weil das Notenbuch des Lehrers verschwunden war und dieser annahm, daß die Schüler es ihm gestohlen hatten. Zwar war der Junge wütend und enttäuscht, doch es dauerte nicht lange, da war die Sache für ihn erledigt. Er erklärte seinen Eltern:

»Ich weiß doch, daß ich nur Einser und Zweier habe. Vermutlich will mir der Lehrer eins auswischen. Ich war dieses Jahr sicher kein Engel in der Schule, also was soll's!«

Leseempfehlung

Dietmar Friedmann, Klaus Fritz: Wer bin ich, wer bist du? Mehr Erfolg durch bessere Menschenkenntnis. München 1996.
Eine ausführliche Darstellung der Psychographie.

Catherine R. Coulter: Portraits homöopathischer Arzneimittel. Zur Psychosomatik ausgewählter Konstitutionstypen. Heidelberg 1990.
Nicht nur für den Homöopathen wertvoll, sondern für jeden psychologisch interessierten Leser.

Kapitel 6

Balsam für die wunde Seele

»Weil wir grad beisammen sind«, fuhr Trumtinchen fort, »will ich von einer Begebenheit erzählen, bei der wir Trumtine in großer Gefahr waren. Da mußte eine Lösung her, sonst hätten wir uns alle im Weltall wiedergesehen. Erst zweitausend Jahre ist das her. Zu der Zeit geriet das Gefühlsleben meiner Vorfahren außer Kontrolle.«

»Aber das kann doch mal passieren«, meinte Carlo, und Guggi seufzte voller Mitgefühl.

»Nein, nein«, wehrte Trumtinchen ab, »das, was da Seltsames geschah, war sehr mächtig und langanhaltend. Ihr ganz normaler Ärger, ihr Kummer oder ihre Traurigkeit wollten nicht mehr vergehen. Die einen hörten mit dem Schimpfen nicht mehr auf, die anderen blickten so finster drein, daß es zum Fürchten war, oder gingen auf den Nerv, denen es gut ging. Wieder andere wurden immer sorgenvoller und trauriger, saßen da und heulten nur noch Rotz und Wasser. Das alles war schlimm, aber noch nicht das Schlimmste, denn beinah wäre es passiert: Unser Trumtino wurde ziemlich sauer, und daher überlegte er sich, ob er sich nicht mal kräftig schütteln sollte – dann wäre er doch den ganzen Ärger los. Alle Trumtine waren sich einig: Da mußte schleunigst was geschehen.«

»Das kann ich mir gut vorstellen«, sagte Carlo und sah Guggi fragend an. Der nickte zustimmend.

»Also überlegten die Klügsten meiner Vorfahren, wie man aus allzu trüben Gedanken, bösen Erinnerungen oder übergroßen Sorgen herauskommt und schnell in Glücksgefühle schlüpfen kann. Zuallererst stöberten sie in Windeseile ihre riesengroße Bibliothek durch, aber die Mühe war umsonst. Sie fanden in ihren vielen Büchern nicht den geringsten Hinweis auf eine Lösung für diesen ganz besonderen Fall. Das war auf Trumtino noch nicht vorgekommen. Die Trumtine wollten sich schon ihrem Schicksal ergeben. Nur einer von ihnen muß besonders hartnäckig gewesen sein, der dachte noch angestrengter als alle anderen nach, und zwar so lang, bis er tatsächlich die Lösung gefunden hatte.«

»Das war sicher so ein intelligenter Typ wie ich«, warf Guggi ein.

»Ja, schon möglich. Und was für eine raffinierte Methode er damals ausgeknobelt hat, möchte ich euch jetzt verraten. Die könnt ihr dann verwenden, wenn ihr eine Krise habt und es euch so ähnlich wie meinen Vorfahren geht. Wenn auch, wie ich hoffe, nicht ganz so schlimm. Aber dazu brauche ich eine Art Versuchsperson. Wer von euch mag sich zur Verfügung stellen?«

»Ich«, sagte Carlo gleich. »Mich interessiert, wie so was gehen soll.«

»Gut, und Guggi, du paßt gut auf!«

»Klar«, antwortete Guggi und sah gespannt drein.

»Carlo, ich möchte, daß du dich zuerst an eine ärgerliche Begebenheit erinnerst.«

»Oh«, meinte Carlo erstaunt, »da gibt's bei mir eine ganze Menge.«

»Das kann ich mir gut vorstellen. Aber bitte, erinnere dich jetzt nicht an etwas ganz Schlimmes. Für das, was ich vorführen möcht, reicht ein kleiner Ärger völlig aus.«

»Ja, da fällt mir natürlich mein guter Danny ein. Der hat mir neulich mal wieder die Batterien für mein Hörgerät versteckt. Hier im Nachtkasten habe ich sie dann schließlich gefunden. Das ist harmlos im Vergleich zu dem, was er sonst so anstellt. Nur stand ich ziemlich dumm da, weil ich ausgerechnet an diesem Tag mal ins Kino gehen wollte, einen alten Film anschauen, in dem ein Zauberer die Hauptrolle spielt.«

»Und was hast du gemacht?« wollte Guggi wissen.

»Na, ganz einfach, ich bin hiergeblieben. Was sollte ich sonst tun?«

»Carlo, kannst du dir die Szene mit Danny noch mal genau vorstellen?«

»Ja, Sternchen, kein Problem, ich habe sie deutlich vor mir.«

»Und was fühlst du?«

»Komisch, ich spüre wieder so ein Kribbeln im Bauch wie damals. Was war ich wütend auf Danny!«

»Hast du vielleicht auch ein Geräusch gehört?«

»Ja, so ein Rauschen in den Ohren. Das hab ich immer, wenn ich mich sehr aufrege.«

»Mach von dieser Szene mit Danny bitte jetzt in Gedanken ein Foto.«

»Vergiß aber das Blitzlicht nicht!« frotzelte Guggi.

»Meinetwegen auch mit Blitz. Nur mach dein Gedankenfoto so klein, daß du's in der Hand halten könntest. Laß dir Zeit und richte deine Gedanken ganz fest darauf. Sag mir, wenn du damit fertig bist.«

Carlo schloß die Augen. Nach einer Weile sagte er: »So, jetzt sehe ich die ganze Szene vor mir, so klein wie auf einem Foto.«

»Und nun schau es dir genau an. Sag uns bitte, was es zeigt.«

»Zunächst mal mich und Danny. Er hat mir gerade mit einer Unschuldsmiene gesagt, daß er nicht wüßte, wo die Batterien sind.«

»Und was fühlst du?«

»Wenn ich mir das Foto so anschaue, dann ist mir viel leichter. Der Ärger ist fast weg.«

»Bestimmt läßt sich dein gutes Gefühl noch weiter verbessern. Verändere also das Foto. Wenn es bunt ist, dann nimm die Farben raus und mach es zu einem Schwarzweißbild. Schau es dir an und frag dich, was du dabei fühlst. Ist das Bild hell, dann mach es dunkler. Ist es scharf, dann mach es unscharf. Ist das Bild kontrastreich, dann mach es blaß. Aber verändere es nur dann und insoweit, als du dich damit auch besser fühlst. Wenn nicht, dann laß es so, wie es ist.«

»Ich habe die Farben etwas blasser und das ganze Foto dunkler gemacht. Jetzt fühle ich mich tatsächlich noch ein wenig besser. Mir scheint, als berühre es mich nicht mehr so sehr.«

»Prima, Carlo, das hat doch bestens funktioniert. Wenn ich zum Beispiel nervös bin, dann sehe ich meine Gedankenbilder mit großer Geschwindigkeit in mir ablaufen. Sie zappeln so ähnlich wie die Bilder von einem alten Stummfilm. Ich werde erst ruhiger, wenn ich den Film so nach und nach langsamer mache.«

»Du läßt also die Bilder wie in Zeitlupe ablaufen?« fragte Carlo.

»Ja, genau, dann kann ich Bild für Bild in aller Ruhe betrachten. Das hat eine beruhigende Wirkung. Und die tut gut.«

Guggi hob den Finger, als wäre er in der Schule. »Sternchen, ich hätte da eine Frage. Das mit den schlechten Bildern habe ich jetzt kapiert. Ich mache sie kleiner oder undeutlich. Aber was mache ich mit den schönen Erinnerungen, äh, Bildern?«

»Da machst du es so ähnlich, nur genau umgekehrt. Du machst deine schönen Gedankenbilder so groß und so prächtig, wie's nur geht. Wenn sie wenig Farbe haben, dann tust du deine Lieblingsfarben hinzu, bis sie ganz toll aussehn.«

»Also könnte ich sie mir alle quietschgelb anmalen?«

»Wenn sie dir so besser gefallen, warum nicht?«

»Oh fein«, meinte Guggi und probierte das Verschönern seiner Gedankenbilder gleich mal aus.

»Und nun komme ich zu deinem Kribbeln im Bauch, Carlo. Es wird leichter, wenn du dieses Gefühl Stück für Stück nach oben wandern läßt, erst vom Bauch zur Brust, dann weiter, bis es schließlich im Kopf ist. Und dann läßt du es aus deinem Kopf nach oben hinausströmen.«

»Das probiere ich aus, ja. Aber was machen wir mit dem unangenehmen Geräusch?«

»Was hörst du genau?«

»So ein Rauschen.«

»Das kenne ich. Andere verbinden die unangenehme Erinnerung mit einer lästigen Gedankenstimme oder einem schrillen Ton, einer dröhnenden Musik oder einem klirrenden Geräusch. Um dieses Geräusch abzustellen, muß man das, was einen stört, verändern, und zwar so ähnlich wie beim Gedankenbild und auch so lang, bis man sich mit der schlechten Erinnerung besser fühlt.«

»Also, Stimmen höre ich nicht, so weit ist es noch nicht mit mir«, sagte Carlo schmunzelnd.

»Nein, nein, das habe ich damit auch nicht gemeint. Es sind aber Sprachfetzen, die man noch im Ohr hat, oder belastende Gedanken, die einem wie Stimmen durch den Kopf gehen. Wer so eine Stimme im Ohr hat, der kann sie abmildern, indem er sie leiser dreht oder so verändert, daß sie wie ein Frosch quakt.«

»Übrigens, könnte ich eine unangenehme Gedankenstimme auch in einem komischen Dialekt reden lassen?« fragte Guggi und schien zu vermuten, daß das eine besonders intelligente Frage war.

»Ja, das funktioniert genauso. Oder du kannst zu deinem Gedankenfoto oder dem Stückchen Film, das in deinem Kopf abläuft, Musik abspielen lassen. Dann passiert eine Menge in deinem Kopf.«

»Du, das ist sehr lustig«, warf Carlo ein. »Ich hab's gerade ausprobiert und unter das Gequatsche von Danny laute Blasmusik gelegt. Da hört sich das gleich ganz anders an.«

»Ich kann's mir vorstellen. Aber es gibt noch andere Methoden. Du kannst das lästige Gedankenfoto auch verbrennen. Oder du stellst es dir als Wasserfarbenbild auf einem Bürgersteig vor, das gerade von einem Regenschauer weggewaschen wird. Oder du läßt es wie eine Glasscheibe kaputtgehen. Sicher fällt euch noch was Besseres ein. Carlo sagt einfach ›simsalabim‹, und sein Bild ist verschwunden.«

»Das stellst du dir so vor, Sternchen«, sagte Carlo lächelnd, »aber so einfach geht das leider nicht.«

»Ich würde so scheußliche Gedankenbilder einfach in einen Küchenmixer stopfen«, erklärte Guggi. »Ihr glaubt nicht, was der schon alles zu Brei gemacht hat.«

Carlo lachte, und Trumtinchen sagte: »Jeder kann seine eigene Methode wählen, Guggi. Hauptsache, sie wirkt, und es geht ihm danach besser.« Ja, darüber waren sich alle einig.

Spät in der Nacht noch war der glitzernde Trumtino links vom Mond zu sehen. Durch sein schnelles Gleiten etwas langgezogen und in der Kontur verwischt, stand er doch himmlisch funkelnd still, als würde er von fern ein Zeichen auf die Erde senden wollen. Stumm saßen Carlo, Guggi und Trumtinchen noch lange Zeit da und schauten zu Trumtino hin – bis eine große, dunkle Wolke sich dazwischen schob.

So geht's

Schönere Bilder und angenehmere Töne
verschaffen uns leichtere Gefühle

Wer meint, das Beispiel mit dem Küchenmixer sei frei erfunden, der
hat sich getäuscht. Es stammt aus einem Fachseminar. Man sieht,
der Phantasie sind auch bei der Wahl der Methode keine Grenzen
gesetzt. Ein Computerfan etwa arbeitete mit einer für ihn nahelie-
genden Methode: Er sah das negative Bild auf dem Bildschirm vor
sich. Dann klickte er mit der »Maus« den Befehl »löschen« an, und
in Sekundenschnelle verschwand das negative Bild. (Weitere Beispiele in Kapitel 8: »Das Kino im Kopf«.)

Hier ein weiteres Beispiel für eine effektive Bildverfremdung: Florian, Teilnehmer eines Fachseminars, möchte seine Fernsehgier überwinden. Zuerst wird er gebeten, sein Gedankenbild zu beschreiben.
Florian sieht sich mit der Fernbedienung in der Hand und will den
Fernseher einschalten. Hier ist der Knackpunkt: Wenn das Gerät
erst mal läuft, kann er es nur mit großer Anstrengung wieder abstellen. Um dieses farbige und plastische Bild unattraktiv zu machen, wird Florian gebeten, die Farben wegzunehmen und das Bild
flach zu machen. Doch es ist nach wie vor verlockend. Auch das Bild
schrumpfen lassen oder den Kontrast verändern bringt keine entscheidende Abweichung in der Qualität.

Florian sieht das Bild rechts oben vor Augen. Als er aufgefordert
wird, das Bild in Gedanken nach links unten zu schieben, verliert es
an Attraktivität. Doch auch dieses Ergebnis ist noch nicht ganz
überzeugend. Der Erfolg stellt sich erst ein, als er das Bild wieder
nach rechts oben zurückschiebt. Jetzt erst verspürt Florian deutlich

weniger Lust, den Fernseher einzuschalten. Der Grund: Nur Bilder, die rechts oben liegen, haben bei ihm vollständige Wirkung.

Noch etwas zum visuellen Verfremden: Wenn wir unser störendes Gedankenfoto so plastisch wie in 3-D vor Augen haben, dann sollten wir ausprobieren, wie wir uns damit fühlen, wenn wir es flach machen.

Ein auditives Beispiel: Michael berichtete von einem Telefonat, das ihm schlechte Laune gemacht hatte. Noch nach Stunden ging es ihm durch den Kopf. Er hatte alles an Lösch- oder Verfremdungsmöglichkeiten durchprobiert, aber nichts funktionierte richtig. Später erst kam er darauf, daß er sich beim Verfremden auf den unerfreulichen Inhalt des Gesprächs, seine Bilder und Gefühle konzentriert hatte. Sie waren aber nicht der Auslöser für seine schlechte Stimmung gewesen. Es war die Stimme des anderen am Telefon. Sie hatte einen für Michael unangenehmen Tonfall – und den mußte er verfremden. Danach war ihm wohler.

Wenn uns also Geräusche, Klänge oder Stimmen irritieren, dann machen wir's wie er und verändern sie so lange, bis wir uns besser fühlen:

Ist die Stimme zu rauh, machen wir sie weicher.
Ist sie zu laut, machen wir sie leiser (oder umgekehrt).
Ist sie zu hoch, machen wir sie tiefer (oder umgekehrt).
Ist sie dünn oder heiser, machen wir sie wohltönend.
Spricht sie zu schnell, machen wir sie langsamer (oder umgekehrt).
Stört sie uns immer noch, stellen wir sie ab.

Die richtige Abstimmung zwischen Menschen finden

Ohne von der Typologie der Psychographie zu wissen, spricht Anthony Robbins in seinem Buch »Das Power-Prinzip« die Gründe an, weshalb sich Menschen durch ihre visuelle, kinästhetische oder akustische Ausrichtung leicht mißverstehen können und/oder diese die »Abstimmung« zwischen ihnen erschwert. Und wenn wir uns daran erinnern, daß der **Beziehungstyp** vornehmlich sieht, beim **Sachtyp** das Denken mit Körperempfindungen einhergeht und der **Handlungstyp** auditiv sensibilisiert ist, dann wird uns noch auf einer tieferen Ebene klar, was Robbins mit folgenden Sätzen meint:

»In menschlichen Beziehungen entsteht eine interessante Dynamik. Am Anfang der Beziehung, in dem Stadium, das ich mit ›Werben‹ bezeichne, sind wir sehr aktiv. Was tun wir nicht alles, um dem anderen zu zeigen, daß wir ihn lieben? Sagen wir es ihm nur? Führen wir es ihm vor, oder zeigen wir es ihm durch Berührungen? In der Zeit des ›Werbens‹ tun wir alles zugleich. Wir zeigen es uns, wir sagen es uns, wir berühren einander ständig. Tun wir das, wenn einige Zeit verstrichen ist, immer noch? Manche Paare schon. Sie sind die Ausnahme, nicht die Regel. Bedeutet das, daß wir den anderen jetzt weniger lieben? Natürlich nicht! Wir sind nur nicht mehr so aktiv. Wir fühlen uns wohl in der Beziehung. Wir wissen, daß der andere uns liebt, und wir lieben ihn. Wie drücken wir jetzt unsere Liebe aus? Wahrscheinlich genau so, wie wir wünschen, daß sie der andere uns gegenüber ausdrückt. Welche Wirkung hat das auf die Qualität unserer Beziehung? Schauen wir uns das gemeinsam an.

Wie wird ein Ehemann mit einer auditiven Liebesstrategie seiner Frau höchstwahrscheinlich seine Liebe vermitteln?

Natürlich, indem er es ihr sagt. Was aber, wenn sie nun eine visuelle Liebesstrategie hat und ihr Gehirn sie nur dann veranlaßt, sich geliebt zu fühlen, wenn es bestimmte visuelle Reize empfangen hat? Nach einiger Zeit wird keiner von beiden sich wirklich geliebt fühlen. Als sie noch umeinander warben, haben sie alles getan. Sie haben es sich durch Zeichen, Worte oder Berührungen vermittelt. Nun aber kommt der Ehemann nach Hause und sagt: ›Ich liebe dich, Schatz‹, und sie erwidert: ›Nein, das tust du nicht!‹ Er fragt: ›Wovon redest du? Wie kannst du so etwas sagen?‹ Worauf sie möglicherweise antwortet: ›Du redest immer nur. Wann hast du mir zuletzt Blumen gebracht oder mich ausgeführt? Du siehst mich nicht mehr so an wie früher.‹ ›Was meinst du damit?‹ fragt er vielleicht noch. ›Ich sage dir doch, daß ich dich liebe.‹ Sie fühlt sich nicht mehr geliebt, weil er das besondere Verhalten, das dieses Gefühl in ihr ausgelöst hat, nicht mehr beständig ausführt. Betrachten wir einmal den umgekehrten Fall: Der Ehemann ist visuell und die Ehefrau auditiv orientiert. Er zeigt seiner Frau, daß er sie liebt, indem er Sachen kauft, sie ausführt, ihr Blumen schickt. Eines Tages sagt sie: ›Du liebst mich nicht.‹ Er ist gekränkt: ›Wie kannst du so etwas sagen? Sieh dir das Haus an, das ich für dich gekauft habe, denk daran, wie oft ich dich ausgeführt habe.‹ Sie sagt: ›Ja, aber du sagst mir nie, daß du mich liebst.‹ ›Ich liebe dich!‹ schreit er in einem Ton, der ihrer Strategie nicht einmal nahekommt. Die Folge davon ist, daß sie sich ungeliebt fühlt.

Oder eine der schwierigsten Konstellationen überhaupt: ein kinästhetischer Mann und eine visuell orientierte Frau. Er kommt nach Hause und will sie in die Arme nehmen. ›Faß mich nicht an‹, sagt sie. ›Du machst pausenlos an mir rum. Du willst mich immer nur betatschen. Warum können wir nicht mal irgendwo hingehen? Sieh mich wenigstens einmal an, bevor du mich anfaßt‹« (Anthony Robbins: Das Power-Prinzip, S. 192 f.).

Freilich dürfte es sich bei diesen Beispielen um wenig entwickelte Charaktere handeln. Doch Robbins macht deutlich, wie die typischen Fallen gebaut sind, in die wir gehen können, um uns dann gründlich mißzuverstehen. Wer seinen Partner, seine Kinder oder Freunde in den Beschreibungen erkannt hat, kann jetzt auch herausfinden, wer mehr auf Bilder (so der **Beziehungstyp**) oder Berührung (der **Sachtyp**) oder Bilder plus Stimmen (der **Handlungstyp**) anspricht.

Wenn es **Beziehungstypen** gut geht, haben sie eine Flut rasch wechselnder Gedankenbilder, wenn nicht, wird die Bilderfolge deutlich langsamer. Und mit der Bildqualität und der Bildfrequenz gehen ihre Emotionen und ihr Verhalten einher. Das läßt sie nicht nur schneller sprechen, sondern auch so sprunghaft und meist verwirrend auf die anderen Persönlichkeitstypen wirken.

Viele **Sachtypen** tun sich mit Gedankenbildern schwer. Ihre Vorstellung schöpft sich aus Bildfragmenten oder Symbolen, und ihre Gedanken und Gefühle gehen meist mit subtilen Körperempfindungen einher. Gerade der **Sachtyp** kommt in unserer »berührungsarmen« Gesellschaft immer etwas zu kurz. Bei ihm scheint eine Berührung eine besondere Wirkung zu haben.

Der **Handlungstyp** ist auditiv sensibilisiert. Das zu wissen ist in der Beratung wichtig, wenn konstante und dazu oft tiefsitzende Negativbotschaften (sogenannte »Glaubenssätze«), die ihm akustisch »zusetzen«, herausgefunden und aufgelöst werden sollen. Weil er auf Geräusche, Stimmen, Schwingungen, Musik etc. intensiver reagiert, wird er beispielsweise auf angenehme Stimmen oder herzliches Lachen spontan »anspringen«.

Für Kinder wie für Erwachsene gilt: Menschen vom selben Persönlichkeitstyp sind besser aufeinander abgestimmt, erleben zwischenmenschliche Situationen ähnlicher, haben mehr Stärken und Schwächen, Neigungen und Abneigungen, Geschmäcke, Meinungen oder Maßstäbe, Ziele und Lebensgewohnheiten gemeinsam. Sie sprechen eine ähnliche Sprache, verbal und im Körperausdruck, benützen nicht nur oft dieselben Vokabeln, sondern gleichen sich auch in Lautstärke, Akzentuierung, Tempo, Tonhöhe, Melodik und Sprachrhythmus. Dasselbe gilt für Gesten, Körperhaltung und Mimik. Das Erstaunlichste ist, daß sie selbst in Körperbau und Aussehen häufig große Ähnlichkeit haben.

Wie wirken nun Zeichen, Worte, Gesten oder Berührungen auf die kindlichen Persönlichkeitstypen? Was wird ihre Individualität dabei positiv oder negativ beeinflussen? Oder, anders gefragt: Was wird die Entwicklung ihres Persönlichkeitstyps und die ihrer Schlüsselenergien hemmen beziehungsweise fördern?

Das **Beziehungstyp**-Kind verlangt aus seinem »Erkenntnisinteresse« heraus viel geistige »Nahrung«, und es ist glücklich, wenn es sich zusammen mit der Mutter oder dem Vater aus seinen Problemen »herausdenken« und »herausreden« (im Sinne von sich aussprechen) kann. Da es stark visuell orientiert ist, wünscht es sich zumeist attraktive Eltern und kann richtig darunter leiden, wenn beispielsweise seine **Sachtyp**-Mutter leger gekleidet ist, weil sie typischerweise andere Dinge im Kopf hat. Von ihr bekommt es allerdings viel intellektuelles »Futter« und Körperkontakt. Von einer unentwickelten **Handlungstyp**-Mutter wird es mit Zärtlichkeit und Zuwendung nur dosiert und je nach Situation versorgt, meist nur dann, wenn die Mutter es für passend hält. Ist das Kind emotional unterversorgt, dann wird sein zentrales Lebensthema das traumatische Erleben der Welt als lieblos und wenig bergend sein.

Das sehr anhängliche und weiche **Sachtyp**-Kind wird mit Zärtlichkeiten Probleme haben, sie nicht gern geben und auch nicht annehmen mögen. Dieses Rühr-mich-nicht-an-Syndrom (siehe beim Natrium-muriaticum-Kind) trägt zu der schwierigen Beziehung des Kindes zu den Eltern bei – und umgekehrt. Es würde sich mit seinem Bedürfnis nach Wichtigsein auch nicht gut vertragen. Eine handfeste **Handlungstyp**-Mutter wird sich beim kinästhetisch sensiblen **Sachtyp**-Kind ohnehin schwer tun. Die »Abstimmung« zwischen beiden in puncto Körperkontakt und Zärtlichkeit ist erschwert. Auf die vernünftigen Worte jedoch wird das Kind jederzeit hören.

Doch in bezug auf Sprache hat der wenig entwickelte **Handlungstyp** als Mutter/Vater ein Defizit, das besonders zu Lasten des **Beziehungstyp**-Kinds geht: Sie (oder er) »handelt« auch via Sprache und übergeht damit Wörter, die Gefühle ausdrücken und eigenes seelisches Erleben beschreiben. Das läßt sie (oder ihn) nicht nur spröde wirken, sondern verstellt den Einblick in ihre (oder seine) emotionale Erlebenswelt.

Das sehr selbständige und dementsprechend selbstbewußte **Handlungstyp**-Kind will Zärtlichkeit »zu seiner Zeit« und ist schon mehr als die anderen Typen ein kleiner »Erwachsener«. Das sind etwa die Buben, die schon mit lauter Stimme im Befehlston sprechen und die geschickt erste Geschäfte oder Unternehmungen tätigen und hier ihre eigene (Handlungs-)Logik entwickeln. Oder es sind die Mädchen, die für ihr Alter ungewöhnlich selbständig sind und, wie zum Beispiel die fünfjährige Isa, am Sonntagmorgen um halb sieben den Kaffeetisch decken und Mama und Papa wenig später mit »ihr Schlafmützen« aus dem Bett jagen. Oder es sind die

Kinder, die liebevoll und umsichtig einen kleinen Garten anlegen. Ihre innerliche, emotionale Distanz, die sich hier schon abzeichnet, macht sie weniger angreifbar und läßt sie auch nicht so verletzlich reagieren wie die anderen Persönlichkeitstypen. Diese Kinder ahnen schon, wer sie später einmal sein werden.

Eine **Beziehungstyp**-Mutter läßt, wenn nötig, sofort alles stehen und liegen und ist als erste da, um zu helfen. So ein überfürsorglicher Typ schleppt die Kinder auch gleich zum Arzt und dramatisiert dort deren leichtes Unwohlsein beträchtlich. Das kann typspezifisch sehr übertriebene Formen des Rettens und Sich-wichtig-Machens annehmen. Ist die **Beziehungstyp**-Mutter entwickelter, dann werden sich Emotion und Verstand die Waage halten, und sie wird mit ihrem Kind liebevoll, anteilnehmend, aber auch anspruchsvoll umgehen.

Eine **Sachtyp**-Mutter wird mit ihrem Kind aufmerksam, fürsorglich, aber nicht übertrieben emotional umgehen. Sie wird es nachsichtig und positiv beurteilen und daher manche seiner Schwächen unter den Teppich kehren. Wenn sie über ihr Kind spricht, klingt das weniger emotional, sondern eher wie ein sachliches Statement – objektiv und vernünftig, wie eben ihre Sprache ist. Thea, die ein schwerbehindertes Kind hat, antwortete auf die Frage, wie sie das verkrafte, mit den knappen Worten: »Das Kind ist meine Aufgabe!« – Damit war die Frage von ihrer Seite aus beantwortet.

Eine wenig entwickelte **Handlungstyp**-Mutter wird ihr Kind zwar mit allem versorgen, was es so zum Leben braucht, aber es wird mehr eine tätige und weniger eine emotionale Fürsorge sein. Das kann dazu führen, daß ein sensibles **Beziehungs**-Kind nicht die Liebe bekommt, die es braucht, und somit auch kein Urvertrauen aufbauen kann. Weisungen und Einschränkungen ließen bei seiner Mutter schon früh ein Braves-Kind-Verhalten und später ein oft strenges Elternverhalten ausbilden. Eine Möglichkeit, mit den eigenen (unbewußten) Verboten zu leben, ist, sie an andere weiterzugeben und sie genau so zu ›be-handeln‹. Aus dem Grund beschleicht die Kinder manchmal das ungute Gefühl, daß ihre **Handlungstyp**-Mutter (oder der -Vater) die Familie genauso umsorgen und lieben würde, wenn sie aus völlig anderen Menschen zusammengesetzt wäre.

Leseempfehlung

Zum Thema »Arbeiten mit visuellen, auditiven und kinästhetischen Submodalitäten«:

Richard Bandler, Will MacDonald: Der feine Unterschied. NLP-Übungsbuch zu den Submodalitäten. Paderborn 1990.
Ein Übungsbuch für Fortgeschrittene.

Zum Thema »Abstimmung und Typologie« in Beruf und Beziehung:

Dietmar Friedmann, Klaus Fritz: Wer bin ich, wer bist du? Mehr Erfolg durch bessere Menschenkenntis. München 1996.

Kapitel 7

Das erreichen, was man will

Monsieur Pompong, der Käsespezialist, war vorbeigekommen, um bei Guggi hereinzuschauen. Mit großer Wichtigkeit erzählte er Guggi von dem, was sich draußen in der Welt alles tat, und verriet ihm neue Kochrezepte. Mit »Welt« meinte Monsieur Pompong freilich nur die paar Häuser in der Tulpenstraße, die er auf seinen Streifzügen regelmäßig inspizierte. Aber immerhin . . .

Trumtinchen interessierte dieser Klatsch und Tratsch wenig. Carlo hatte ihm kleine, farbige Papierschnipsel gebracht, und so vertrieb es sich die Zeit mit ausgefallenen Papierfaltkreationen. Gerade war es am Anfang einer besonders einfallsreichen Schmetterlingsserie, mit dem Resultat, daß die Schublade allmählich von größeren und kleineren Faltern überlief.

Doch Guggi war von ihnen und dem Geraschel, das sie bei dem kleinsten Lufthauch machten, weniger begeistert. Das war ihm unheimlich. Die Unordnung und der Krimskrams in der Schublade störten ihn zwar nicht, aber ausgerechnet Schmetterlinge – das war ihm doch zuviel. Als ihn Trumtinchen um sein künstlerisches Urteil bat, fand er sie »übrigens farblich ansprechend«. Er wollte Trumtinchen nicht kränken.

Als Guggi Monsieur Pompong auf das Käsebuch ansprach, wandelte sich dessen gute Stimmung schlagartig. Das merkte man auch daran, daß er plötzlich ohne französischen Akzent sprach. (Monsieur Pompong le Rouge, wie er sich ja mit seinem vollen Künstlernamen nannte, war beileibe kein Franzose, sondern stammte irgendwo aus der Gegend, vermutlich kam er aus einem Haus in der nächsten Querstraße. Darüber hatte Guggi Trumtinchen recht bald aufgeklärt.

»Du, Sternchen«, flüsterte Monsieur Pompong niedergeschlagen, nachdem er Trumtinchen eine Weile zugeschaut hatte. »Ich habe die Lust an meinem Käsebuch verloren. Könntest du mir vielleicht helfen, damit ich wieder weiterschreiben mag? Guggi hat so von deinen Tips geschwärmt.«

»Natürlich kann ich das«, sagte Trumtinchen und legte einen angefangenen Schmetterling zur Seite, »aber dazu muß ich dir erst einen langen Vortrag darüber halten, wie man überhaupt erfolgreich wird. Auf die Schnelle geht so was nicht.«

»Ja bitte! Ich möchte, daß es mir rasch wieder besser geht.«

»Ich muß dir aber auch von all den guten Kräften erzählen, die einen dabei unterstützen, damit man die Ziele, die man sich gesteckt hat, auch erreicht.«

»Oui, oui, darüber kannst du mir nischt genug erzä'len«, sagte Monsieur Pompong, plötzlich wieder viel munterer, räumte schnell ein paar Schmetterlinge auf die Seite und setzte sich erwartungsvoll vor Trumtinchen hin.

»Übrigens mir auch, Sternchen«, setzte Guggi hinzu und bahnte sich ebenfalls einen Weg durch die Schmetterlinge.

»Na denn, hört mir gut zu. Ich will euch nun von sehr geheimnisvollen Energien erzählen. Das sind Kräfte, die in uns selber stecken, und es sind auch Kräfte, die von da ganz weit oben kommen.« Trumtinchen deutete in die Höhe. »Aber damit sie uns auch helfen und wir mit dem, was wir machen, Erfolg haben, müssen wir sie erst rufen. Und wie man das macht, erkläre ich gleich. Weiter gibt es so was wie Spielregeln, die ihr euch nicht nur ganz genau merken, sondern an die ihr euch auch ganz genau halten müßt!«

»Machen wir, machen wir!« riefen Guggi und Monsieur Pompong wie aus einem Mund.

»Also gut. Die allererste Regel für alles, was man tut, ist: Wer erfolgreich sein will, der muß das, was er will oder sich wünscht, klar und deutlich vor Augen haben. Und das gelingt ihm dann am besten, wenn er sich in der Phantasie eine wunderschöne Vorstellung davon macht, die wie ein Bild oder auch ein kleiner Film sein kann. Wie das geht, habe ich Guggi schon gesagt.« Guggi nickte wissend und sah dabei verträumt in die Ferne.

»Und wenn dieses Bild in euch fertig ist, geschieht etwas sehr Geheimnisvolles. Dieses Bild gibt euch den Anstoß, den ihr braucht, um das zu erreichen, was ihr haben wollt. Wer aber sein Bild nicht klar und verlockend im Kopf hat, der hat auch sein Ziel nicht klar vor Augen. Und wenn er das nicht hat, dann wird er später auch nicht die Nerven haben, um die ersten Hindernisse zu überwinden. Und die kommen, das garantiere ich euch.«

»Ja, leider«, seufzte Monsieur Pompong und legte seine Hand auf Trumtinchens Arm. »Den Durchhänger habe ich ja gerade, wie du merkst. Und das mit dem Bild ist auch richtig. Ich habe mir immer vorgestellt, wie mein Buch aussieht, wenn es mal fertig ist. Ein gut fotografierter Camembert auf Silberpapier sollte vorn drauf sein.«

»Gibt's da nicht was Hübscheres?« fragte Guggi, ohne sich im klaren zu sein, was er mit dieser wenig überlegten Bemerkung bei Monsieur Pompong anrichtete. Der war fast dem Heulen nahe.

Trumtinchen rümpfte die Nase, warf Guggi einen scharfen Blick zu und sagte dann betont: »Ich finde, das ist eine wundervolle Idee von Monsieur Pompong!« Guggi zog daraufhin den Kopf ein, und Monsieur Pompong ging es sichtlich besser.

»Also, merkt euch gut: Wenn ich etwas plane, mir wünsche oder verbessern möchte, egal, ob das eine Beziehung ist, die nicht so recht läuft, oder ob ich irgendein anderes Problem lösen will, dann muß ich genau wissen, was ich will.«

»Was ich will«, sprach Guggi Trumtinchen wie ein musterhafter Schüler nach.

Stolpersteine auf dem Weg zum Ziel

»Sehr richtig, Guggi. Aber man kann bestimmte Dinge noch so sehr wollen oder sich wünschen – sie werden einem doch nicht gelingen, weil man sich selbst die größten Hindernisse in den Weg räumt.«

»So blöd wird doch keiner sein!« warf Monsieur Pompong entrüstet ein.

»Doch, doch, Monsieur Pompong, das gibt's, weil der Betreffende nicht merkt, daß er das tut. Aber dazu komme ich gleich noch. Es könnte etwas ganz anderes passieren: Der Wunsch geht zwar in Erfüllung, aber das macht einen gar nicht glücklich, weil er unbekömmlich ist.«

»Oh, was meinst du denn mit ›unbekömmlich‹?« fragte Guggi erstaunt und verschluckte sich beinahe an dem mittelgroßen Holzspan, den er sich in den Mund gesteckt hatte.

»Das ist so ähnlich wie bei Monsieur Pompongs Käse oder bei deinen Holzspänen, Guggi. Manche Sorten liegen einem schwer im Magen, andere dagegen sind leichter verdaulich, folglich sind sie recht bekömmlich. Was nun den Wunsch angeht, so muß ich mich zuerst vergewissern, ob es mir oder jemand anderem schadet, wenn er in Erfüllung geht. Für dich, Monsieur Pompong, heißt das, du mußt darüber nachdenken, ob es o.k. ist, wenn dein Buch fertig wird und anschließend zu kaufen ist.«

»Wo denkst du hin, Sternchen«, sagte Monsieur Pompong konsterniert. »Mein Buch schadet wirklich keinem, sondern wird vielen Käsefeinschmeckern große Freude machen, davon bin ich überzeugt!«

»Und ziemlichen Appetit, und es wird dir außerdem eine Menge Geld einbringen«, meinte Guggi und kicherte.

»Jetzt will ich euch aber von den Stolpersteinen erzählen«, sagte Trumtinchen. »Wenn man sich etwas wünscht, dann muß der Wunsch auch so formuliert sein, daß er genau das ausdrückt, was man will, und nicht das, was man *nicht* will. Was würde beispielsweise passieren, wenn ich Monsieur Pompong bitten würde, *nicht* an ein Stück Schweizer Käse zu denken.«

»Ich würde natürlich an Schweizer Käse denken!«

»Genau, und warum tust du das?«

»Weil er immer nur an Käse denkt, ganz einfach«, rief Guggi frech dazwischen.

»Nein, das liegt daran, daß man an Schweizer Käse denken muß, damit man den Satz überhaupt versteht. Aber da frage ich mich: Kann denn das Wörtchen ›nicht‹ den Schweizer Käse wieder zum Verschwinden bringen, den ich mir gerade so schön vorstelle?«

»Nein, nein, garantiert nicht«, meinten beide.

»Eben, das funktioniert nicht oder nur schlecht. Also vergessen wir so dumme Sätze lieber gleich.«

»Sternchen, hast du noch ein anderes Beispiel, damit mir's klarer wird?« fragte Guggi.

»Hab ich. Wenn du dir vornimmst: ›Ich will *nicht* mehr an Isolde denken‹, was geschieht dann? Dir schießt zuerst mal Isolde in den Kopf. Verstanden?«

»Ja, ist mir klar. Und jetzt weiß ich auch, warum ich kein einziges Gramm abnehme«, sagte Guggi und war sehr beeindruckt.

»Und was um alles in der Welt hat dein Speck mit Isolde zu tun?« wollte Monsieur Pompong wissen.

»Gar nichts«, gab Guggi zur Antwort. »Ich hab nur gerade gedacht, daß ich mir immer fest vornehme, daß ich *nicht* mehr so viel essen will. Und wenn Sternchen recht hat, dann sage ich mir ja in Wirklichkeit vor: Ich will mehr essen! Und wenn das so wäre, dann wäre das doch ziemlich bescheuert!«

»Es wäre nicht so, es ist ganz bestimmt so, Guggi. Und deshalb müßt ihr eins machen: Gebt euren Zielen, Wünschen oder Plänen einen ganz anderen, neuen Dreh. Was ich damit meine, erkläre ich euch gleich am Thema Abnehmen. Wenn jemand abnehmen will, dann hat er ganz sicher alle Diäten durchprobiert, hat gehungert und Kalorien gezählt. Aber dabei hat sich derjenige im Grunde immer nur um seinen dicken Bauch und ums Essen gekümmert. Zu

Anfang hilft ihm das auch, und er wird abnehmen, aber schon kurze Zeit später ist alles wieder beim alten.«

»Ja, bei mir war das auch so!« bestätigte Guggi.

»Eben, aber eigentlich sollte es bei dir im Kopf neu zünden! Und das ist dann der Fall, wenn du dir sagst: ›Ich will gesünder leben‹, oder: ›Ich habe Freude an der Bewegung und will darum wieder Sport machen‹, oder: ›Ich will besser aussehen‹. Und das lenkt dann die Aufmerksamkeit von Bauch und Essen weg. Das meine ich mit ›neuem Dreh‹. Gib zu, Guggi, das hast du noch nicht ausprobiert!«

»Nee, und außerdem hasse ich Sport«, giftete Guggi.

»Der würde dir aber trotzdem kein bißchen schaden. Gut, dann ein anderes Beispiel. Da wäre Carlo, der mit dem Rauchen aufhören will. Er müßte sich sagen: ›Ich will vom Rauchen unabhängig sein‹, oder: ›Ich will im Alter fit sein‹. Das würde ihm ganz sicher weiterhelfen. Aber ich denke, ihr wißt jetzt schon, wie der Hase läuft!«

Guggi und Monsieur Pompong sahen Trumtinchen an und nickten.

»Eins ist schließlich noch wichtig. Ich habe vorhin von den attraktiven Bildern gesprochen: daß ihr eure Wünsche und Ziele immer so faszinierend und so attraktiv wie nur irgend möglich ausmalen sollt. Dasselbe gilt für die Formulierung eurer Wünsche. Also sollte Guggi, unser Langschläfer, sich zum Beispiel nicht vorsagen: ›Ich muß morgens früher aufstehn!‹ So ein öder Spruch macht einen überhaupt nicht an, und darum funktioniert er auch nicht. Oder denkst du, Guggi, das würde er?«

»Nein, nicht die Bohne!« gab Guggi unumwunden zu.

»Also bitte. Und darum solltest du dir besser sagen: ›Ich will mein Frühstück in aller Ruhe genießen!‹ oder so ähnlich, du willst also fürs Frühstück Zeit haben und wirst darum früher aufstehn. Was ich damit sagen möchte: Macht eure Wünsche so verlockend und so griffig wie nur irgend möglich.«

»Was ist denn bitte griffig?« wollte Guggi wissen.

»Erklär ich dir gleich. Viele Wünsche gehen nicht in Erfüllung, weil sie nicht griffig, sondern total wischiwaschi formuliert sind!«

»Wischiwaschi«, wiederholte Guggi und hielt sich sein Bäuchlein vor Lachen.

»Ja, wischiwaschi, und das ist beispielsweise dann der Fall, wenn sich einer von seinem Partner, von seiner Familie, von seinen Freunden ›mehr Zuwendung und Verständnis‹ wünscht. So ein Wunsch ist zwar verständlich, aber völlig wischiwaschi formuliert.«

»Aber genau das wünsche ich mir!« platzte Guggi heraus.

»Wenn du es allerdings so ausdrückst, kannst du unter Umständen ein Leben lang darauf warten. Sag den anderen, was du dir ganz konkret von ihnen wünschst. Oder du sagst ihnen umgekehrt, was dir nicht paßt. Am besten kannst du deinen Wunsch formulieren, wenn du dich fragst: Wie will ich spüren, sehen oder hören, daß andere mir mehr Liebe geben, mehr Verständnis für mich haben oder mehr für mich tun?«

»Und wie wäre so ein Wunsch dann formuliert?« Guggi war doch etwas verwirrt.

»Etwa, daß mir der andere aufmerksam zuhört, wenn er's nicht tut. ›Ich wünsche mir, daß du mir beim Gespräch aufmerksam zuhörst.‹ Aber ich möchte euch noch etwas anderes verraten. Ihr sollt eure Wünsche so formulieren, daß ihr sie auch verwirklichen könnt, und damit meine ich: Seid anspruchsvoll, aber bleibt auf dem Teppich, denn ihr macht garantiert eine Bauchlandung, wenn eure Wünsche zu hochgestochen sind.«

»Ja, genau so war's mit Isolde«, fiel es Guggi plötzlich ein. »Die meckerte andauernd über ihre Figur und wollte immer so aussehen wie ein Fotomodell. Völlig überzogen war das.«

»Das ist ein gutes Beispiel. Aber davon abgesehen, jedes Wesen hat was Schönes. Was war's denn bei Isolde?«

»Oh, sie hat, äh . . .«, stotterte Guggi, »sie hat seidenweiche und lang geschwungene Wimpern.«

Versager gibt's nicht!

»Wer erfolgreich ist«, fuhr Trumtinchen mit seinem Vortrag fort, »der hat nicht nur gute Einfälle und eine gewaltige Energie, sondern ein ganz besonderer Funke ist auf ihn übergesprungen. Und weil das geschehen ist, ist er mit ganzem Herzen und Feuereifer bei seiner Sache. Es hat sich etwas Wunderbares ereignet, von dem sich nicht so genau sagen läßt, ob es aus ihm selbst kommt oder ob es von guten Geistern geschenkt wurde. Ich glaube fest, daß es überirdische Mächte gibt, die so was machen.«

»Sternchen, mich gruselt's«, sagte Guggi und zog den Kopf ein.

»Nein, nein, diese Mächte sind gut und bewahren uns vor unserem eigenen Blödsinn.«

»Und wo sind diese guten Geister jetzt bei Carlo?« fragte Monsieur Pompong. »Der könnte sie gerade gut gebrauchen.«

»Wenn du meinst, daß die von allein wie die Feuerwehr dahergerast kommen, dann hast du dich getäuscht. Man muß schon selber was dafür tun. Außerdem wissen wir ja nicht, ob sie Carlo nicht schon vor Schlimmerem bewahrt haben. Freilich gibt es keine Beweise für diese guten Geister, aber man kann sie spüren, wenn einem etwas überraschend glückt und man sich fragt, wie man das überhaupt fertiggebracht hat. Doch glaubt mir, keiner kommt daher, schnippt mit dem Finger und hat sofort den dicksten Erfolg. So einfach geht das nicht. Man muß von Anfang an wissen, daß man sich für viele Jahre in etwas hineinhängen muß, bis es läuft, zum Beispiel als Autor wie du, Monsieur Pompong.«

»Ja, stimmt, ich bin jeden Tag von morgens bis abends nur am Auskundschaften und Probieren und kann froh sein, wenn's so einigermaßen läuft«, bestätigte Monsieur Pompong.

Und Guggi versicherte: »Übrigens habe ich auch ganz schön lang gebraucht, bis ich das Gängebohren so perfekt konnte wie jetzt.«

»Na, seht ihr. Und wenn die ersten Pleiten kommen, dann muß man gut darauf vorbereitet sein. Man sollte erstens nie den Fehler machen und seine Mißerfolge zu Tragödien aufblasen. Ein Mißerfolg bedeutet nie das Ende, es sei denn, man selbst gibt auf. Also wenn bei euch was schiefgeht, dann sprecht ihr nur ganz nüchtern von Fehlern oder Ausrutschern. Klar seid ihr sauer oder enttäuscht, aber viel wichtiger ist, daß ihr begreift: Meine Sache muß ich anders anpacken, weil sie so nicht funktioniert. Und dann macht ihr einen neuen Anfang.«

»Ach, Sternchen, wie gut das tut«, sprach Monsieur Pompong erleichtert. »Ich denke, ich habe jetzt wieder Energie und frische Ideen.«

»Gerade du, Monsieur Pompong, mußt mehr auf deinen Grips setzen, um erfolgreich zu sein. Du bist der Typ, der hauptsächlich aus dem Gefühl heraus lebt, denkt und handelt. Wenn du deinen Verstand mehr einsetzt, bist du auch viel geschützter. Dann sind nicht nur deine Gefühle weniger verletzbar, sondern du wirst auch auf allen Gebieten erfolgreicher sein.«

»Komisch, das stimmt, wenn ich mir's genauer überlege. Geht's mir nicht so gut, dann brauche ich jemanden, mit dem ich über meine Probleme reden kann, und zwar so lang, bis sie völlig geklärt sind. Erst wenn ich den völligen Durchblick habe, geht's mir besser. Und darum bin ich auch froh, daß ich Guggi zum Freund habe. Der hat eine Engelsgeduld mit mir.«

»Ach, übertreib mal nicht so«, wehrte Guggi ab. Doch man sah ihm deutlich an, wie sehr er sich über das Lob freute.

»Und vom Typ her paßt ihr beide auch gut zusammen. Guggi ist im Denken zu Hause, also kannst du von ihm das Denken lernen. Von Carlo kann man sich das Machen abschauen, und von dir, Monsieur Pompong, kann man lernen, wie man mit anderen aufmerksam umgeht.«

»Ja, ich kann schon sehr lieb und umgänglich sein, wenn's mir gut geht. Wenn nicht, dann verschließe ich mich völlig und verliere vollkommen den Bezug zu anderen, auch zu Guggi. Komisch. Das ist dann so, als würde ein unsichtbarer Faden zwischen uns ganz plötzlich reißen.«

»Nein, das ist gar nicht komisch. Zu Hause bist du ja in den Gefühlen, und die Gefühle kriegst du nur schwer unter Kontrolle. Dabei hilft dir allein das Denken, denn Denken hat eine gute Wirkung auf Gefühle. Aber Geduld, jeder Typ muß sich den fremden Bereich erst vertraut machen, und das heißt: der, der mit dem Herzen lebt, das sachliche Denken. Der, der mit dem Verstand lebt, das entschlossene Handeln. Und der, der wie Carlo ein Macher ist, die Gefühle. Wenn man das allerdings nicht schafft, gibt's Probleme. Jetzt aber zu etwas anderem: Damit du, Monsieur Pompong, die Energie nicht gleich wieder verlierst, laß ich dich noch den Swisch probieren.«

»Oui, oui«, legte Monsieur Pompong munter los, wieder auf französisch. »Isch weiß genau, das ist der neue Frischkäse aus 'olland. Nischt wa'r?«

»Na, du wirst schon sehen«, antwortete Trumtinchen und machte es mal wieder spannend.

So geht's

Die beinahe überirdischen Kräfte der Schlüsselenergien

Wenn wir uns attraktive Ziele vorstellen und sie uns in den schönsten Farben ausmalen, dann sind das nicht nur wohltuende Gedankenspiele und heitere Imaginationen, sondern viel mehr: Sie sind entscheidende Weichenstellungen für unsere Energien und setzen in uns die Kräfte frei, die wir brauchen, damit unsere Wünsche auch Wirklichkeit werden. Ziele sind darum so etwas wie eine mentale Power- und Erfolgsgarantie – aber nur dann, wenn sie auch exakt formuliert sind. Denn der Erfolg bleibt ganz sicher aus, wenn Ziele durch falsche Formulierungen schon im Vorfeld verkehrt gesteckt sind.

Trumtinchen hat recht: Wer etwas erreichen will, egal, ob er beispielsweise eine Bekanntschaft, Freundschaft oder Partnerschaft verbessern, ob er im Beruf, in der Schule weiterkommen oder im Sport erfolgreich sein will – der braucht zuallererst eine präzise Vorstellung von seinem Ziel. Dabei helfen exakte Formulierungen. Ziele sollten daher

> positiv formuliert,
> attraktiv,
> konkret,
> realisierbar und
> bekömmlich sein.

Wie man das macht, hat uns Trumtinchen zuvor erläutert.

A propos realisierbare Wünsche. Wie sagte Trumtinchen: »Jedes Wesen hat was Schönes!« Da weiß Susanna Kubelka in puncto

weiblichem (Wunsch-)Denken, weiblicher Identität und Selbstak-
zeptanz ein Rezept gegen überspannte und nicht erreichbare Ziel-
setzungen:

»Der Weg zum Erfolg ist klar. Nicht das, was man nicht hat, darf
man beklagen (und womöglich noch in Gesellschaft darauf hinwei-
sen), vielmehr muß man sich auf das, was man besitzt, konzentrieren und lernen, es auszuspielen, ob es sich nun um den Rücken, die
Hände, die Haare oder den Hals handelt. Wer aber glaubt, körperlich völlig reizlos zu sein, der bedenke nur, welchen Eindruck eine
schöne Stimme, elegante Bewegungen, eine gepflegte Sprache und
originelle Ausdrucksweise hervorrufen. Zu verzweifeln braucht niemand. Eine Frau ohne irgendein Schönheitsmerkmal gibt es nicht«
(Susanna Kubelka: Endlich über vierzig, S. 62).

Doch noch etwas anderes sollte hinzukommen: Für privaten und
beruflichen Erfolg ist von entscheidender Bedeutung, daß wir un-
sere typspezifischen Schlüsselenergien für die Formulierung unserer
Ziele und Aufgaben hinzunehmen. Und das haben erfolgreiche
Menschen (bewußt oder unbewußt) getan. Denn diese Energien
bürgen zusammen mit den Kräften des Persönlichkeitsbereichs für
Spitzenleistung und Spitzenqualität. So entstehen hochwirksame
Synergieeffekte, die uns den entscheidenden Kick für Motivation,
Power, Ausstrahlung und Kompetenz geben. Diese Phänomene und
die damit verbundenen Glücksgefühle sind schwer zu beschreiben.
Man muß sie sich als **Beziehungstyp** schon selbst »herbeidenken«,
als **Sachtyp** »verfolgen« und als **Handlungstyp** »erfühlen« – und
dann in vollen Zügen genießen.

Doch die Wirkung der Schlüsselenergien reicht noch tiefer. Sie
lassen uns existentiell bedrohliche Situationen durchstehen, wie folgende Beispiele zeigen: Dagmar (**Beziehungstyp**) hat sich nach dem
Tod ihres Partners dadurch stabilisiert, daß sie neben ihrem Beruf
ein Fernstudium über Malerei und Bildhauerei absolvierte. Diese
Künste hatten sie schon immer interessiert und fasziniert. Sie
machte sie sich nun ganz besonders intensiv zugänglich, ließ Epo-
chen, Stile, Farben und Formen in sich Gestalt annehmen und fand
in dieser beinahe meditativen Versenkung großen Trost. (Wir erin-

nern uns: Friedmann spricht hier vom »Erkenntnis-Interesse« als spezifischer Schlüsselenergie des **Beziehungstyps**. Es ist interessiertes Wahrnehmen und Wissenwollen. Es sind die vielfältigen Sinneswahrnehmungen und Sinnesgenüsse, es ist das intuitive und bewußte Denken und mentale Verknüpfen, das mit Konzentration, Sammlung und Entspannung, mit Bewußtsein und Entwicklung der Ich-Identität zusammenhängt.)

Rudi (**Sachtyp**) hatte seine große Liebe in Amerika gefunden. Und für Karen war er ebenso der Traummann. Doch nach einem Verkehrsunfall, den sie schwer verletzt überstand, begann sie sich zu verändern. Aus der lebenslustigen Frau wurde ein depressiver Mensch. Schließlich wollte Karen die Trennung. Rudi war enttäuscht und verzweifelt. Er hatte kein Ziel mehr vor Augen. Abgestumpft und gleichgültig geworden, ließ er sich von einem Freund zu einem Marathonlauf überreden, obwohl er zwar ein guter Spaziergänger, doch keinesfalls ein Marathonläufer war.

Nach etwa zwanzig Kilometern war sein Körper erschöpft von den Strapazen, ausgebrannt von der sengenden Sonne und leer von den Gefühlen für Karen. Da spürte Rudi plötzlich eine bisher nicht gekannte Kraft in sich aufsteigen. Sie saß zuerst tief in seinem Bauch, strahlte dann nach oben in die Brust, schien sie zu sprengen, explodierte schließlich förmlich in seinem Kopf – und Rudi rannte weiter. Er lief, angetrieben von dieser Energie, immer schneller, überholte andere Teilnehmer und kam schließlich überglücklich ins Ziel.

Rudi spürte von nun an, daß er von anderen Menschen keinen wirklichen Trost bekommen und auch nicht erwarten konnte. Diese innere Kraft hatte ihn ganz auf sich selbst verwiesen. (Hier spricht Friedmann von »Erfolgs-Interesse«, das das Wollen und Handeln des **Sachtyps** immer mehr fördert und seine spezifische Schlüsselenergie ist, die ihm zu mehr Lebensqualität verhilft. Sie zielt ab auf praktisches Gelingen, Selbstverwirklichung im Wollen und Sich-Ziele-Setzen, Entscheidungen treffen, schöpferisch handeln, Verantwortung für sich und andere übernehmen.)

Ein zweites, ähnliches Erlebnis hatte Rudi, als er in den Grand

Canyon hinabstieg und gleich wieder hinauf. Da spürte er nochmals diese unbeschreibliche Energie und dieses Glücksgefühl in sich.

Rudi ist nun fähig, diese Energie in sich zu aktivieren, wenn er sie braucht. Sie macht ihn frei, stark und unabhängig. Ihre Botschaft ist: »Nur du selbst kannst dir helfen. Du bist dein eigener Beschützer und Weggefährte. Und du wirst den Weg schaffen, den du gehen mußt!«

Stefan (**Handlungstyp**) steht mit fünfzig Jahren plötzlich ohne Job da. Nach dem erfolglosen und deprimierenden Weg über das Arbeitsamt hat er sich schließlich mit viel Energie und Einsatz eine freie Tätigkeit aufgebaut, die hauptsächlich vom guten Kontakt mit Menschen lebt. Das ist für ihn als **Handlungstyp** kein großes Problem. In seinem neuen Arbeitsbereich wird er auch nicht seinem Alter gemäß eingestuft und beurteilt. (Beim **Handlungstyp** wird das »Sympathie-Interesse« das Beziehungsverhalten weiterentwickeln. Das ist seine spezifische Schlüsselenergie. Unter Sympathie versteht Friedmann die gefühlsmäßigen und auf Beziehung orientierten Impulse wie Liebe, Freundschaft und Kameradschaft, auch Lebenslust und Lebensfreude, Lachen und Humor, Spiel und Spaß. Die Sympathie kann sich auf Menschen, Tiere oder die Natur beziehen.)

Auch wenn uns die Schlüsselenergien nicht immer und in gleichem Maße zugänglich sind und wir sie mehr sporadisch (er)leben, so können sie doch, wenn sie nicht oder sehr wenig gelebt werden, zu zwischenmenschlichen Unstimmigkeiten, ernsthaften Problemen, zu labiler Gesundheit und im extremen Fall zu menschlichen Katastrophen führen.

Ein krasses Beispiel: Walter, ein unentwickelter **Sachtyp**, machte tagein, tagaus das, was ihm von seiner Ehefrau diktiert wurde. Keiner in der Familie wußte, was er wirklich wollte, was er sich wünschte und wer er im Innersten eigentlich war. Er selbst schien es nicht zu wissen.

Drei, vier Jahre vor seinem Tod begann mit ihm eine seltsame Veränderung, vermutlich bedingt durch eine Demenzerkrankung. Für kurze Momente, die sich dann immer mehr dehnten und schließlich über Stunden reichten, wurde er sich mehr und mehr seines versäumten Lebens gewahr. Enttäuschung, Wut, Aggression und Versagensgefühle richteten sich gegen seine Frau und sich selbst. Er hatte keine Demütigung vergessen. Es waren letzte, fürchterliche Abrechnungen, und es ist nicht auszuschließen, daß seine hemmungslosen Angriffe mit schuld am Tod seiner Frau waren. Er selbst starb kurz nach ihr.

An diesem Beispiel läßt sich besonders deutlich sehen, wie sich nicht gelebtes Leben in äußerst destruktive Kräfte verwandeln kann, die sich dann gegen die eigene Identität richten und sie schwächen, psychisch wie physisch. Auch diese Fehlhaltung ist von Typ zu Typ verschieden: Dem **Beziehungstyp** mangelt es hauptsächlich an Konzentration, Gelassenheit und dem Gefühl, mit sich selbst eins zu sein. Statt dessen ist er zerrieben von zersetzender Kritik und nervöser Unruhe. Dem **Sachtyp** fehlt es an vitaler Lebenskraft und seinem Verhalten an Entschlossenheit und Tatkraft. So fühlt er sich unsicher, müde, erschöpft, unruhig, verzweifelt oder bedrückt. Dem **Handlungstyp** fehlen die Spontaneität und die Lebendigkeit seiner Gefühle. Daher verspannt und verkrampft er sich oder »macht auf Stimmung«, sucht einen Zugang zu seinen Gefühlen über lärmende Geselligkeit oder Alkohol, reagiert aggressiv oder schlecht gestimmt oder ist regelhaft und mechanisch.

Es ist leicht nachvollziehbar, wie schädigend sich diese Fehlhaltungen äußerlich auf Verhalten und Beziehungen, innerlich auf Seele und Körper auswirken. Der Zugang zu unseren Schlüsselenergien und das Maß ihrer Realisierung bestimmen also auch darüber, ob wir tendenziell stabiler oder instabiler sind. Wer sich darum stabilisieren möchte, sollte ihre Kräfte als ganz besonders wirksame Hilfe oder Unterstützung einsetzen.

Für den **Beziehungstyp** bedeutet dies: Er hat die Gabe des »intuitiven Ahnens«. Er sollte sie weiter ausbauen und mit ihr beständig und immer tiefer die Qualitäten seines Geistes entdecken und ausschöpfen. Für den **Sachtyp** gilt: Er hat ein feines »Gespür« für das, was er will. Er sollte ihm weiter nachgehen und so die Energien seines Willens immer von neuem aktivieren. Für den **Handlungstyp** heißt das: Er kann auf sein »Gefühl« bauen. Folgt er ihm vertrauensvoll, so wird es ihm mehr Lebensqualität bringen.

Nur über die Schlüsselenergien werden unsere Defizite korrigiert. Ist das gelungen, dann wird der **Beziehungstyp** fühlen und *wissen*, daß er liebenswert ist und gemocht wird und wie er sein Leben ohne Fremdbestimmung nach eigenen Bedürfnissen gestalten kann.

Der **Sachtyp** wird wissen und *spüren*, daß er wichtig und interessant ist, und er wird Beziehungen nach seinen Wünschen und Bedürfnissen aktiver leben.

Der **Handlungstyp** erlebt und *fühlt*, daß er frei und voller Leben ist. Jetzt erlaubt er sich, sein Denken und seine Person nach eigenen Zielen zu formen.

(Durch spezifische Trancen läßt sich die Wirkung der jeweiligen Schlüsselenergien entfalten und vertiefen. Wie man das macht, lesen wir in Kapitel 11: »Carlo wird hypnotisiert« und »Die heilsamen Kräfte einer Trance nutzen«.)

Leseempfehlung

Zum Thema »Erfolg und Schlüsselenergien«:

Dietmar Friedmann, Klaus Fritz: Wer bin ich, wer bist du? Mehr Erfolg durch bessere Menschenkenntnis. München 1996.

Kapitel 8

Das Kino im Kopf

»Aufgepaßt, aufgepaßt!« rief Trumtinchen ganz laut, nahm Monsieur Pompong fest an der Hand, zog ihn in die Höhe und drehte ihn ein paar Mal so schnell im Kreis herum, daß ein paar Papierschmetterlinge wie aufgescheucht durch die Gegend flogen. Guggi ging gleich in Deckung. »Ich schicke dich jetzt auf eine turbulente Reise in die Wunderwelt der Phantasie!«

»Aber doch nicht so, hör sofort auf damit!« schimpfte Monsieur Pompong los – ganz ohne Akzent. »Mir wird ja furchtbar schwindlig. Ich bin doch nicht auf deinem wackligen Trumtino, sondern hier auf unserer festen Erde!«

»Oui, natürlisch nischt, Monsieur Pompong«, machte ihn Trumtinchen nach, »isch will Sie nur auf andere Gedanken bringen.«

»Wenn mir schlecht ist, kann ich überhaupt nicht mehr denken. Und vor allem kann ich dann den neuen Käse nicht mehr richtig genießen!«

»So schnell wird dir von dem bißchen Karussellfahren nicht schlecht«, sagte Trumtinchen energisch und hielt an. »So, stop, das reicht, und nun mach die Augen ganz fest zu.«

»Aber bitte nicht wieder im Kreis herumdrehen, ja!«

»Versprochen, aber auch nicht blinzeln!«

»Nein, ganz bestimmt nicht!«

»Gut. Dann stell dir vor, ich führe dich jetzt in ein Kino. Im Zuschauerraum ist es stockdunkel. Wir tasten uns durch die Stuhlreihen zu unseren Plätzen. Nach einer Weile geht der Film an und ...«

»... die neue Käsereklame ist zu sehen, die du mir versprochen hast«, unterbrach Monsieur Pompong.

»Von wegen Käse! Der Swisch ist was ganz anderes. Stell dir bitte als nächstes vor, daß über die Leinwand groß die Schrift flimmert: ›Monsieur Pompong, der Autor des berühmtesten Käsebuchs aller Zeiten!‹ Und Trompeter blasen laut ›ta taa ta taa‹ einen Tusch dazu!«

»Oh, das ist ja noch besser«, rief Monsieur Pompong voller Freude und machte natürlich die Augen auf. »Und was zeigt der Film als nächstes?« fragte er neugierig.

»Genau das wirst *du* uns jetzt sagen.«

»Ganz genau«, mußte Guggi unbedingt als Kommentar dazugeben.

»Das ist doch völlig klar, Sternchen«, antwortete Monsieur Pompong. »Ich bin auf einem riesengroßen Presseempfang und stelle den Leuten dort mein fertiges Buch vor. Dafür habe ich mich in Schale geworfen. Und um mich herum stehen viele Fotografen, die mich alle knipsen wollen. So ein richtiges Blitzlichtgewitter prasselt auf mich nieder. Und ich stehe mittendrin und halte mein Buch hoch. Ein wahnsinniges Gefühl ist das, sage ich euch, so im Blickpunkt des Weltgeschehens zu stehen.«

»Das ist wirklich eine überwältigende Vorstellung, aber vergiß nicht, wir sitzen im Kino, und du siehst das alles vorne auf der Leinwand. Also mußt du dir die Szene von außen wie ein Zuschauer anschauen!«

»Ich muß es mir also so vorstellen, als wäre von meinem großen Auftritt ein Film gedreht worden, den wir uns jetzt hier im Kino ansehen?«

»Absolut richtig. Doch als nächstes mußt du mir eine Szene beschreiben, in der du so lustlos bist. Aber in dieser Szene bleibst du in dir und *erlebst* sie zusammen mit deinen unangenehmen Gefühlen.«

»Oh«, sagte Monsieur Pompong leise, »da denke ich daran, wie ich zu Hause vor einem leeren weißen Blatt sitze. Zur Zeit hänge ich da nur herum, schreibe ein paar Sätze und finde sie dann so entsetzlich doof, daß ich das Blatt gleich darauf wieder zerreiße. Und dann mache ich ein Fenster meiner Käseschachtel auf und schaue gelangweilt in die Gegend. Das ist immer noch das kleinere Übel.«

»Und warum findest du deine Sätze doof?« wollte Guggi wissen.

»Ich denke momentan eben, daß andere besser schreiben können als ich!« Monsieur Pompong sah betreten drein. »Ehrlich zu euch gesagt, meine Motivation ist zur Zeit nullkommanull.«

»Komm, schau mich mal an«, sagte daraufhin Trumtinchen ermutigend. »Es gibt doch ganz gewiß auch Situationen, in denen dir das Schreiben leichter fällt – Ausnahmesituationen?«

Monsieur Pompong überlegte eine Weile und sagte dann: »Wenn mir was nicht so wichtig ist, dann fällt mir das Schreiben natürlich viel, viel leichter.«

»Und was wäre das?«

»Tja, eine kurze Notiz, schnell auf einen Zettel gekritzelt, oder so was Ähnliches.«

»Siehst du, das klingt doch sehr vielversprechend. Dann schlag ich dir was vor. Mach es bei deinem Käsebuch ganz genau so, und nimm das, was du schreibst, erst mal nicht so wichtig. Wenn du das nämlich so machst, dann wirst du nicht sofort enttäuscht aufgeben, sondern zunächst weiterschreiben. Und etwas später kannst du das, was du hingeschrieben hast, in Ruhe überarbeiten. Der Vorteil ist, du hast schon mal was aufs Papier gebracht.«

»Gar nicht schlecht, deine Idee, Sternchen!«

»Stell dir jetzt bitte vor, wie du so lustlos vor deinem leeren weißen Blatt sitzt. Und noch mal, du *erlebst* dich dabei und blickst auf deine Hände und das Papier.«

»Kein Problem, ich sitze schon davor«, sagte Monsieur Pompong und machte ein ziemlich lustloses Gesicht.

»Und wenn du nun dieses Bild aus deinem Kopf wieder herausbringen willst, was machst du da?«

»Da muß ich erst überlegen.«

»Vielleicht hilft dir ein guter Trick von Guggi? Er würde seine ungeliebten Gedankenbilder in den Küchenmixer tun und damit zerkleinern.«

»Klitzeklein zerkleinern«, verbesserte Guggi.

»So mach ich's nicht. Ich weiß was viel Besseres. Ich würde das Bild mit viel Wasser in den Ausguß spülen. Was meinst du, wie schnell das Bild dann weg wäre!«

»Gut, wenn das bei dir so funktioniert. Und wie könnte der tolle Film vom Presseempfang plötzlich auftauchen?«

»Das ist auch ganz einfach. Ich laß ihn danach direkt aus dem Ausguß hochkommen!«

»Gut. Nimm nun den Film vom Presseempfang und tu die ganze Begeisterung hinzu, die du dir wünschst und die du brauchst, um dein Buch auch fertig zu schreiben. Was könnten das außer deiner Begeisterung aber noch für Energien sein?«

Monsieur Pompong überlegte. »Äh..., ich bin begeistert von meiner Idee mit dem Käsebuch, ja, das haben wir schon. Ich will mich aber auch konzentrieren können..., und ich habe wieder phantastische Einfälle, und, warte mal, ja, ich habe auch 'ne Menge Ausdauer. Ja, das ist alles, was ich zum Schreiben brauche.«

»Ist der Film so für dich attraktiv genug?«

»Ja, ist er ganz bestimmt. Ich habe alles drin.«

»Gut. Dann stell den Film jetzt unsichtbar im Ausguß bereit. Denk nun an die Situation, in der du so ideenlos vor dem leeren weißen Blatt Papier sitzt. Du blickst also auf das leere weiße Blatt, und in deinem Kopf sind Sätze wie: ›Mir fällt nichts ein, andere können es besser.‹ Mal dir das aber nicht zu deutlich aus. Anschließend läßt du diese Vorstellung im Ausguß verschwinden, und den Film vom Presseempfang läßt du im selben Moment daraus hochsteigen. Und dazu sagst du noch ganz schnell ›zack‹.«

»Warum soll ich denn ›zack‹ sagen?«

»Das Bilderaustauschen soll schnell gehn, genauso schnell, wie du ›zack‹ sagst.«

»O. k., ich bin ja nicht so schwer von Begriff wie Guggi.«

»Dir helf ich gleich«, zischte Guggi und richtete sich zu voller Größe auf, mit dem Resultat, daß er fast umgekippt wäre.

»So, Monsieur Pompong, und den Bilderaustausch oder Swisch, wie man auch dazu sagt, machst du jetzt siebenmal hintereinander.

Du kannst dabei die Augen schließen, wenn du willst. Dann kannst du dich besser konzentrieren. Aber mach nach jedem Swisch die Augen wieder auf. So, und jetzt leg los: zack – kleine Pause – zack – kleine Pause – zack!«

»Hetz mich bloß nicht«, maulte Monsieur Pompong. Und er machte den Swisch einmal, öffnete die Augen und schloß sie wieder, machte ihn nochmals und nochmals. Beim vierten Mal meinte er: »Ich bringe das Bild, wie ich vor dem leeren weißen Blatt sitze, nicht mehr so richtig im Kopf zusammen. Mach ich da was falsch?«

»Nein, du machst gar nichts falsch, Monsieur Pompong. Im Gegenteil, das zeigt deutlich, daß der Swisch schon funktioniert, und darum wird's von Mal zu Mal schwerer, das ursprüngliche Bild zusammenzusetzen. Aber probier's bitte trotzdem noch mal.«

Schließlich hatte Monsieur Pompong es siebenmal hintereinander geschafft, die Bilder gegeneinander auszutauschen.

»Und wie ist dir jetzt, wenn du an dein Käsebuch denkst?« fragte Trumtinchen und war auf das Ergebnis gespannt.

»Oh«, sagte Monsieur Pompong strahlend, »ich möchte am liebsten gleich heimgehen und losschreiben!«

»Prima, dann hat es ja funktioniert«, rief Trumtinchen. »Und wenn du das noch ein paar Mal übst, dann wird sich diese Lustlosigkeit überhaupt nicht mehr einstellen, weil du den Film vom Presseempfang gleich vor Augen hast und die guten Gefühle dazu spürst. Aber jetzt ist Guggi an der Reihe. Da geht's wohl auch ums Abnehmen. Oder hättest du einen ganz anderen Wunsch?«

»Nein, goldrichtig«, sagte Guggi und wußte nicht, ob er sich freuen oder eher betreten dreinschauen sollte.

»O. k. Wann ist bei dir der Hunger besonders groß?«

»Tagsüber kann ich mich ja noch beherrschen, aber wenn ich dann abends vor meiner Speisekammer stehe, dann kann ich mich nicht mehr bremsen und stürze mich hemmungslos auf meine Vorräte. Und es dauert nicht lang, dann sind sie auch ratzeputz weg.«

»Also mach dir bitte jetzt ein Bild von der Szene, in der du vor der Speisekammer stehst.«

»Da brauche ich etwas Zeit«, sagte Guggi, »weil ich Bilder nämlich nicht so schnell ›herbeisehnen‹ kann.« Aber nach einer Weile sagte er doch: »Jetzt klappt's, ich stehe vor der Speisekammer.« Und kurz darauf stöhnte er: »Ach, was hab ich Hunger!«

»Wichtig ist, daß du die Szene nicht von außen siehst, sondern in ihr drin bist, sie erlebst. Ganz anders jetzt wieder das zweite Bild, dein Wunschbild. Das muß wie ein Foto oder ein Film sein, das heißt, du siehst dich selbst auf der Aufnahme. Und es muß dich vor allem so zeigen, wie du gern ausschauen möchtest. Ich denk doch, rank und schlank?«

»Ja, und auf einer Liege in der Sonne an einem fernen Strand möchte ich auch noch liegen. So wär's mir am liebsten!«

»Gut, dann sieh dich so liegen. Und was wünschst du dir noch?«

»Ach, ich wünsch mir, ich wäre etwas gebräunter, nicht so käsig wie jetzt!«

»Dann mach dich doch braun. Und was wünschst du dir noch?«

»Eiskalte Cola!«

»Gut, die auch noch dazu. Was noch?«

»Einen Strohhalm bräuchte ich noch, das wär's dann. Und so mit allem Drum und Dran finde ich mich ganz schön toll!«

»Das reicht aber noch nicht ganz. Damit es auch wirkt, müssen wir noch das dazunehmen, was ich vorhin mit dem ›neuen Dreh‹ gemeint hab. Sport können wir ja bei dir vergessen, den machst du sowieso nicht. Aber wie steht's denn mit Lust auf Salat, der wär auch viel kalorienärmer als deine ewigen Holzbrösel!«

»Meinst du, Salat wär besser?« fragte Guggi überraschend mild und sah aus, als wäre er in Gedanken schnell zu Isolde geeilt. Das stimmte ihn wohl versöhnlich.

»Sicher. Und was für ein Gefühl soll deinen fürchterlichen Kohldampf ersetzen?«

»Das weiß ich nicht«, seufzte Guggi.

»Überleg mal, was in dir vorgeht, wenn es dir richtig gut geht.«

»Da bin ich voller Tatendrang und möchte lauter neue Gänge bohren. Ich habe da auch so eine Idee für eine Abkürzung. Die müßte ich von der Statik her aber noch mal durchrechnen.«

»Gut, nimm dieses Vorhaben noch hinzu.«

»Dann werd ich es aber an meinem Sonnenstrand nicht lange aushalten!«

»Wir werden sehen, was passiert. Jetzt brauchen wir nur noch deine spezielle Methode, um das schlechte Bild gründlich verschwinden zu lassen. Ich weiß, du tust es in den Mixer, o. k. Aber wie wirst du dein Strandbild schnell herbeiholen?«

»Oh, das mach ich ganz raffiniert mit Rosenduft.«

»Mit Rosenduft, wie geht denn das?« fragte Monsieur Pompong erstaunt.

»Das geht so: Carlo hatte mal einen Luftverbesserer mit Rosenduft rumstehen. An den erinnere ich mich gern, denn zu der Zeit war ich noch mit Isolde zusammen. Also, wenn ich an diesen Duft zurückdenke, dann habe ich sofort mein Strandbild im Kopf.«

»Schön, dann mach es so. Das schlechte Bild ab in den Mixer, und das attraktive Bild samt Lust auf knackig frischen Salat und die neue Abkürzung mit Hilfe von Rosenduft herbeigeatmet.«

Doch Guggi fragte unsicher: »Oder findest du das etwa nicht gut, Sternchen?«

»Sicher, wenn es bei dir so funktioniert, dann ist das völlig in Ordnung. Und dann machst du das auch so. Also, leg gleich damit los.«

Und Guggi machte die Übung ganz gewissenhaft sieben Mal hintereinander. Er brauchte etwas länger als Monsieur Pompong, obwohl er auch ›zack‹ sagte, oder war es doch ›swisch‹? Ist ja auch egal, und doch hatte er zu all dem, was ihm Trumtinchen gesagt hatte, noch einen Wunsch beim Bildertausch hinzugenommen: für Isolde schlank und rank zu sein. Das war sein ganz spezieller Dreh. Doch den wollte er nicht verraten. Jedenfalls sah sich Guggi danach rank, schlank und braungebrannt in der Sonne liegen. Aber er war nicht so ganz bei der Sache, denn die Berechnung der neuen Abkürzung ging ihm durch den Kopf.

»Noch ein kleiner Tip, wie ihr euch mit Gedankenbildern weiterhelfen könnt«, redete Trumtinchen weiter. »Die Gedankenbilder davon, was vergangen ist, haben wir Trumtine ganz bewußt hinter uns gestellt. Die Gedankenbilder davon, was noch vor uns in der Zukunft ist, sehen wir als Bilder vor uns liegend.«

»Und was bringt das?« fragte Guggi und zog sein typisches Gesicht.

»Das bringt 'ne Menge, wie ich gleich noch erklären werde. Und: Du mußt die Bilder in einem bestimmten Abstand zu dir halten, sie also so vor Augen haben, daß du ein gutes Gefühl hast, wenn du sie anschaust. Auch hier kannst du experimentieren und das Bild etwas näher heranholen oder weiter wegschieben und dabei auf deine Gefühle achten. Verändert sich der Abstand, verändern sich auch die Gefühle. Ich zeig's erst mal Monsieur Pompong. Bitte stell dir jetzt dein fertiges Buch vor!«

»Hab ich schon, und nun?«

»Schieb's in Gedanken etwas weiter weg.«

»Hab ich auch schon gemacht!«

»Und, was ist passiert?«

»Das Buch ist undeutlich geworden, verschwommen.«

»Und was hast du für ein Gefühl?«

»Ich finde, das Buch ist nicht mehr so reizvoll wie vorher.«

»Genau, und jetzt hol es wieder näher heran, aber ganz langsam, Stück für Stück, bis das Gefühl wieder so angenehm wie vorher ist.«

Und Monsieur Pompong tat, wie geheißen. »So, jetzt stimmt es wieder«, sagte er und sah zufrieden aus. Doch kurz darauf sagte er: »Sternchen, du hast uns immer noch nicht verraten, wie das mit den Bildern gehen soll, die ich vor mich hinstelle, und wie das mit der Zukunft zusammenhängt.«

»Paß auf, Monsieur Pompong. Wenn wir Trumtine wissen wollten, was die Zukunft bringt, dann machten wir die Bilder von der nahen Zukunft ganz groß und durchsichtig wie Dias. So konnten wir durch sie hindurch auf das nächste Bild dahinter sehen. Und wenn wir noch weiter in die Zukunft blicken wollten, machten wir dieses Bild auch wieder durchsichtig und größer, um auf das nächste Bild zu sehen. Und so einfach konnten wir in die Zukunft schauen.«

»Ich halt's im Kopf nicht aus!« rief Monsieur Pompong überglücklich, denn er hatte das gleich ausprobiert. »Jetzt kann ich auch in die Zukunft sehen, voilà!« Und er tanzte um Trumtinchen und Guggi herum.

Trumtinchen erzählte noch viel, viel mehr, aber Guggi und Monsieur Pompong hörten nicht mehr recht zu. In Gedanken waren sie ganz woanders. Monsieur Pompong sah sich mit Feuereifer schreiben, und Guggi dachte über Gewürzmischungen für frische Salate und noch genialere Abkürzungen nach. So hatte jeder seine schönen Bilder. Und die richtig anzuschauen war viel verlockender und darum auch viel wichtiger.

So geht's

Glanzlichter mit dem Swish herbeizaubern

Während wir beim Ankern immer wieder etwas tun müssen – etwa den Anker ständig aufladen und benutzen –, stellt sich beim »Swisch«, wie Trumtinchen sagt (korrekt schreibt man ihn englisch »Swish«), die gewünschte Veränderung von selbst ein. Das bedeutet, daß wir zum Beispiel in einer schwierigen Situation ohne unser Zutun positiv reagieren, wo wir früher immer negativ reagiert haben. Mit dem Swisch können wir auch Ängsten oder Abhängigkeiten beikommen. Wir erzeugen ihn in folgenden Schritten:

1. Wir schließen die Augen und machen uns ein großes Bild (oder einen Film) von dem Verhalten, das wir bei uns ändern wollen. Wenn wir beispielsweise aggressiv reagieren, dann machen wir uns ein Bild von den Auslösern unserer Aggression. Wir erleben uns dabei »von innen« her, so wie wir jede Situation erleben – das heißt, wir sind »assoziiert«, wie es die Fachsprache nennt, im Gegensatz zu »dissoziiert«: Dissoziiert sind wir bei einem Bild oder einem Zustand, in dem wir uns von außen betrachten. Diese Vorstellung ist unser Ausgangsbild oder Ausgangsfilm.

Als nächstes überlegen wir uns, wie wir dieses Ausgangsbild am besten loswerden und ein anderes Bild erscheinen lassen können, zum Beispiel dadurch, daß wir das eine Bild in die Ferne schieben und das andere von dorther kommen lassen.

Andere Methoden sind beispielsweise: Das Ausgangsbild ist auf der Vorderseite, das andere auf seiner Rückseite. Wir brauchen das Bild nur zu drehen.

Das Ausgangsbild fährt wie von einer Seilbahn gezogen weg, das andere kommt heran.

Das Ausgangsbild wird weggewaschen, darunter kommt ein anderes zum Vorschein.

Das Ausgangsbild wird wie ein Kalenderblatt abgerissen, das neue Bild erscheint darunter.

Wie bei einer Diaschau wird das eine Bild in das andere überblendet.

Das Ausgangsbild löst sich in Licht auf, das andere kommt aus dem Licht und wird immer deutlicher (entwickelt sich so ähnlich wie ein Foto).

2. Machen wir uns jetzt ein zweites Bild davon, was wir erreichen wollen. Auf diesem sogenannten Zielbild sehen wir uns selbst wie auf einem Foto (also dissoziiert) und mit all den Fähigkeiten abgebildet, die wir uns wünschen. Reagieren wir beispielsweise aggressiv, dann sind wir auf dem Zielbild in einer liebevollen, großzügigen, gelassenen Haltung abgebildet. Dieses Zielbild muß so attraktiv, anziehend und verlockend sein wie nur möglich. Es muß uns stark motivieren und alle Fähigkeiten zeigen, die wir brauchen, um unser gewünschtes Ziel zu erreichen. Und es muß bekömmlich sein.

Testen wir: Wie attraktiv ist unser Zielbild nach einer Skala von 1 bis 10 (1 bedeutet ein klein wenig attraktiv; 10 bedeutet ungewöhnlich attraktiv)? Wenn die Attraktivität geringer als 10 ist, fragen wir uns: Welche Fähigkeit (Selbstvertrauen, Geduld, Liebe etc.) wünschen wir uns noch im Zielbild? Und die geben wir dann hinzu. Eine Mutter machte das bei ihrer Tochter beispielsweise so: Weil es der Kleinen bei dieser Übung noch an Selbstvertrauen fehlte, um die 10 zu erreichen, gab ihr die Mutter »ein Pfund Selbstvertrauen« hinzu. Da war die 10 schnell erreicht.

3. Wir stellen uns das Ausgangsbild vor. Das Zielbild ist unsichtbar, aber dort und auf diese Weise bereitgestellt, wo und wie das Ausgangsbild verschwinden wird. Das heißt, wenn wir beispielsweise das Ausgangsbild in die Ferne schieben, stellen wir dort das Zielbild bereit, also weit entfernt und unsichtbar; wenn wir das

Ausgangsbild durch Verkleinern verschwinden lassen, stellen wir das Zielbild klein und unsichtbar bereit; wenn wir das Ausgangsbild in Licht auflösen, stellen wir das Zielbild in Licht aufgelöst und unsichtbar bereit.

4. Wir tun jetzt zwei Dinge auf einmal: Wir entfernen das Ausgangsbild nach der von uns gewählten Methode und lassen das unsichtbar bereitgestellte Zielbild auf die gleiche Weise (oder auf eine andere) erscheinen, bis wir es groß vor Augen haben.

5. Wir haben jetzt ein großes, attraktives, helles, strahlendes, räumliches und farbiges Bild davon, wie wir sein möchten. Das alte Bild ist verschwunden.

6. Wir machen den Austausch, den wir in aller Ruhe vorbereitet haben, fünf bis sieben Mal. Doch dann ist es entscheidend, den Bildaustausch schnell durchzuführen, etwa in der Zeit, die wir brauchen, um »jetzt« oder »ja« oder »swisch« zu sagen.

7. Jetzt machen wir einen Test: Wir stellen uns vor, wir kommen in der nächsten Zeit in die beklagte Situation. Lassen wir sie als Film ablaufen, und achten wir auf unsere spontane Reaktion. Ist sie positiv, war der Swish o. k. Hat der Swish aber nicht die erwünschte Wirkung, dann überprüfen wir, ob alle Auslöser (!) der unerwünschten Situation im Ausgangsbild enthalten waren. Den Swish damit wiederholen.

Wer fein auf Körperempfindungen reagiert, der kann zum Ausgangsbild die typischen negativen Körperempfindungen hinzunehmen, wie den herunterhängenden Kopf, die eingezogenen Schultern, den gesenkten Blick, das Kribbeln im Bauch etc. Zum Zielbild nehmen wir die positiven, meist nach oben strömenden Körperempfindungen hinzu, die mit dem Heben des Kopfes, der Schultern, dem Blick nach oben, dem tiefen Luftholen etc. verbunden sind.

Ebenso kann der, der auf Klänge reagiert, ins Ausgangsbild mißtönende und ins Zielbild wohlklingende Geräusche, Stimmen oder Klänge einfügen. Wer unangenehme beziehungsweise angenehme Gerüche hinzunimmt, kann das Ausgangsbild wie störenden Geruch »wegblasen« und das wohlduftende Zielbild »herbei- und einatmen«. Wer nur undeutliche Bilder hat, lasse sich nicht irritieren. Es funktioniert auch mit ihnen.

Bei 2. wurde gesagt, daß das Zielbild bekömmlich sein soll. NLP-Autoren legen großen Wert auf den Bekömmlichkeits-Check. Machen wir ihn auch und prüfen, ob alle Fähigkeiten und Fertigkeiten des Zielbilds in unser Leben passen.

Wenn es uns beim dritten oder vierten Bildaustausch schwerer fällt, das Ausgangsbild zu rekonstruieren, dann ist das ein gutes Zeichen: Der Wechsel ins Positive beginnt sich zu automatisieren, ein sogenannter Selbstläufereffekt stellt sich ein. Das heißt, der Vorgang des Bilderaustauschs startet schon automatisch, sobald sich die negative Situation einstellt.

Die bildliche Anordnung der Zeit

Fragt man Menschen danach, wo sie Bilder ihrer Vergangenheit, Gegenwart oder Zukunft sehen, dann werden sie meist antworten, daß sie die Bilder aus ihrer Vergangenheit hinter sich, die der Gegenwart mehr innerlich und die zukünftigen vor sich sehen. Sie verdeutlichen das zumeist mit Gesten, indem sie hinter sich zeigen, wenn sie ihre Vergangenheit beschreiben, bei Gegenwärtigem die Hände dicht vor sich halten oder bewegen und für Zukünftiges weit nach vorn deuten.

Diese bildliche Anordnung der Zeit spielt in unserem Erleben eine wichtige Rolle. Wie wohltuend ist es, Vergangenes, das uns weh getan hat, wirklich hinter uns zu lassen (eben nicht mehr vor uns zu sehen). Und umgekehrt: Wie weh tut es, längst vergangene schmerzliche Bilder in depressiven Verstimmungen ganz dicht und sehr gegenwärtig wieder vor Augen zu haben.

Fragen wir uns, wo unsere Bilder plaziert sind. Liegen die aus der Vergangenheit tatsächlich (weit) hinter uns? Oder hängen sie uns noch wie Nebelschleier vor Augen? Wo sind die gegenwärtigen, wo

die zukünftigen Bilder? Sind sie qualitativ voneinander zu unter-
scheiden – und wodurch? Sind die unguten Bilder der Vergangenheit
tatsächlich unscharf und klein, oder stehen sie groß und deutlich vor
uns? Wie wir das zum Positiven hin verändern, wissen wir.

Fragen wir weiter: Sehen wir unsere zukünftigen Bilder hell und
deutlich, locken sie uns förmlich in die Zukunft, oder haben wir gar
keine richtige Vorstellung davon? Das wäre freilich nicht o. k. Denn
es ist wohltuender und erfolgversprechender, wenn wir eher zu-
kunftsorientiert als vergangenheitsorientiert sehen, leben und erleben.

Eine gute Anleitung und ein vielleicht nachahmenswertes Beispiel, um Bilder auf eine uns verlockende, positive Zeitreihe zu bringen, findet sich bei den Therapeuten Connirae und Steve Andreas:
Ein Computerfachmann sah seine Vergangenheit hinter sich, und
seine Zukunft erschien als eine Serie von transparenten, farbigen
Dias, die in einer Reihe gerade vor ihm lagen und nach vorne weg-
gingen. Wenn er in die Zukunft sehen wollte, so machte er diejeni-
gen in der nahen Zukunft groß und transparent, so daß er durch sie
hindurch auf das nächste Dia sehen konnte. Wenn er noch weiter
vorausschauen wollte, vergrößerte er dieses Dia wieder, um durch
dieses auf die nächsten zu sehen, usw. Seine nahe Zukunft färbte
buchstäblich die weiter entfernt liegende ein (Connirae und Steve
Andreas: Gewußt wie, S. 47).

Leseempfehlung

Connirae und Steve Andreas: Gewußt wie. Arbeit mit Submodalitäten und weitere NLP-Interventionen nach Maß. Paderborn
1993.
Ein Buch für den, der die Swish-Technik perfektionieren will.

Kapitel 9

Die magische Frage

In dieser Nacht schlief Trumtinchen schlecht, rollte sich unruhig von einer Seite auf die andere und strampelte den Zipfel von seinem Taschentuch weg. Da fror es und wachte davon auf. Der Vollmond schien ihm mitten ins Gesicht, denn Carlo hatte vergessen, die Schublade noch etwas mehr zu schließen. Das Mondlicht tauchte das Zimmer und Trumtinchens Zuhause in ein seltsam kaltes Weiß.

Da glitt auf den Mondstrahlen eine gute Fee herein. »Wach auf, mein liebes Trumtinchen«, sagte sie mit feiner Stimme und strich ihm sacht über den Kopf, »ich muß dich etwas fragen.«

Doch noch ehe es antworten konnte, brüllte ein Chor im Hintergrund: »Wach auf, mein Trumtinchen, wach auf, mein Trumtinchen, ich muß dich was fragen!« Und das wiederholte er ohne Ende.

Trumtinchen rappelte sich auf und sah Monsieur Pompong und Guggi auf der Streichholzschachtel sitzen. Was machten die da mitten in der Nacht? Auch eine Eintagsfliege schrie aus Leibeskräften mit. Aber bei genauerem Hinschauen sah sie eher wie eine fett gewordene Stubenfliege aus. Guggi hielt seine Bohrmaschine in der Hand und trug eine Schlafmütze mit Bommel auf dem Kopf. Der hing ihm ins Gesicht, und Monsieur Pompong stopfte am laufenden Band Käsestücke in sich hinein. Das alles sah sehr komisch aus. Guggi hob nun die Bohrmaschine, und der Chor verstummte.

»Meine Frage ist«, begann die Fee von neuem, »was würdest du tun, wenn du glücklich wärst?«

»Liebe Fee«, antwortete Trumtinchen, »die Frage ist mir wohlbekannt, und darum muß ich dir auch sagen, daß du sie völlig falsch formuliert hast. Richtig heißt sie nämlich: ›Was würdest du jetzt tun, wenn dein Problem gelöst wäre?‹«

»Wieso, äh, ja, oder«, verhaspelte sich die Fee und zog rasch ein kleines Notizbuch hervor. Darin hatte sie alles säuberlichst aufgeschrieben, was eine gute Fee so wissen muß. Da sie nämlich noch mitten in ihrer Feenausbildung stand, mußte sie gelegentlich darin nachschauen.

Da brüllte der Chor von neuem los: »Also, probier's doch noch mal, gute Fee, probier's doch noch mal, gute Fee!«

»Hört mit eurem blödsinnigen Geschrei endlich auf!« rief Trumtinchen verärgert zu den Dreien hinüber.

»Und übrigens und übrigens, wollen wir dir nur helfen!« gab der Chor noch lauter und frecher zurück, und Guggi ließ seine Bohrmaschine dazu auf vollen Touren laufen. Der Nachtkasten wackelte gefährlich.

»Ruhe!« kreischte jetzt auch die Fee genervt, »man versteht ja sein eigenes Wort nicht mehr.« Da verstummte der Lärm augenblicklich. »Mach deine Ohren gut auf, Deltanullnullfünf«, sprach sie streng. »Du hast nur zwei Möglichkeiten: Entweder bleibst du bei deinen Freunden, dann hast du aber so gut wie keine Chance, deine Familie zu finden. Oder du ziehst los und suchst sie aufs Geratewohl. Für was entscheidest du dich nun?«

»O je, das weiß ich nicht, aber dafür brauche ich auch keine Fee«, antwortete Trumtinchen verschnupft. »Ich habe immer gemeint, Feen sind nicht nur gut, sondern auch klug und weise und man darf sich von ihnen was Schönes wünschen.«

Die Fee blickte verlegen drein. Sie war dabei, sich nun schon zum zweiten Mal zu blamieren, denn das Wünscheerfüllen hatte sie noch gar nicht im Feenunterricht gehabt. Nun hieß es, eine feenhafte Haltung zu bewahren. »Habt ihr Fliegen denn was auskundschaften können?« fragte sie sogleich, um von ihrer peinlichen Lage abzulenken.

»Nein, unsere Möglichkeiten sind arg begrenzt«, gestand die Eintagsfliege, »und so haben wir bisher auch kein anderes Trumtinchen gefunden.«

Da räusperte sich Monsieur Pompong. »Außerdem, liebe Fee«, sagte er mahnend und nickte dabei der Eintagsfliege freundlich zu, »heißt sie nicht einfach Fliege, sondern sie hat einen Namen, und der ist Eulalia. Merk dir das!« Eulalia machte zum Dank so etwas wie einen Knicks zu Monsieur Pompong hin.

Doch die Fee schien von Monsieur Pompongs Rede ungerührt. »Hört, ihr Fliegen, dann laßt die Suche sein«, sagte sie mit großer Ernsthaftigkeit zu Eulalia und wandte sich wieder Trumtinchen zu. »Aber vielleicht kann ich dir doch noch helfen. Ich frage dich also noch mal: Was würdest du jetzt tun, wenn du glücklich wärst, äh, ich meine, wenn dein Problem gelöst wäre?« verbesserte sie sich rasch.

»Also gut, liebe Fee, damit du heute doch noch ein Erfolgserlebnis hast, sag ich's dir: Ich würde wieder lustige Flugfiguren in der Luft machen wie früher.«

»Was noch?« wollte Guggi vorwitzig wissen.

»Ich würde auch unser Großes Wissen weitergeben.«

»Und an wen?« fragte nun die Fee.

»An meine Freunde!«

»Oh, das ist ja phantastisch!« freute sich Eulalia und flatterte mit den Flügeln.

»Und was würdest du noch machen?« wollte jetzt Monsieur Pompong wissen.

»Ich würde mir neue Zaubertricks für Carlo ausdenken, ganz sensationelle, damit er auf allen Bühnen der Welt ein großer Star wäre!«

»Dann, Trumtinchen, mach alles das, was du jetzt gesagt hast, und du wirst glücklich sein«, sprach die Fee schnell, steckte ihr Notizbuch ein und war heilfroh, daß sie endlich im Mondlicht verschwinden konnte. Was war ihr das alles peinlich.

»Anfängerin«, dachte Trumtinchen noch, als es unsanft geweckt wurde.

»Sternchen, wach auf, du bist aus deinem Schmucketui gefallen«, sagte eine Stimme. Trumtinchen schlug die Augen auf. Tatsächlich, vor ihm stand Guggi im Nachthemd und trug eine Schlafmütze mit Bommel auf dem Kopf.

»O je«, seufzte Trumtinchen, »gut, daß du mich geweckt hast. Ich habe gerade von einer Fee geträumt.«

»Und du durftest dir was von ihr wünschen?« kam es wie aus der Pistole geschossen.

»Nein, damit war's leider nichts. Aber sie hat wenigstens versucht, mir mit der Wunderfrage weiterzuhelfen. Doch nicht mal die konnte sie richtig stellen.« Trumtinchen stand auf und rieb sich den Kopf, damit es nicht eine häßliche Beule bekam.

»Die Wunderfrage?« wiederholte Guggi leise und sah sich rasch nach beiden Seiten um, als wollte er sich vergewissern, daß auch ja niemand zuhörte. »Ich vermute«, flüsterte er, »daß das was ganz Geheimnisvolles ist. Bitte erzähl mir doch davon!« Guggi schaute wieder nach links und rechts, nahm den Zipfel vom Taschentuch und zog ihn sich und Trumtinchen über den Kopf.

»Guggi! Was soll denn das blöde Affentheater?« rief Trumtinchen erbost. »Ich habe keine Lust, mitten in der Nacht was zu erzählen. Warte bis morgen und geh jetzt in dein Bett zurück und schlaf weiter!«

»Wegen dir bin ich ja aufgewacht«, maulte Guggi. »›Patsch‹ hat's gemacht, als du auf den Boden gefallen bist. Und jetzt will ich das mit der Wunderfrage von dir hören, und zwar dalli, sonst hol ich meine Bohrmaschine und bohr irgendwo ein riesengroßes Loch hinein. Ist mir völlig wurscht, wo, Hauptsache, ich mache einen Höllenlärm!«

»Ist ja gut, ich erklär dir die Wunderfrage schon«, sagte Trumtinchen besänftigend. »Also, angenommen, du hast ein Problem, dann stellst du dir vor, daß Carlo es weggezaubert hat. Und weil es weg ist und du natürlich erleichtert bist, hast du ganz neue, tolle Ideen. So, jetzt weißt du, wie's geht. Und bitte nimm das Taschentuch weg. Ich krieg bald keine Luft mehr.«

»Aaah, jaaa«, sagte Guggi gedehnt und sah Trumtinchen aus großen Augen an. Da wußte es, daß seine Erklärung doch zu knapp gewesen war.

»Aber du ahnst wenigstens, wie du dich ohne dein Problem fühlst?« fragte Trumtinchen vorsichtig nach.

»Na prima, selbstverständlich«, gab Guggi zur Antwort, »mein Problem ist ja weg, wenn ich's recht verstehe?«

»Eben, und das ist auch der Trick dabei. Weil's dir dann viel besser geht, hast du neue, gute Einfälle. Und wenn du die in die Tat umsetzt, dann wird sich dein Problem wie von selbst lösen.«

»Kapier ich trotzdem nicht«, sagte Guggi enttäuscht und legte den Zipfel zur Seite.

»Also gut, ein Beispiel. Stell dir vor, hier in deinem Nachtkasten würde auf der anderen Seite noch ein anderer lieber Holzwurm wohnen. Doch mit dem kriegst du eines Tages fürchterlichen Krach, weil er einen deiner Gänge angebohrt hat. Was würdest du in dem Fall machen?«

»Ganz klar, ich würde ihm bei der nächsten Gelegenheit eine kleben!«

»Oh, nein, Guggi, das doch nicht! Ich meine doch, was würdest du nun tun, wenn Carlo das Problem mit deinem Nachbarn aus der Welt gezaubert hätte und das Loch wieder zu wäre?«

»Ah ... ja?« Guggi blickte fragend auf. »Tja, wahrscheinlich wäre dann unser Zusammenleben so wie immer. Wo ist denn da der Witz, frag ich dich?«

»Und wie wärst du also zu deinem Nachbarn?«

»Freundlich, warum denn nicht? Ist doch ein lieber Kerl, wie du sagst!«

»Eben, und wenn du jetzt freundlich und nicht grob zu ihm bist, dann kann es doch sein, daß er sich für sein Malheur entschuldigt, dich vielleicht sogar zum Essen einlädt, weil es ihm leid tut, daß er deinen Gang angebohrt hat. Aber wenn du ihm den Krieg erklärst, ja, dann gut Nacht!«

»Wieso sagst du ›gut Nacht‹? Willst du etwa weiterschlafen, jetzt, wo's erst richtig spannend wird?«

Trumtinchen tippte Guggi mit dem Finger kräftig gegen die Stirn.

»O.k., ich verstehe«, meinte Guggi, doch nach einer Weile sagte er: »Ich kapier's sicher schneller, wenn ich dir die Wunderfrage stelle: Also, was würdest du jetzt tun, wenn dein Problem gelöst wäre?«

»Da muß ich dich enttäuschen, mein Lieber. Bei mir geht das nicht so einfach mit der Wunderfrage. In meinem Fall müßte sich Trumtino wieder in eine Kugel zurückverwandeln, dann wäre die Sache geritzt!«

»So, so«, sagte Guggi schmunzelnd, »bei dir funktioniert's also nicht. Da schau her. Das glaub ich dir aber nicht. Also, noch mal von vorn. Was würdest du tun … und so weiter, na, du weißt schon!«

»Also gut. Ich denke, ich mache eine Reise.«

»Und wohin geht die Reise?«

»Keine Ahnung.

»Das ist aber herzlich wenig. Was fällt dir denn sonst noch ein?«

»Ich habe ein Gefühl von Geborgenheit!«

»Und was noch?« Guggi kam schwer in Fahrt.

»Ich bin nicht so allein.«

»Was noch?« bohrte Guggi nach, und seine blauen Augen verengten sich zu kleinen Schlitzen.

»Ich gebe unser geheimnisvolles Wissen weiter.«

»Und an wen gibst du es weiter?«

»An euch vielleicht?«

»Oh, das wäre prima!« rief Guggi freudig. »Ich könnte auch noch ein paar Verwandte von mir auftreiben. Die würden deine Tricks sicher auch gern kennen. Und du wärst dann auch noch hier und würdest keine Reise machen. Aber was noch?«

Trumtinchen überlegte. »Ich denke mir neue Zaubertricks für Carlo aus.«

»Toll, und was für welche?«

»Na, zum Beispiel könnte er den Mond abends von zehn bis halb elf blinken lassen. Das wäre doch gigantisch, und das hat noch kein Zauberer geschafft. Bei Vollmond wie heute stelle ich mir das besonders hübsch vor.«

»Oh ja, das wäre toll. Aber ich hätte den Mond gern auch noch in einer anderen Farbe, erdbeerfarben oder so. Das wäre doch mal was anderes. Aber zurück zu meiner Frage. Was würdest du noch machen?«

»Fliegen, und wie, wow!« rief Trumtinchen, sprang auf, breitete die Arme weit auseinander und lief ein paar Mal um sein Bettchen herum.

»Was noch?« Guggi ließ so schnell nicht locker.

Trumtinchen blieb stehen und ließ die Arme fallen. »Ich weiß nichts mehr«, sagte es und schlug die Augen nieder.

»Aber du kannst doch von dem, was du mir gerade erzählt hast, schon 'ne Menge wahrmachen, oder etwa nicht?« sagte Guggi freudig.

»So, meinst du. Und was wäre das deiner Meinung nach?«

»Du kannst uns doch zum Beispiel von deinem Wissen noch viel mehr erzählen!«

»Ja, das könnte ich, da hast du völlig recht.«

»Und weil es hier mit dem Figurenfliegen nicht so klappt wie auf Trumtino, müßtest du halt vom Nachtkasten oder vom Kleiderschrank herunterspringen. Einen Fallschirm hast du ja dabei. Und bis du am Boden bist, lassen sich bestimmt viele Figuren machen. Wär das nicht eine Bombenidee?«

Trumtinchen lächelte und kraulte Guggi zärtlich am Hals.

»Lenk mich jetzt bloß nicht ab«, sagte er und wurde ganz verlegen, »also, wo war ich stehengeblieben ... Ach ja, beim Gefühl der Geborgenheit. Das kannst du auch haben, wenn wir weiter dicke Freunde bleiben. Freunde helfen sich und stehen füreinander alle Zeit ein. Hab ich nicht recht?«

Und Guggi schaute Trumtinchen aus großen, treuen Augen an. »Freilich, hinauf zu den Sternen können wir nicht fliegen, um deinen Trumtino einzufangen und ihn zu überreden, daß er sich wieder in eine Kugel zurückverwandelt. Das geht leider nicht!« Guggi seufzte.

»Nein, leider nicht«, seufzte Trumtinchen mit.

»Aber denk auch mal daran, daß du nie zu uns gekommen wärst und keine Möglichkeit gehabt hättest, euer Wissen an andere weiterzugeben, wenn dein Trumtino die dicke Kugel geblieben wäre.«

»Da hast du recht«, gab Trumtinchen zu, auch wenn es ihm nicht leichtfiel.

Und für den Rest der Nacht hielten sich Guggi und Trumtinchen an den Händen und bauten viele neue Luftschlösser, eins größer und prächtiger als das andere – so lange, bis Carlos Wecker rasselte. Da mußte Carlo aus den Federn, um Danny zu wecken, Frühstück für ihn zu machen und zu schauen, daß er frisch gewaschen und pünktlich zur Schule kam. Und da war's für Guggi und Trumtinchen Zeit, sich noch mal so richtig fest aufs Ohr zu legen.

So geht's

Der Trick mit der Wunderfrage

Fassen wir kurz zusammen, was Trumtinchen alles sagte. Wir stellen uns vor, daß unser Problem wie durch ein Wunder gelöst ist – und zwar nicht irgendwann in der Zukunft, sondern *jetzt* in diesem Augenblick! Was geschieht? Ein Gefühl der Erleichterung stellt sich ein. Und aus diesem Gefühl heraus fragen wir uns: »Was werde ich jetzt neu beginnen oder anders machen?« Realisieren wir die neu hinzugewonnenen Ideen, so gehen wir die ersten entscheidenden Schritte in Richtung Lösung.

Bei der Wunderfrage ist Phantasie angesagt. Also bauen wir für unsere Lösungen so wie Guggi und Trumtinchen die tollsten Luftschlösser, denn Imaginationen befreien, regen die Kreativität an, fördern intuitive Einfälle und geben uns in der vorweggenommenen Lösung durch die Wunderfrage das gute Gefühl: Ich schaffe das! Nehmen wir uns zum problemlösenden Träumen genügend Zeit, und sorgen wir auch dafür, daß wir durch nichts gestört oder abgelenkt werden. Und nochmals: Dieser Zukunftsfilm läuft hier und jetzt in der Gegenwart ab.

Wichtig: Wir müssen ohne ein »Aber« in das Hier und Jetzt unserer Vorstellung gehen. Das Problem, das uns quält, ist verschwunden, und wir machen mit der Wunderfrage den kleinen, aber entscheidenden Schritt ins Reich der Phantasie – und einen Neuanfang. Dabei ist es nicht wichtig, ob unsere Lösung genau so oder anders sein wird. Viel entscheidender ist, daß wir uns auf einen Lösungsweg bringen, in uns neue Lösungseinfälle, -energien und -gefühle entstehen und wir unserer Intuition vertrauen.

Während wir unseren Lösungsfilm betrachten, stellen wir uns folgende Fragen und geben darauf nur positive beziehungsweise lösungsorientierte Antworten:

Was hat sich in unserem Umfeld (Familie, Nachbarschaft, Beruf etc.) positiv verändert?
Was hat sich in uns verändert?
Wie anders fühlen wir uns jetzt? – Und was fühlen wir?
Wie anders denken wir jetzt? – Und was denken wir?
Wie anders sehen uns die anderen?
Was sehen sie, das wir anders machen?
Was sagen sie, wie wir uns anders verhalten?
Hat sich noch etwas verändert?
Welche neuen Ideen und Einfälle haben wir?

Nun blicken wir zurück auf die Zeitspanne zwischen der gegenwärtigen Lösung und dem vergangenen Problem und fragen uns:

Wie sind wir zu dieser Lösung gekommen?
Welche Fähigkeiten haben wir dabei eingesetzt?
(Achtung: spezifische Schlüsselenergien!)
Wie und worin haben uns andere dabei unterstützt?

Wir kehren nun in die Problemsituation zurück und fragen uns:

Wo finden wir in der jetzigen Situation schon ein klein wenig von unserer erträumten Lösung?
Und was machen wir da anders?
Wie können wir aus dem, was schon funktioniert, mehr machen?
Was ist am einfachsten zu realisieren? – Wenn wir es wissen, werden wir damit sofort beginnen.
Was machen wir dann als nächstes . . ., und was anschließend?

Hier einige Fallbeispiele für Probleme, die mit der Wunderfrage gut lösbar sind:

Stefan hat Zoff mit seinem Mitschüler Thomas. Wenn der Krach aus der Welt wäre, meint Stefan, dann wäre er aufgeschlossener und würde zum Beispiel wieder Comics mit Thomas tauschen. Ist Stefan jetzt kommunikativer zu seinem Mitschüler, wäre das ein Weg zur Lösung.

Geli, eine Mutter, die überängstlich um ihr Kind besorgt ist und es vor allen möglichen Gefahren zu schützen sucht, würde nach der Wunderfrage einfach darauf vertrauen, daß ihr Kind selbst umsichtig genug ist und ihm darum auch nichts zustoßen wird. Sie würde aufhören, sich zu ängstigen, und auch nicht mehr meinen, ihm mit Überfürsorglichkeit helfen zu müssen.

Britt, eine junge Frau, die abnehmen möchte, ist fast nur damit beschäftigt, Kalorientabellen aufzustellen und ihre Nahrungsaufnahme zu kontrollieren. Auf die Frage, was sie machen würde, wenn das Problem gelöst ist, antwortet sie, daß sie sicher über wichtigere Dinge (!) nachdenken und keinen Gedanken mehr an Essen und Trinken verschwenden würde.

Timmi, der intelligent und wach ist, sich aber im Schulunterricht unsicher fühlt, würde (befreit von seiner Versagensangst) zu Haus intensiver und engagierter den Unterrichtsstoff vorbereiten und nicht wie bisher seine Aufgaben auf den späten Abend schieben und dann nur oberflächlich erledigen. Das gäbe ihm ein großes Plus an Sicherheit.

Susanne und Karsten, seit Jahren verheiratet, streiten sich viel. Der Grund ist meist: Einer will den anderen übertrumpfen und redet ihm darum besserwisserisch drein. Nach der Wunderfrage meinten beide, daß sie dem Partner geduldiger zuhören und nicht versuchen würden, ihn zu widerlegen. Sie wären ganz einfach »netter« zueinander. Während sie das sagten, lächelten sie sich an.

Ein weiteres Beispiel aus einem Fachseminar. Eine ältere Teilnehmerin berichtet, daß ihr Mann seit seiner Pensionierung unter depressiven Verstimmungen leide und sich hartnäckig ihren Ratschlägen widersetze, Dinge zu tun, die seine Stimmung verbessern und damit das Zusammenleben erleichtern würden. Sie sei der Meinung, er solle wieder aktiver werden, mit ihr ausgehen etc. Statt dessen schlafe er bis in den Mittag hinein und sitze anschließend fast nur vor dem Fernseher. Der Dozent regt an, daß sie sich für einen Moment auf ein Leben ohne Probleme konzentrieren soll. Dabei stellt die Frau fest, daß sie erleichtert ist, weil sie nun darauf vertraut, daß ihr Mann seine Probleme schon selbst lösen wird. So wird sie sich in Zukunft einfach mehr auf ihr eigenes Leben konzentrieren und nicht mehr ständig an ihm herumkritisieren.

Der Dozent schlägt ihr weiter vor, ihren Mann so zu behandeln, als ob sie mit dem, was er so macht, zufrieden sei, ja ihn noch eher darin zu bestärken, etwa nach der Art, sie sei froh, daß er sich so gut mit sich selbst beschäftigen könne – während sie dies oder jenes für sich selbst täte.

Bei der nächsten Zusammenkunft berichtet die Frau, daß sich die Situation entspannt habe und sie mehr als bisher allein unternehme. Auch ihr Mann habe angefangen, Dinge für sich zu tun, und sie habe den Eindruck, daß er sich dabei wohl fühle.

Die Wunderfrage kann überraschende und/oder drastische Wahrheiten zutage fördern. Das zeigt folgendes Beispiel der Autoren Thomas Weiss und Gabriele Haertel-Weiss: Christine ist wegen diverser Beschwerden in Therapie. Die Beziehung zu ihrem Freund spielt für sie eine große Rolle. Er ist jünger als sie und ihr in mancherlei Hinsicht unterlegen. Doch er steht emotional »unerschütterlich« zu ihr, wie sie sagt. Als ihr die Wunderfrage gestellt wurde, reagierte sie zuerst wie erwartet: »Dann wäre ich der glücklichste Mensch der Welt.« Erst durch genaues Fragen nach den Folgen wurde deutlich, daß sich ihre Beschwerdefreiheit auch auf die Beziehung zu ihrem Freund auswirken würde. Christine wurde plötzlich klar, daß sie sich die Beziehung nur vorstellen konnte, solange sie sich als »krank« und »pflegebedürftig« empfand. Andernfalls würde sie sich aus »einengenden« Beziehungen befreien. Sie äußerte überrascht: »Ich glaube, ich würde mich von meinem Freund trennen, wenn ich mich gesund fühlen würde« (Thomas Weiss und Gabriele Haertel-Weiss: Familientherapie ohne Familie, S. 87).

Leseempfehlung

Steve de Shazer: Wege der erfolgreichen Kurztherapie, Stuttgart 1992.
Bildhaft beschreibt der Autor die Fallen, in denen viele Klienten stecken: »Die Klagen, mit denen Patienten zum Therapeuten kommen, sind wie Türschlösser, hinter denen ein befriedigenderes Leben wartet. Die Klienten haben alles versucht, was ihnen vernünftig, richtig und gut erschien, aber die Tür ist noch immer verschlossen. Nun versuchen sie herauszufinden, warum das Türschloß so und nicht anders beschaffen ist und warum es sich nicht öffnen läßt. Dabei dürfte es doch klar sein, daß man zu Lösungen mit Hilfe eines Schlüssels und nicht mit Hilfe des Schlosses gelangt, und die sogenannten Dietriche (aller Art) passen zu vielen verschiedenen Schlössern« (S. 12 f.).

Thomas Weiss und Gabriele Haertel-Weiss: Familientherapie ohne Familie. Kurztherapie mit Einzelpatienten. München 1991.
Auch für den Leser ohne spezifische Fachkenntnisse verständlich.

Kapitel 10

Wie sich Guggis Alptraum in schönstes Wohlgefallen auflöst

Ein neuer Tag brach an. Und gewiß hätte er schon mit dem gemeinsamen Frühstück vergnüglich begonnen, wenn nicht mit Guggi was Sonderbares los gewesen wär. Er war noch später als sonst aufgestanden, hatte keinen Bissen angerührt, saß statt dessen im Nachthemd in seiner Ecke, hielt sich den Kopf und stierte unentwegt auf den Boden. Das kam Trumtinchen dann doch merkwürdig vor.

»Guggi, was ist mit dir?« fragte es.

»Laß mich bloß in Frieden«, knurrte Guggi, ohne auch nur mit einem Blick aufzuschauen.

»Nein, laß ich dich nicht! Was ist los mit dir?«

Guggi nuschelte was von »hundsmiserabel« und »unsagbar schlecht geträumt«.

»Von was ist dir so hundsmiserabel?« fragte Trumtinchen.

Guggi schwieg. Doch nach einer Weile sagte er dann leise: »Von Isolde geträumt . . . du weißt schon . . . meiner Zuckerpuppe.«

»Natürlich erinnere ich mich. Hast du vielleicht geträumt, daß du zusammen mit ihr phantastisch getafelt hast?«

»Nein, leider nicht«, seufzte Guggi und hob ein klein wenig den Kopf. »Weißt du denn überhaupt, was richtig heiße Liebe ist? Ich kann's mir nicht vorstellen.« Und wieder stierte er auf den Boden.

»Denkst du, wir von Trumtino sind hinterm Mond, wie man bei euch hier so schön sagt? Ich weiß, wie das ist, wenn einen die Liebe überrascht und alles kopfsteht und nichts, aber auch gar nichts mehr so ist wie vorher. Das brauchst du mir nicht zu erklären. Nur im Unterschied zu euch gehen wir sehr klug mit diesen kostbaren Gefühlen der Liebe um.«

»Ach, was seid ihr Trumtine doch alle gescheit«, murmelte Guggi patzig.

»Und warum, meinst du, machen wir das so?«

Guggi seufzte wieder, sagte: »Was weiß ich denn« und schielte mit verquollenen Augen vorsichtig zu Trumtinchen herüber.

»Dann will ich's dir sagen. Wir wollen uns vor Leid schützen, ganz einfach. Und ihr hier auf der Erde grabt euch in eure Probleme hinein und leidet natürlich auch dementsprechend, statt Lösungen dafür zu finden. Vor allem macht ihr den Fehler, daß ihr ständig nach Erklärungen für eure Probleme sucht und meint, das Problem so zu lösen. Aber genau das haut nicht hin.«

»Blödsinn, ein Problem muß man genauestens analysieren. Das hat man immer schon so gemacht, und darum ist es auch richtig«, stellte Guggi beharrlich fest.

»Ach nein, nur weil man es immer schon so gemacht hat, denkst du, daß es auch o. k. ist, du Einfaltspinsel! Das ist es eben nicht. Es ist nur dann o. k., wenn zum Beispiel deine Bohrmaschine kaputt ist. Dann muß man selbstverständlich nach dem Fehler suchen und ihn anschließend auch beheben. Aber das kann man so nicht aufs Leben übertragen, das ist doch was ganz anderes. Da sind die problembeladenen Situationen oft so verworren wie ein verheddertes Wollknäuel. Je mehr man daran herumzupft, um es zu entwirren, desto schlimmer wird es meist. Und darum lassen wir Trumtine Probleme hübsch sein und kümmern uns einzig und allein und auf der Stelle um Lösungen.«

»Sternchen, denkst du vielleicht, wir machen das alles nur so zum Spaß?« Guggi war wacher geworden.

»Nein, das sicher nicht, aber ihr habt eben nicht den Blick für Lösungen wie wir. Nehmen wir zum Beispiel deine Isolde. Wenn du noch heute ihretwegen traurig bist, dann ändert das überhaupt nichts, sondern es vedirbt dir den Tag und macht dir das Leben unnötig schwer. Schau dir diesen Tag doch mal genauer an. Wirf nur einen einzigen Blick aus dem Fenster auf die Wolken da oben und auf den riesigen blauen Ozean, in dem sie schwimmen. Genieß die Sonne, und sei dir bewußt, dieser wunderbare Tag kommt nie mehr wieder. Und wenn du das nicht tust, dann hast du was verpaßt, denn ein übergangenes Glück ist kein Glück. Wenn wir also aus einer Situation kein Problem machen, gibt es auch kein Problem. Es gibt vielleicht einen beklagten Sachverhalt, gut, aber den mußt du eben schleunigst ändern. So einfach ist das.«

»Das hast du aber schön gesagt, Sternchen!« Guggi wischte sich eine Träne aus dem Auge. »Und du hast auch recht. Manchmal weiß ich das alles auch ein bißchen, aber das Andersmachen ist unheimlich schwer, glaub mir.« Guggi seufzte schon wieder. »Also gut, wenn du mir noch zuhören magst, dann möchte ich dir doch von meinem Traum erzählen.«

»Ja, gern.«

»Also, es ist immer derselbe traurige Traum«, begann Guggi umständlich. »Ich spiele mit Isolde Fangen auf einer wunderschönen Wiese. Die Sonne scheint, und sie hat ein hinreißendes Kleid an. Aber ich kriege Isolde nicht. Sie ist schneller als ich, und das stinkt mir gewaltig. Nun sehe ich, wie sie unter einem großen Apfelbaum stehen bleibt und mir freundlich zuwinkt. Ich bleibe auch schnaufend stehen und denke: Gut, sie hat gesiegt, und darum wird sie sicher auch gleich zu mir herkommen. Von wegen! Isolde dreht sich um, klettert geschwind den Apfelbaum hinauf und ist in den Blättern auf Nimmerwiedersehn verschwunden. Ich ruf noch ganz laut ›Iiisoldcheeenn‹, und spätestens da wache ich dann klitschnaßgeschwitzt auf und bin so richtig fertig mit den Nerven.«

Trumtinchen lächelte, aber das konnte Guggi nicht sehen, denn er hatte den Kopf schon wieder gesenkt. »Das ist ein schöner Traum«, sagte Trumtinchen leise, denn es wußte bereits eine Lösung für Guggis Traurigkeit.

»Ein schöner Traum?« Guggis Kopf fuhr hoch, er hatte es verstanden. »Ich höre wohl nicht recht. Isolde läßt mich stehen, verschwindet vor meinen Augen im Apfelbaum und kommt nie mehr zu mir zurück. Und das findest du schön! Sag mal, bist du jetzt vollkommen plemplem?«

»Nein, nein, ganz bestimmt nicht« antwortete Trumtinchen ruhig. »Ich mache dir einen Vorschlag: Laß den Traum seine eigene Geschichte erzählen. Dann sehen wir weiter.«

»Wie, bitte, soll denn das gehen?«

»Was, glaubst du, hat Isolde gedacht, als sie so unter dem Apfelbaum gestanden ist?«

»Sternchen, das weiß ich doch nicht. Und außerdem hat sie nichts gedacht, weil das ein Traum ist.«

»Ja, wenn das so ist, dann brauchst du ihn auch nicht ernst zu nehmen.«

Guggi schlug die Augen nieder und sagte nichts.

»Na komm, laß uns trotzdem herausfinden, was Isolde gedacht hat.«

»Wär ja nicht ganz uninteressant«, antwortete Guggi und wollte damit anscheinend unbeteiligt wirken.

»Dann versetz dich bitte in Isolde.«

Guggi schüttelte unwillig den Kopf.

»Doch, das mußt du tun, wenn du für deinen Traum eine gute Lösung haben willst.«

»Also gut, ich versuch's, aber komisch ist das schon, ich Isolde, also nein.«

»Das ist nur am Anfang etwas ungewohnt«, sagte Trumtinchen, »aber das gibt sich. Und rutsch etwas näher zu mir her.«

Guggi kroch langsam zu Trumtinchen hinüber.

»Ja, so ist es besser. Denk jetzt bitte, über dir ragt dieser Apfelbaum in den Himmel. Und jetzt frag ich dich noch einmal: Was denkt Isolde, während sie unter dem Apfelbaum steht, so wie du jetzt? Sag das aber bitte als Isolde.«

»Sie könnte vielleicht denken, warum kommt Guggi nicht zu mir?«

»Gut, und jetzt bist du wieder du. Also stell dich bitte vor den Apfelbaum und gib Isolde eine Antwort.«

Guggi kroch an seinen Platz zurück, sah Trumtinchen an und sagte lustlos: »Ich denk, Isolde soll zu mir herkommen.«

»Na, den Satz kenn ich doch schon. Fällt dir was Besseres ein?«

»Nein, nichts, gar nichts.«

»Dann machen wir's anders. Bitte, komm wieder her und frag dich, wie sich Isolde fühlt.«

Guggi kroch wieder zu Trumtinchen. »Ich denke, gut. Das Wetter ist schön. Wir haben einen netten, kleinen Ausflug gemacht, haben hervorragend gegessen und waren auch recht fröhlich und ausgelassen.«

»Bitte, denk dran, daß du das als Isolde sagst.«

»Ich, Isolde, fühle mich gut, weil das Wetter schön ist«, sagte Guggi etwas muffig.

»Und was noch?«

»Isolde hatte ein leichtes Kleid an. Das wehte im Wind. Es stand ihr sehr gut. Jetzt fällt mir aber wirklich nichts mehr dazu ein.«

»Gut, also lassen wir das. Dann stell dir jetzt vor, du bist der Apfelbaum.«

»Ich der Apfelbaum, also weißt du! ... Na gut, von mir aus. Der Apfelbaum steht da, groß und breit. Bald wird er viele Äpfel tragen. Ich esse Äpfel ja gern, sie sind so gesund.«

»Nein, so nicht. Du mußt dir wieder vorstellen, daß *du* der Apfelbaum bist. Und darum mußt du sagen: Ich werde bald viele Früchte tragen oder so was ähnliches.«

»Ich werde bald Früchte tragen«, sagte Guggi gelangweilt, »und mich stört es gar nicht, wenn jemand auf mir herumspaziert. Ich bin ja kräftig genug gewachsen.«

»Phantastisch, jetzt hast du die Lösung für deinen Traum.«

»Die Lösung, die Lösung, ich merke überhaupt nichts von einer Lösung!«

»Du hast doch gerade gesagt, daß Isolde im Apfelbaum verschwunden ist. Also klettert sie doch jetzt auf dir herum. Und was ist das für ein Gefühl?«

»Ooh, jetzt verstehe ich!« Guggi strahlte, als ginge in ihm die Sonne auf. »Da – da – das«, stotterte er aufgeregt, »ist ein herrliches Gefühl. Mein heißgeliebtes Isoldchen klettert auf mir herum. Phantastisch, das ist einfach großartig!« jubelte er und reckte und streckte sich, als müßte er seine Äste mit den vielen Äpfeln für Isolde neu und noch schöner anordnen.

»Na, siehst du, Guggi.«

»Mein Traum ist ja gar nicht so schlimm, wie ich immer gedacht habe!«

»Richtig, ist er nicht. Jetzt siehst du's selbst. Isolde geht es gut.«

»Aber sag mal, Sternchen, woher weißt du denn das alles?«

»Auch von unserem geheimnisvollen Wissen. Das besitzen wir Trumtine schon seit zigtausend Jahren. Aber jetzt ist dieses Wissen in großer Gefahr. Ich habe ja keine Ahnung, wie viele von uns überhaupt auf der Erde gelandet sind und in welche Richtungen es sie verstreut hat. Aber laß uns schnell das Thema wechseln, Guggi. Es macht mich traurig, wenn ich dran denke. Ich möchte dir lieber von einem anderen Traum erzählen, in dem auch ein Baum eine sehr wichtige Rolle gespielt hat.«

»Oh, da bin ich aber gespannt.«

»Du weißt, Laniah ist meine beste Freundin. Sie wohnte in meiner Nähe, und wir haben schon als Kinder zusammen gespielt. Eines Tages starb ihre Mutter bei einem tragischen Unfall. Das war unendlich schmerzlich für sie. Kurz danach erzählte mir Laniah einen Traum. Sie sieht sich am Sarg ihrer Mutter stehen, mitten in einem großen Saal. Der Saal hat riesige Fenster, und Laniah schaut weit hinaus auf Trumtino. Vor den Fenstern ist ihre ganze Verwandtschaft versammelt. Sie drücken sich ihre Nasen an den Scheiben platt und starren Laniah an. Aber sie will die Verwandten jetzt nicht sehen. Da erblickt sie einen Baum im Garten, der in voller Blüte steht, obwohl es Sommer ist.

In Gedanken vom Sarg wegzugehen, das Haus zu verlassen und zum Baum zu gehen machte Laniah viel, viel Mühe. Sie mußte sich sehr konzentrieren, denn der Sarg schien sie festzuhalten. Als Laniah dann doch in Gedanken in den Baum schlüpfte, gab ihr das ein tröstliches Gefühl, und sie konnte viel gelassener auf das Haus, das Zimmer und den Sarg schauen. Die Verwandten waren verschwunden.«

»Das ist ein schlimmer Traum gewesen.«

»Zu Anfang schon, aber Laniah hat es verstanden, mit ihm richtig umzugehen«, sagte Trumtinchen. »Bäume haben etwas Wunderbares. Wenn ich einmal sterben sollte, dann will ich entweder ein Schmetterling oder so ein großer, starker Baum sein.«

»Lieber ein Apfelbaum, das wäre nicht schlecht, denn dann haben noch viele was von dir«, sagte Guggi mit seinem eigenen Sinn für Humor. »Aber mich würde interessieren, wie's Laniah später ging?«

»Bis zum großen Knall gut!«

»Sternchen, entschuldige, du wirst sicher verstehen, daß ich nach dieser Riesenaufregung eine kleine Stärkung zu mir nehmen muß. Überlebensnotwendige Nervennahrung ist das sozusagen. Ich verspreche dir übrigens, es wird nur eine winzige Portion sein.« Sprach's und verschwand sogleich.

Die Sonne schien zum Fenster herein. Und darum legte sich Trumtinchen in Guggis Liegestuhl, spürte die warmen Sonnenstrahlen und träumte vor sich hin.

So geht's

Wie wir böse Träume glücklich zu Ende erzählen

Wie wir mit unseren Träumen umgehen, hängt davon ab, ob wir zu den Menschen gehören, die in ihren Träumen nach Lösungen für Probleme suchen, Botschaften oder Geschenke darin finden und sie annehmen. Einen weiteren Zugang ermöglichen uns die Psychographie und Perls' Gestalttherapie. Ihr Ziel ist jeweils, uns anzuleiten, verlorengegangene Fähigkeiten in uns aufzuspüren und wieder anzueignen nach der Maxime: »Rede nicht über dein Problem, integriere es!« Und das heißt für unsere Träume: »Rede nicht über deinen Traum, integriere ihn – und du wirst ihn neu verstehen!«

Anstatt die uns fremdgewordenen Fähigkeiten, die wir fast immer in angstmachenden, abstoßenden oder erschreckenden Gestalten träumen, gedanklich oder gefühlsmäßig wegzuschieben, schlüpfen wir in sie hinein, damit wir sie selbst erleben, ihre Botschaft verstehen und uns die in ihnen verborgenen Fähigkeiten wieder aneignen. Ein Traum wird also nicht analysiert und symbolisch gedeutet, sondern szenisch umgesetzt, wobei wir mit den verschiedenen Traumelementen (nicht nur Personen allein) in einen wechselseitig geführten Dialog eintreten.

Elke (**Beziehungstyp**), eine Teilnehmerin in einem Fachseminar, beschreibt in einem Brief ihre Träume beziehungsweise ihre Traumarbeit:

»Ich träume – und das war durch unsere intensive Beschäftigung mit der Psychographie hervorgerufen –, daß wir in unserer Seminargruppe Puppen bastelten, die die verschiedenen Typen darstellen sollten. Was aber dabei herauskam, waren allerdings nicht Beziehungs-, Sach- und Handlungstypen, sondern Puppen, wie man sie vom Kasperltheater her kennt. Ich hatte eine Hexe und einen Piraten gebastelt.

Der Seminarleiter ließ mich nun erst in die Gestalt der Hexe schlüpfen. Ich hatte sie mir zuerst ausgesucht, weil ich mich mit ihr am ehesten identifizieren konnte und wollte. In der Rolle der Hexe fühlte ich mich sehr wohl. Die Einfühlung in die Rolle des Piraten war zunächst etwas schwieriger, wurde aber zunehmend leichter, als ich erkannte, daß Eigenschaften dieses Typs in mir angelegt sind.«

(Elke sollte nun den Piraten in die eine und die Hexe in die andere Hand nehmen und versuchen, ob sich beide Figuren durch Zusammenführen der Hände zusammenbringen ließen.)

»Die Annäherung der beiden und damit eine Vereinigung ist mir aber nicht ganz gelungen – das letzte Bild, das ich aus dieser Traumarbeit vor mir habe, ist das: Der Pirat steht am Bug seines Schiffes, die eine Hand weit vorgestreckt zu der Hexe, die ihm auf ihrem Besen entgegenreitet. Ganz deutlich ist dabei, daß der Seeräuber sich weitaus mehr nach der Berührung sehnt als die Hexe.

Mein zweiter Traum. Ich befand mich mit meinem noch sehr kleinen und süßen Baby in einer Neubauwohnung, die eigentlich noch eher im Rohbau war. Zwar waren einzelne Räume zu erkennen und auch anhand von Rohren konnte man sehen, wo einmal Bad und Küche sein sollten, aber die Wohnung war überhaupt noch nicht bewohnbar, voller Bauschmutz, ohne Türen und Fenster. Ich versuchte fast in Panik und voller Eile, einen Platz zu finden, wo ich mein Kind hinlegen, wickeln und füttern könnte, und wurde immer verzweifelter, je mehr mir klar wurde, daß es eine solche Stelle, die meinen Ansprüchen genügte, nicht geben konnte.

Bei der Traumarbeit wurde mir – als ich in die Rolle des Kindes ging – klar, daß das Baby sich wohl und zufrieden fühlte ohne ein kuscheliges Bettchen, ein blitzblankes Badezimmer und ein sauber gespültes Fläschchen; daß mein Kind nicht mehr wollte und brauchte als mich, so wie ich war, und daß es ihm vollauf genügte, meine Liebe und Zuwendung und Aufmerksamkeit zu spüren. Was diese Erkenntnis für einen **Beziehungstyp** bedeutet, brauche ich wohl nicht ausführlicher zu schildern. Zu erfahren und davon überzeugt zu sein, daß man so geliebt und angenommen wird, wie man ist, ohne sich anstrengen und sich Liebe verdienen zu müssen, und sich selbst ebenso zu mögen, ohne sich ständig kontrollieren, kritisieren und abwerten zu müssen, das ist ja das elementare Erlebnis für uns.«

Voraussetzung für eine solche Traumdeutung ist, daß wir uns am Morgen noch an den Traum erinnern und dann weiter wachträumen können oder ihn gleich schriftlich festhalten. Das ist wichtig, denn schon nach kurzer Zeit beginnen wir, unsere Träume unbewußt zu verfälschen. Festzuhalten sind auch die Gefühle während des Traums und beim Aufwachen, die spontanen Einfälle und Assoziationen – auch auf den ersten Blick unsinnig erscheinende sind wichtig und wertvoll.

Noch mal sei betont: Wir sollten so kreativ und konstruktiv wie nur irgend möglich mit unserem Traum umgehen: Wenn wir uns dabei mit Traumelementen und -gestalten identifizieren, verhindert das, daß wir den Traum durch (vorgefaßte) Traumdeutungen fehlinterpretieren. Scheuen wir uns nicht, in die einzelnen Traumgestalten hineinzuschlüpfen, ganz gleich, ob das Menschen, Monster, Tiere oder Gegenstände sind – und achten wir genau auf unsere Empfindungen und Gefühle.

Seien wir also (wie Elke) der Pirat, die Hexe, das Kind oder die Mutter oder Baum oder Vogel oder Schmetterling – wer oder was immer unsere positiven und negativen Traumgestalten sein mögen. Und wir lassen die einzelnen Gestalten phantasievolle Gespräche miteinander führen, so zum Beispiel der Pirat mit der Hexe, das Kind mit der Mutter, der Baum mit dem Vogel etc.

Noch ein wichtiger Punkt: Achten wir darauf, wie sich die Grundproblematik des Persönlichkeitstyps im Traum darstellt: beim **Beziehungstyp** die Erfahrung der Lieblosigkeit und Distanz, beim **Sachtyp** die der Interesselosigkeit und des Unvermögens, und beim **Handlungstyp** die der Unfreiheit und Kritik. Achten wir auch darauf, ob und wie deutlich sich die Schlüsselenergien abzeichnen:

beim **Beziehungstyp** das Erkennen, beim **Sachtyp** das Handeln, beim **Handlungstyp** das Gefühl.

Bei Elkes erstem Traum ist das Erkennen wohl in der Gestalt der Hexe verkörpert, die man auch als weise Frau sehen kann. In Elkes zweitem Traum mag der unbehinderte Durchblick durch die Räume ohne Türen und Fenster ein Zeichen fürs Erkennen sein.

Ein anderer weiblicher **Beziehungstyp** träumte von Delphinen, die lustig und vergnügt im Wasser tollten. Sie konnte sie streicheln, und das gab ihr ein wunderbar warmes Gefühl. Abgesehen von der Zärtlichkeit, die sie dabei empfand, ist in den intelligenten Delphinen die Schlüsselenergie des **Beziehungstyps** zu sehen.

Leseempfehlung

Frederick S. Perls: Gestalt-Therapie in Aktion. Stuttgart 1996.
Eine interessante Mixtur aus Philosophie, lebendig vorgetragener Gestalttherapie und den Ansichten Perls'.

Kapitel 11

Was Zauberer für unglaublich aufregende Abenteuer erleben

»Wo ist denn Carlo nur die ganze Zeit?« fragte sich Trumtinchen, nachdem seine bunten Bilder mehr und mehr verblaßt waren, weil es durch rasselnde Schnarchtöne beim Träumen gestört wurde. Trumtinchen lächelte leise in sich hinein, denn es wußte, daß Guggi etwas mehr Zeit brauchte, um bei sich was zu verändern. Das hing eben mit seinem Wesenstyp zusammen. Aber dann wären die Tips in seinem Kopf auch schließlich und endlich alle besonders gut verdaut, und sie würden nachhaltiger wirken.

Trumtinchen horchte auf. Draußen klingelte jemand Sturm. Und weil auch Danny nicht da war, klapperte nach einer Weile der Briefkastendeckel an der Eingangstür.

Trumtinchen wurde ungeduldig, denn ihm war plötzlich eingefallen, daß Carlo ja inzwischen was von der Landung »kleiner Männchen« erfahren haben könnte. Und als Carlo endlich von seinem Spaziergang zurück war, stand Trumtinchen auf dem Schubladenrand und fragte voll banger Neugier: »Hast du was von uns gehört?«

»Nein, leider. In keiner Zeitung steht was über euch. Und auch sonst hab ich nichts erfahren. Aber ich denke, das hat wenig zu sagen. Ihr seid so klein und fallt deswegen kaum auf. Aber was anderes: Ich hab im Flur gerade die Hälften einer durchgerissenen Spielkarte gefunden, ein As war das mal. Die muß jemand eingeworfen haben, während ich weg war. Seltsam. Kannst du dir vorstellen, was das soll?«

»Das weiß ich auch nicht«, gab Trumtinchen zu. »Aber merkwürdig ist es schon.«

»Ach was, vergessen wir's. Ich hab eine Idee, Sternchen. Wenn du magst, erzähl ich dir ein bißchen von der Zauberei. Das wird dich und mich ablenken.«

»Oh, das wär lieb«, sagte Trumtinchen und seufzte. »Ich fühle mich schon sehr einsam. Nicht, daß du's falsch verstehst, es hat nichts mit dir zu tun. Es ist was anderes. Monsieur Pompong muß sein Buch schreiben und hat nur abends Zeit. Guggi, die Schlafmütze, hat sich schon wieder aufs Ohr gelegt, und meine Schmetterlinge machen mir auch keinen Spaß mehr.« Doch das war nicht alles, was es bedrückte. Daß es fürchterliches Heimweh hatte und die Schublade ihm mittlerweile wie das allerdüsterste Gefängnis vorkam, wollte es für sich behalten.

»Dann kommt mein Vorschlag ja gerade recht«, sagte Carlo und ließ Trumtinchen auf seine Hand klettern. »Wenn Monsieur Pompong mal da ist, dann sag mir das bitte. Ich würde ihn gern mal kennenlernen. Aber jetzt zur Zauberkunst. Du mußt wissen, Sternchen, Magie und Zauberei faszinierten uns Menschen schon immer. Und Zauberer haben auch was Geheimnisvolles. Man weiß ja nie so recht, können sie wirklich zaubern, oder führen sie nur raffinierte Tricks vor. Viele glaubten, der große Houdini sei ein richtiger Magier, weil so viele geheimnisvolle Dinge in seinem Leben passiert sind. Ich kann das nicht beurteilen. Doch fest steht, seine Entfesselungskunststücke waren sensationell und sehr gefährlich. Er hat dabei sein Leben oft aufs Spiel gesetzt.«

»Was hat er denn so alles gemacht?« fragte Trumtinchen neugierig und schon viel munterer.

»Das kann ich dir gar nicht alles auf einmal aufzählen. Zum Beispiel ließ sich Houdini vor die Mündung einer Kanone binden. Dann wurde die Zündschnur angebrannt. Er drehte und wendete sich wie eine Schlange und kam erst kurz vor dem Schuß frei. Ja, es war tollkühn, was er seinem Publikum vorführte. Houdini befreite sich aus vernagelten oder mit Ketten und Tauen verschlossenen Kisten, versiegelten Fässern, übergroßen Milchkannen, Glasbehältern, Geldschränken und Särgen. Er ging auch durch dicke Mauern hindurch oder ließ einen richtigen Elefanten von der Bühne verschwinden. Das war damals wie heute eine anstrengende Überei, bis die Tricks sitzen. Auf der Bühne muß das Programm nämlich perfekt laufen und mühelos und spielerisch aussehen. Selbst wenn was schiefgeht, sollte das kein einziger Zuschauer merken. Bei manchen Pannen, die mir natürlich auch passiert sind, hab ich mir immer gewünscht, ich könnte sie ›simsalabim‹ wegzaubern.«

»Was für Pannen waren das?«

»Zum Beispiel erinnere ich mich noch gut an einen Auftritt in einem Zirkus in Berlin. Die Vorstellung war ausverkauft. Zuerst lief alles glatt. In der nächsten Nummer sollte ich mich aus einer Truhe befreien. Ich wurde mit Handschellen gefesselt, in einen Sack gesteckt, und der wurde oben zugebunden. Dann sperrte man mich in der Truhe ein, um die noch dicke Stricke gewickelt wurden. Das alles geschah vor den Augen des Publikums, bis eine große, schwarze Wand vor die Truhe geschoben wurde. Jetzt legte ein Trommelwirbel los. In der Zeit hatte ich mich aber schon befreit, war aus der Truhe herausgeklettert und wartete hinter der Wand.«

»Aber die Truhe war doch fest verschlossen. Wie ging denn das?«

»Weißt du, Sternchen, Zauberer verraten ihre Geheimnisse nicht, und wenn doch, dann nur wieder anderen Zauberern. Aber da du ja so was Ähnliches bist, will ich dir den Trick verraten. Die Schlösser außen waren echt und konnten nur mit dem passenden Schlüssel geöffnet werden. Aber der Boden der Kiste war herausnehmbar, und auch der Sack und die Handschellen ließen sich blitzschnell öffnen. Aber das war nicht alles – meine Nummer hatte noch einen ganz besonderen Pfiff. Auf der Bühne stand meine Assistentin Gloria. Die verbeugte sich nun vor dem Publikum und trat hinter die Wand. In dem Moment kam ich hervor. Riesenapplaus. Anschließend wurde die Wand weggeschoben. Doch Gloria war nicht zu sehen. ›Wo ist die Assistentin?‹ fragte sich natürlich das Publikum.«

»Oh, ich weiß schon. Du hast Gloria weggezaubert!«

»Nicht ganz: Gloria war in der Truhe. Während ich mich nach allen Seiten verbeugte, war sie hineingeschlüpft und hatte sich die

Fesseln übergestreift. Doch jetzt mußte ich sie zügig daraus befreien, denn in der Truhe war nicht viel Luft. Ich machte also die Seile los und griff in die Hosentasche nach den Schlüsseln für die Vorhängeschlösser. Doch, was denkst du, war passiert?«

»Weiß nicht!«

»Keine Schlüssel mehr da! Also winkte ich einem Bühnenarbeiter und schickte ihn in die Garderobe, die Ersatzschlüssel zu holen. Aber da war das Unglück schon passiert. Gloria verlor die Nerven, schlug gegen die Wände der Truhe und schrie aus Leibeskräften um Hilfe. Das Publikum dachte offenbar, ›oh, ein neuer Trick von Maginello, wie originell!‹ und klatschte dazu wie verrückt. Mir aber war, als würde der Boden unter meinen Füßen schwanken. Endlich kam der Bühnenarbeiter zurück, aber ohne die Schlüssel. Jetzt stand mir der Schweiß auf der Stirn. Mittlerweile hatte das Hämmern aufgehört – Gloria war ohnmächtig geworden. Aber ich durfte sie auf keinen Fall durch den herausnehmbaren Boden befreien. Das wär eine unvorstellbare Blamage für mich gewesen! Also mußten als nächstes die Schlösser kaputtgeschlagen werden. Ein Helfer kam mit einem schweren Hammer. Der erste Schlag ging daneben. Als er wieder ausholte, waren die Schlüssel plötzlich da. Ich schloß damit auf, hob die leblose Gloria aus der Truhe und trug sie hinter die Bühne.«

»Oh, wie schrecklich, wie konnte das nur passieren?«

»Ich habe so eine Vermutung«, sagte Carlo und senkte die Stimme, »die Zauberknackerbande könnt's gewesen sein!«

»Was ist denn das für ein Verein, und warum tust du auf einmal so geheimnisvoll?«

»Vor diesen Kerlen hatten wir ziemlich großen Bammel. Das waren Zauberer genau wie wir, die aber nicht so gut und darum auch wenig erfolgreich waren. Aus dem Grund hatten sie sich zu einer Bande zusammengeschlossen. Voller Neid wollten sie die erfolgreicheren Kollegen blamieren, ihre Tricks ausspionieren und vor dem Publikum aufdecken. Du mußt wissen, daß unter Zauberern eine große Konkurrenz besteht. Jeder will berühmter sein als der andere, die sensationelleren Tricks zeigen, damit ihm nicht das Publikum wegläuft. Ich könnte mir vorstellen, daß mich die Zauberknacker zwingen wollten, den Trick vor allen Leuten aufzudecken. Möglich wär's, daß einer der Bühnenarbeiter von ihnen bestochen war und die Schlüssel verschwinden ließ.«

»Gibt's die Zauberknackerbande heute noch?«

»Nein, das glaube ich nicht. Aber ich habe gehört, daß sie es doch ein paar Mal geschafft haben, die Tricks von Kollegen zu entlarven. Zuvor haben die Zauberknacker immer eine Warnung losgeschickt. Aber darauf hat verständlicherweise keiner gehört. Ja, und dann haben sie zugeschlagen. Die Kollegen konnten dann wortwörtlich einpacken, ihre Karriere war ein für allemal zu Ende. Diese miese Bande hat sich auch nicht davor gescheut, bei Zauberern einzubrechen und ihre Koffer zu durchwühlen, nur um hinter die Tricks zu kommen. Ja, so abenteuerlich war damals die Zauberei.«

»Bitte, Carlo, erzähl mir noch was von Houdini!«

»Na, von dem könnt ich dir stundenlang erzählen. Du mußt dir vorstellen, er war ein außergewöhnlicher Mensch mit unglaublich großer Disziplin und Geschicklichkeit, und er hatte vor allem den richtigen Riecher für immer neue, gewagtere Zaubertricks und Sensationen. Seine hübsche Frau Beatrice war seine Assistentin. Die muß sehr lieb zu ihm gewesen sein. Dafür war seine Mutter ein richtiger Drachen und hat die beiden rumkommandiert. Ja, und erst seine Auftritte! Vor einem Riesenpublikum sprang er zum Beispiel, von Polizisten gefesselt, im Winter in eisige Flüsse. Kurze Zeit später schon tauchte er auf und hielt die Fesseln in der Hand. Um sich dafür abzuhärten, ließ er sich kübelweise Eis in sein Badewasser kippen. Seine nächste Idee war dann, sich aus einem Eisblock zu befreien. Aber die mußte er wieder aufgeben, weil sich Wasser in großen Mengen nicht so schnell frieren ließ. Zu der Zeit war er schon weltberühmt. Bekannt wurde er damit, daß er etwas völlig Neues zeigte, nämlich die sogenannten Herausforderungen.«

»Was ist das?«

»Houdini hat Polizisten aufgefordert, ihre eigenen Handschellen in seine Vorstellung mitzubringen. Und mit denen wurde er dann gefesselt. Das war der neue Kitzel fürs Publikum. Kommt er frei, oder schafft er's nicht? Einige Polizisten arbeiteten nämlich mit bösen Tricks. Sie wollten Houdini reinlegen und hatten ihre Handschellen vorher so präpariert, daß sie sich gar nicht mehr öffnen ließen. Höchstens mit einer Stahlsäge! Aber Houdini hat sich auch daraus befreien können.«

»Bitte, bitte, Carlo, verrat mir, wie Houdini das gemacht hat!«

»Ganz einfach. Houdini mußte alle Handschellenfabrikate kennen und wissen, wo ihre schwächste Stelle war, um sie dann zu zerbrechen oder in einem unbeobachteten Augenblick mit winzigen Werkzeugen zu öffnen, die er gut versteckt hatte. Er ließ sich auch in besonders ausbruchssichere Gefängniszellen einsperren, öffnete sie nach kurzer Zeit und quartierte als Zugabe richtige Gefangene von nebenan in seine Zelle um. Du kannst dir vorstellen, welche Schlagzeilen da durch die Presse gingen.«

»Du, Carlo, da krieg ich ja eine richtige Gänsehaut!«

»Ja, so geht's mir heute immer noch, wenn ich mir alte Fotos von ihm anschaue. Houdini hatte eine unwahrscheinliche Ausstrahlung auf Menschen, davon spürt man sogar noch was auf den Bildern. Und man sagte ihm nach, er hätte sein Publikum damit nicht nur in den Bann geschlagen und fasziniert, sondern regelrecht hypnotisiert.«

»Und hypnotisieren kannst du auch wie Houdini?«

»Ja, ich hab das auch mal probiert. Aber warum fragst du danach?«

»Ach, nur so, nichts von Bedeutung.« Trumtinchen schaute scheinbar gelangweilt in die Luft. Doch in Wirklichkeit war ihm durch Carlos Erzählung plötzlich eine Idee gekommen. Und aus diesem Grund überlegte es sich ganz genau, was es als nächstes zu Carlo sagte.

Carlo wird hypnotisiert

Trumtinchen sah Carlo in die Augen und sprach ganz ruhig zu ihm: »Und weil du dich mit Hypnose auskennst, weißt du auch, daß es viele Möglichkeiten gibt, sich zu entspannen. Eine ist, sich ganz bequem hinzusetzen und zu spüren, wie gut einem das tut.«

»Ja, das wird für mich immer kostbarer, so wie jetzt einfach nur dazusitzen und sich gut zu fühlen, findest du nicht?«

»Doch, das meine ich auch, und darum setz mich bitte auf die Lehne zurück, und mach es dir im Sessel so richtig bequem.« Und weil Trumtinchen wußte, daß wir unsere Ziele leichter erreichen und daß unsere Wünsche schneller wahr werden, wenn wir unser Unbewußtes zu Hilfe nehmen, hatte es sich für Carlo schnell etwas ganz Besonderes ausgedacht. Es versetzte ihn, ohne daß er es so richtig mitbekam, in eine Trance. Das ist eine Art leichte Hypnose. Dazu breitete Trumtinchen heimlich einen unsichtbaren Sternenmantel voll himmlischer Ruhe über Carlo aus. Und das, was es dann zu ihm sagte, sprach es langsam und einfühlsam, und es machte nach jedem Satz eine Pause:

»Du kannst dich ganz entspannt zurücklehnen –
und du kannst, wenn du willst, die Augen schließen –
du hörst vielleicht noch die Geräusche von der Straße –
und du spürst, wie sich immer mehr Ruhe in dir ausbreitet –
du fühlst die Wärme in dir –
und du bist geborgen –
und während du mich hörst oder deinen Gedanken nachgehst –
entspannst du dich mehr und mehr –
du siehst vielleicht noch einen Lichtschimmer vor deinen Augen –
und während du ihn siehst –
spürst du, wie du mehr und mehr zu dir selbst findest –
du spürst, wie du einatmest und ausatmest –
und du kannst herausfinden, was schöner ist –
das Einatmen oder das Ausatmen –

während dir vielleicht noch Gedanken durch den Kopf gehen –
spürst du, was dir gut tut –

es gibt Ziele in deinem Leben, die du erreichen willst –
du kannst diese Ziele schneller erreichen, wenn du dir
Bilder davon machst –
nimm ein Ziel, das dir wichtig ist –
und stell dir vor, du hast es erreicht –
mach dir ein attraktives Bild von diesem Ziel –
laß dir Zeit, und mach das Bild so verlockend wie möglich –
wenn du das Bild klar vor Augen hast, dann erfüllt es
dich mit schönen Gefühlen –
du kannst dich fragen, was du als erstes tun wirst, um
dieses Ziel zu erreichen –
denn Ziele erreichen ist immer eine Mischung aus dem,
was man selbst tut –
und dem, was einem an Wunderbarem begegnet –
du wirst dich gut daran erinnern, wie du schon früher
Ziele erreicht hast –
so wie du auch schon kleine oder größere Wunder erlebt hast –
du weißt vielleicht noch nicht, wie du dieses Ziel erreichen
wirst –
aber du weißt, daß du es erreichen wirst –
und das wird dein Selbstbewußtsein stärken und deine Energie
bündeln –

du weißt, daß Bilder ihre Zeit brauchen, bis sie wirken –
und darum kannst du ganz ruhig und gelassen sein, weil du
weißt, daß nur das zu tun ist, was du selbst tun kannst –
wenn du dein Bild in allen Einzelheiten betrachtet hast –
bist du von selbst bereit, die Augen aufzumachen –
bist wieder im Hier und Jetzt und fühlst dich wohl und
entspannt.«

Carlo machte einen tiefen Atemzug und schlug die Augen auf. »Oh, entschuldige, ich muß wohl eingeschlafen sein. Komisch, ich war gar nicht müde.« Carlo streckte sich genüßlich aus. »Das war seltsam. Ich habe von früher geträumt, von glanzvollen Auftritten. Und Applaus habe ich wieder gehört. Du kannst dir nicht vorstellen, wie gut der tut!« Carlo richtete sich im Sessel auf. »Vielleicht sollte ich auf meine alten Tage doch noch was wagen, was meinst du, Sternchen?«

»Unbedingt mußt du das«, sagte Trumtinchen mit Nachdruck und kletterte hinüber auf den Schubladenrand. »Eine alte Weisheit aus unserem geheimnisvollen Wissen besagt: Wenn man Probleme nicht lösen kann, sollte man sich etwas suchen, wofür es sich zu leben lohnt. Und das sollte man dann mit ganzem Einsatz machen. So werden sich die Probleme wie von selbst erledigen. Und bei dir bräuchte es ja nicht unbedingt etwas völlig Neues zu sein.«

»Sternchen, es will mir noch nicht so ganz in den Kopf, doch ich sollte es tatsächlich wagen. Noch etwas Spaß im Leben haben, das wär doch nicht schlecht, oder?«

Trumtinchen nickte, sah Carlo ruhig an und meinte dann nach einer Weile vielsagend: »Carlo, ich weiß nicht, womit du zuerst anfangen wirst.«

Und Carlos Augen leuchteten auf.

Wer sendet die unheimlichen Gedankenbilder?

So saßen sie eine ganze Weile schweigend beisammen, Carlo im Sessel, Trumtinchen auf einem Stapel Papiertaschentücher, und jeder hing seinen Gedanken nach. Mit einem Mal blickte Carlo auf und fragte: »Sag mir, was soll ich dir als erstes zeigen?«

»Oh, ein paar ganz einfache Zaubertricks, das genügt und wäre schon ein erster kleiner Anfang.«

»Richtig. Damit hätte ich sicher keine Schwierigkeiten. Ich führe dir gleich mal einen Kartentrick vor.«

Carlo ging zu seinem Schrank und holte ein Päckchen Spielkarten heraus. Er nahm den kleinen Stapel und wog ihn in der Hand. »Schau, Sternchen, zuerst muß man die Karten vor dem Publikum effektvoll mischen, so!«

Und Carlo mischte die Karten, was äußerst professionell aussah. »So, und nun läßt man die Karten von einer Hand in die andere laufen, wie Wasser, das man von einem Glas in ein anderes gießt. Schau, so!« Und die Karten liefen schnurstracks von Carlos linker Hand in seine rechte.

Trumtinchen applaudierte begeistert. Dann bat es: »Carlo, ich will mal raus aus meinem Quartier. Wir könnten doch spazierengehen! Du zeigst mir die Gegend und zauberst den Leuten auf der Straße gleich was vor. Was hältst du von der Idee?«

Carlo antwortete kleinlaut: »Nicht viel, Sternchen. Das habe ich nämlich noch nie gemacht. Ich bin immer nur auf einer Bühne aufgetreten.«

»Ach, das schaffst du schon«, meinte Trumtinchen zuversichtlich und war auf den Schubladenrand geklettert. »Vielleicht macht dir das sogar Spaß? Aber, sag mal, du hast mir doch vorhin von einem Zirkus erzählt?«

»Ja, von dem Auftritt in Berlin. Wieso fragst du?«

»Ich muß gerade an einen Zirkus denken, nein, ich sehe ihn deutlich vor mir..., das Zelt..., die Wagen..., sie sind rot und weiß angemalt..., und ich sehe seinen Namen, kann aber nur Zirkus Pom... entziffern, der Rest ist verwischt.« Trumtinchen rieb sich die Augen. »Jetzt sehe ich eine Kiste, nein, es ist mehr ein Koffer..., und darin ist jemand eingesperrt. Der will heraus, ich höre ihn ganz deutlich seufzen. Carlo, was sind das nur für Bilder? Sag schnell, welche Farbe hatte deine Kiste in Berlin?«

»Die war dunkelblau, mit goldenen Schlössern dran.«

»Die Kiste, die ich sehe, ist kohlrabenschwarz. Da geht auch kein großer Mensch hinein, nein, ein Kind könnte vielleicht hineinpassen.« Trumtinchen schwankte und griff sich an den Kopf. »Was ist nur los mit mir?«

»Vielleicht hast du in letzter Zeit zuviel nachgedacht? Bitte setz dich wieder auf die Taschentücher, der Schubladenrand ist zu gefährlich!«

»Nein, Carlo, ich hab's! Die Bilder sendet jemand von uns! Das wird doch nicht endlich eine Nachricht sein? Ich, ich ...« Trumtinchen wußte nicht mehr weiter vor Aufregung.

»Sternchen, beruhige dich, ich schau mal gleich in der Zeitung nach, ob demnächst ein Zirkus bei uns gastiert.« Und Carlo holte die Zeitung, setzte seine Brille auf und blätterte Seite für Seite durch.

»Wo sind denn nur die Anzeigen?« brummelte er. »Theater, Kino ..., ah, da steht was: ›Zirkus Pompino gibt sich die Ehre‹. Also bitte, was hab ich gesagt, am Freitag ist er in unserer Stadt.«

»Carlo, da müssen wir unbedingt hin. Da sind sicher ein paar von uns gelandet, und das ist ihre Botschaft!« Trumtinchen schluckte und kämpfte gegen die aufsteigenden Freudentränen. »Mir ist ganz kalt vor Aufregung«, sagte es leise.

Carlo hauchte Trumtinchen mit seinem warmen Atem an. »Selbstverständlich, Sternchen, gehen wir da hin. Und ich verspreche dir auch, ich werde den ganzen Zirkus auf den Kopf stellen, bis wir wissen, ob es dort wirklich so einen geheimnisvollen Koffer gibt. Aber könnte ich dich jetzt trotzdem für einen kurzen Augenblick alleinlassen? Mir ist noch was eingefallen. Ich möchte was aus dem Keller holen.«

»Ja, geh nur«, sagte Trumtinchen, und Carlo ging rasch aus dem Zimmer. Als er draußen war, machte Trumtinchen erst einen Purzelbaum und ließ dann einen Freudenschrei los, in einer Lautstärke, daß Guggi fast aus seinem Bett gefallen wäre.

So geht's

Die heilsamen Kräfte einer Trance nutzen

Was ist Trance überhaupt? Eine einfache und verständliche Erklärung für dieses nicht etwa magische, sondern eher alltägliche Phänomen gibt uns Milton Erickson. Er sagte: »Ohne uns dessen ganz bewußt zu sein, erleben wir all die ›gewöhnliche Alltagstrance‹, wenn immer wir in einem Moment innerer Träumerei oder in Gedanken versunken sind. Während solcher Perioden verrichten wir unsere tägliche Routine nahezu automatisch; der größte Teil unserer Aufmerksamkeit ist eigentlich nach innen gerichtet, während wir uns irgendwie tiefer erleben und möglicherweise eine neue Perspektive haben oder gar ein Problem lösen« (Milton Erickson: Hypnose, S. 17).

Dieses durch die Trance herbeigeführte Nach-innen-gerichtet-Sein erzeugt tatsächlich mehr als nur entspannende und wohltuende Gefühle. Es kann uns anregen, Lösungswege zu entdecken, neue Kräfte in uns zu aktivieren oder auch Kreativität und Lernfähigkeit steigern.

Der energetische Effekt der Trance wird sich über Thematik, Sprechweise und Wortwahl einstellen. Wichtig ist, daß der, der uns zuhört und sich dabei in Trance versetzen läßt, bequem sitzt oder liegt. Wir, die wir zu ihm sprechen, sollten ebenfalls absolut ruhig und konzentriert sein.

Trumtinchen hat die Trance langsam und einfühlsam gesprochen. Um dies zu verdeutlichen, folgt in den anschließenden Textbeispielen nach jedem Gedankenstrich das Wort *Pause*. Dieses Innehalten wird im Lauf der Trance zunehmend länger, um den Worten immer mehr Raum zu geben und ihre Wirkung zu intensivieren. Richtig gesprochen, klingt's dann so:

> »Du kannst, wenn du willst, deine Augen schließen –
> *Pause* (wir zählen in Gedanken 1, 2, 3)
> du hörst vielleicht noch die Geräusche von der Straße –
> *Pause* (wir zählen in Gedanken 1, 2, 3, 4)
> und du spürst, wie sich immer mehr Ruhe in dir
> ausbreitet – *Pause* (wir zählen in Gedanken 1, 2, 3, 4, 5)
> usw.«

Was hat Trumtinchen außerdem gemacht? Zu Anfang hat es das, was Carlo eventuell noch denken oder akustisch oder optisch wahrnehmen könnte, in den Text seiner Trance mit einbezogen und an Gefühle von Entspannung, Geborgenheit oder Schutz gekoppelt:

> »Und während du mich hörst oder deinen Gedanken
> nachgehst – *Pause*
> entspannst du dich mehr und mehr – *Pause*
> du siehst vielleicht noch einen Lichtschimmer vor
> deinen Augen – *Pause*
> und während du ihn siehst – *Pause*
> spürst du, wie du mehr und mehr zu dir selbst findest – *Pause*. «

Im Fortgang der Trance wird die Wahrnehmung immer mehr auf Gedanken, Körperempfindungen und Gefühle konzentriert – also immer mehr von außen nach innen gelenkt. Jetzt werden Gefühle der Entspannung, des Freiseins oder der Ruhe angesprochen und mit natürlichen Körper- oder Sinnesempfindungen verknüpft. Das kann beispielsweise die Schwere oder Wärme der Gliedmaßen sein, die wir spüren:

> »Du spürst die Wärme in dir – *Pause*
> und deinen rhythmischen Herzschlag – *Pause*
> und du fühlst dich geborgen – *Pause*. «

Das kann die Unterlage sein, auf welcher der andere sitzt oder liegt und deren Druck er spürt:

>Du spürst den Boden, der dich trägt (oder: wie deine Füße den Boden berühren) – *Pause*
und du fühlst, wie sich allmählich Ruhe in deinem Körper ausbreitet – *Pause*.«

Oder das kann die Atmosphäre im Zimmer sein:

>Du spürst die gute Atmosphäre hier im Raum – *Pause*
und entspannst dich mehr und mehr – *Pause*.«

Oder das können der Atem und das Atmen sein. In diesem Fall sprechen wir synchron mit dem Atemrhythmus des anderen:

>Und du spürst, wie du einatmest – *Pause*
und ausatmest – *Pause*
und du kannst herausfinden, was schöner ist – *Pause*
das Einatmen – *Pause*
oder das Ausatmen – *Pause*.«

In die Entspannungstrance werden in Variationen weitere Bildinformationen eingefügt, die so formuliert sind, daß der andere sie mit eigenen wohltuenden Erinnerungen füllen und bejahen kann:

>Ich möchte dich an gute Erfahrungen erinnern – *Pause*
in denen du dich wohl, sicher und entspannt gefühlt hast – *Pause*
vielleicht sind diese Erfahrungen verbunden mit Wärme – *Pause* –
mit Sonne – *Pause* – oder mit Natur – *Pause*
oder mit Menschen, die du magst und die dich mögen – *Pause*
und vielleicht wirst du die guten Erfahrungen spüren als Sympathie und Liebe – *Pause*
oder als Interesse – *Pause*
oder als gemeinsame Unternehmungen – *Pause*.«

Oder:

»Es ist interessant, sich selbst und andere wahrzunehmen – *Pause*
und zu erfahren, daß wir zugleich verschieden und
übereinstimmend sind – *Pause*
und diese Übereinstimmung läßt sich in gemeinsamen
Gedanken – *Pause* – Gefühlen – *Pause* – oder Interessen finden –
Pause
laß ein Bild in dir entstehen – *Pause* – oder ein Gefühl – *Pause* –
oder ein Wort – *Pause*
das dieses Gemeinsame für dich ausdrückt, und dazu möchte ich
dir jetzt Zeit lassen – *Pause*.«

Wir merken schon, eine Trance kann sehr phantasievoll gestaltet
und beispielsweise wie die Erzählung von einer Reise ins Blaue aufgebaut sein oder auch von einer vergnüglichen Autofahrt durch eine
schöne Landschaft oder von einem geruhsamen Spaziergang durch
einen sonnendurchfluteten Park:

»Vielleicht erinnerst du dich an einen Spaziergang im sonnigen
Herbst – *Pause*
du fühlst die Sonnenstrahlen im Gesicht – *Pause*
und du spürst den Wind auf deiner Haut – *Pause*
und du siehst die Blätter langsam fallen – *Pause*
und fühlst dich in dir geborgen – *Pause*
und während du weitergehst und hörst, wie die Blätter um deine
Füße rascheln, wirst du . . .«

Was können wir mit einer Trance noch anfangen? Gemäß der Psychographie hat jeder Persönlichkeitstyp meist nur die Gefühls-,
Denk- und Verhaltensmuster seiner Domäne parat. Das bestätigt
sich für jeden in Alltagssituationen, in denen er die zusätzlichen
Qualitäten zwar bräuchte, aber nicht so ganz auf sie zurückgreifen
kann. Durch eine typspezifisch formulierte Trance lassen sich die
benötigten Schlüsselenergien in uns ansprechen und steigern.

Die Grundproblematik ist: Der temperamentvolle **Beziehungstyp** würde sich generell wünschen, gelassener zu sein und mit mehr Überblick und Abstand auf Menschen und Situationen zu reagieren. Mit der folgenden Trance wird er zu einer gelasseneren Haltung finden:

»Es gab in deinem Leben Situationen, in denen du ruhig und gelassen warst –
und in denen du beruhigende Distanz zum Geschehen hattest –
geh in so ein Erlebnis hinein, und laß es tief auf dich wirken –
wenn du jetzt wieder ganz intensiv in dieser Situation bist –
dann wird sich Ruhe in dir ausbreiten –
und du fühlst dich entspannt und gelassen –
mach dir von diesem guten Gefühl ein großes, helles Bild –
atme jetzt genau so tief und in dem Rhythmus und mit der Intensität, wie du es tust, wenn du in dieser souveränen Stimmung bist –
sei dir der Haltung bewußt, die du jetzt innehast –
und fühle, wie sie dir jederzeit zur Verfügung steht.«

Der **Sachtyp** hat immer wieder die Erfahrung gemacht, daß seine Ausstrahlung ganz besonders wirkt und man ihm interessiert und aufmerksam zuhört, nicht nur weil er scharfsinnig und geistreich ist, sondern weil er einen Sinn für Komik und Witz hat. Doch es ist schade, daß er seine Qualitäten regelrecht vergißt und dann nicht mehr weiß, daß er klar entscheiden, zupacken und loslegen kann. Doch er kann diese Kräfte leichter für sich abrufbereit machen:

»Erinnere dich an eine Situation, die du aktiv
angegangen bist und konsequent und erfolgreich abgeschlossen
hast –
geh in diese Situation tief hinein –
spüre intensiv, wie gut dir dieses kraftvolle Gefühl
jetzt tut –
spüre, wie es in dir hochsteigt, vom Bauch langsam in die Brust –
von der Brust in den Kopf –
und wie es von da aus dir hinausströmt –
atme genau so tief und in dem Rhythmus und mit der Intensität,
wie du es tust, wenn du in dieser kraftvollen und
entschlossenen Haltung bist –
sei dir der Energie –
und der Willenskräfte bewußt –
und spüre, wie du über sie verfügst.«

Der **Handlungstyp** dagegen weiß genau, was er will. Und er erfährt
immer wieder, daß andere ihn als zuverlässig und tüchtig schätzen
und dafür gern haben. Doch es würde seiner Gesundheit und der
Beziehung gut tun, wenn er ab und zu rasten, aus seinem Pflicht-
programm aussteigen und die heitere Seite des Lebens genießen
könnte.

»Es gab Situationen in deinem Leben, in denen du Lebensfreude
und Lebenslust erfahren hast –
und in denen du herzlich und spontan mit Menschen und
Situationen umgegangen bist –
in denen du viel Sympathie und menschliche Wärme erlebt
hast –
hol dir jetzt diese Erinnerungen wieder ganz nah heran –
mach dir von diesem guten Gefühl ein großes, helles Bild –
und laß es wie Sphärenmusik in dir erklingen –
atme genau so tief und in dem Rhythmus und mit der Intensität,
wie du es tust, wenn du in dieser lebendigen oder herzlichen oder
gelösten Stimmung bist –

sei dir der heilsamen Kraft und der Wärme dieser
Gefühle bewußt –
und fühle, wie sie dir zur Verfügung stehen.«

Soll eine Trance nicht nur gute Gefühle hervorbringen, entspannen oder helfen, daß wir unsere persönlichen Ziele erreichen, sondern in einem erweiterten Rahmen heilende Veränderungen initiieren, so spricht man von der »therapeutischen Trance« oder »Hypnose«. Hier werden dem Klienten Suggestionen angeboten, die ihn schließlich dorthin führen, wo seine unverwirklichten Ressourcen liegen. Ein sprachlich kompliziertes und in seiner Ausrichtung komplexes Unterfangen, das, soll es abgestimmt sein auf die inneren Bedürfnisse der Person und die Erfordernisse der vorgegebenen Situation, dem Therapeuten viel Intuition und »handwerkliches« Können abverlangt.

Dabei werden weder die Person noch ihre personale Identität »ausgetauscht« noch werden ihr Wesenszüge weggenommen noch wesensfremde Erfahrungen hinzugefügt. Ein Therapeut kann nur innerhalb der personalen Grenzen des Menschen versuchen zu heilen, auch wenn diese weiter reichen, als allgemein angenommen wird.

Leseempfehlung

John Grinder, Richard Bandler: Therapie in Trance. Hypnose: Kommunikation mit dem Unbewußten. Stuttgart 1995.
Interessante Protokolle von Workshops.

Meiser, Hans Christian (Hrsg): Trance. Andere Bewußtseinszustände und die Arbeit mit ihnen. Frankfurt 1996.
Ein informatives Lesebuch über die vielfältigen Stufen von Bewußtheit.

Kapitel 12

Die klingenden Zauberringe

Trumtinchen rutschte von den Taschentüchern in die Schublade hinab, griff nach einem großen, gelben Schmetterling und ließ ihn vom Schubladenrand mit einem kräftigen Schwung quer durchs Zimmer segeln. Wie elegant und weit er glitt. »Mit so einem Schmetterling dem Zirkus entgegenfliegen«, das hatte sich Trumtinchen oft vorgestellt. Auf Trumtino hätte das auch geklappt.

Wie viele Tage waren es denn noch, bis der Zirkus Pompino endlich in der Stadt sein würde? Trumtinchen rechnete nach und kam auf fünf. Und weil es darum ein unangenehmes Kribbeln im Bauch verspürte, drückte es schnell auf die bestimmte Stelle nahe an seinem Herzen. Als Carlo wenig später mit einem alten, verbeulten Köfferchen zur Tür hereinkam, war Trumtinchen ruhig und guter Dinge.

»Mich wundert, was ich von früher noch so alles aufgehoben habe«, sagte Carlo, öffnete das Köfferchen und zog zwei große, glänzende Metallringe heraus. »Schau, Sternchen, das sind Zauberringe«, sagte er und schlug sie gegeneinander. »Kling« machte es. Er stieß die Ringe noch mal gegeneinander, und wieder machte es »kling«. Und es war ein stählern klingendes und geheimnisvoll singendes »Kling« – ein magisches »Kling«.

»Sternchen, paß gut auf, was jetzt gleich geschieht«, sagte Carlo und trat näher zu Trumtinchen, das sich reckte und streckte, um besser zu sehen. Wieder schlug Carlo die Ringe gegeneinander, doch dabei ging plötzlich der eine Ring in den anderen hinein. Trumtinchen traute seinen Augen nicht, doch, es war deutlich zu sehen: Die Ringe hingen ineinander und ließen sich nicht mehr voneinander trennen, so sehr Carlo auch an ihnen zog.

»Na gut, wenn ihr nicht mehr auseinandergehen wollt«, sprach Carlo zu den Ringen, »dann muß ich eben nachhelfen – abrakadabra!« Und tatsächlich, kaum hatte Carlo das gesagt, löste sich der eine Ring aus dem anderen.

Die ewige Limonade

»Wir könnten einen ersten Versuch wagen«, meinte Carlo wie nebenbei eines Mittags zu Trumtinchen und hatte noch dazu besonders feine Kuchenkrümel und etwas Milch mitgebracht. »Ich habe schon ein kleines Zauberprogramm zusammengestellt, und das könnte ich dir vorführen. Ich muß nur noch Limonade und Pappbecher besorgen, die brauche ich nämlich für meinen Lieblingstrick. Und anschließend gehen wir dann zum Kinderspielplatz rüber. Ich denk, dort zu zaubern wäre doch amüsant. Was meinst du, Sternchen?«

Trumtinchen rief vor Begeisterung laut »juhuuh«, ließ Krümel Krümel sein, griff nach seinem Rucksack und verabschiedete sich von Guggi. Dann hob Carlo Trumtinchen hoch und steckte es vorsichtig in seine Brusttasche.

»Aber da seh ich ja nicht viel!« protestierte Trumtinchen.

»Keine Angst, Sternchen, da bleibst du auch nicht drin. Ich setze später meinen alten Zylinder auf und stecke mir eine Rose ins Knopfloch, in die kommst du dann hinein. Von da oben kannst du alles bestens übersehen. Du mußt vielleicht nur die Blätter etwas zur Seite schieben, dann hast du freie Sicht. Na, wie gefällt dir das?« Keine Frage, und los ging's, zuerst zum Supermarkt.

Die Limonade war schnell gefunden, und Carlo stand an der Kasse an. Als es ans Bezahlen ging, streckte er zuerst seine leeren Hände vor, sagte: »Bedaure, werte Frau, kein Geld mehr«, und machte ein todtrauriges Gesicht dazu.

»Wenn Sie kein Geld dabeihaben ...«, wollte die Frau gerade ansetzen, da hatte Carlo schon »schwuppdiwupp« lauter Kleingeld in den Händen.

Wieder auf der Straße, marschierte Carlo als nächstes auf eine hübsche Passantin zu, verbeugte sich galant vor ihr, sagte höflich »Pardon« und »Gestatten Sie?« und zauberte aus ihrer Manteltasche ein buntes Taschentuch hervor. »Es gehört selbstverständlich Ihnen, Madame«, sagte er, verbeugte sich wieder und ging rasch weiter. Einer anderen überreichte er einen kleinen Blumenstrauß – der so ganz aus dem Nichts erschienen war. Man stelle sich nur die erstaunten Gesichter vor!

Carlo schlug den Weg zum Spielplatz ein. »So, und jetzt kommt die Probe aufs Exempel, Sternchen«, flüsterte er in Richtung Brusttasche, »wir sind gleich da.« Carlo stellte das Köfferchen ab und nahm den Klappzylinder heraus. »Plopp« machte es, als der Zylinder aufsprang. Und Trumtinchen kam wie versprochen in die Rose im Knopfloch.

»Paß gut auf«, sagte Carlo, »jetzt geht die Zauberei erst richtig los!« Und er ging entschlossenen Schritts auf die vielen Kinder zu. »Wer möchte kühle Limonade haben?« rief er ihnen zu. Das war das Richtige für die Kinder. Gleich waren er und Trumtinchen von allen Seiten umringt. Carlo schenkte ihnen aus der Limonadenflasche aus. Es waren viele Kinder, die alle großen Durst hatten. Doch die Flasche wurde und wurde nicht leer, obwohl Carlo ihnen immer wieder nachschenkte. So war das eben mit der »ewigen Limonade«.

Es wurde eine fröhliche und erfolgreiche Zauberstunde, denn kein Trick ging Carlo daneben. Die Mütter lachten, die Kinder klatschten, riefen laut »oooh« und »aaah«, und Carlo verblüffte alle mit immer neuen Kunststücken. Den meisten Eindruck machten wohl die Zauberringe. Oder waren es doch die vielen bunten Luftballons aus dem Zylinder oder die Kaskaden von Spielkarten oder der Würfel, der immer größer wurde, oder die Blumensträuße oder die Tücher oder die ewige Limonade oder die Bälle, die immer wieder eine andere Farbe hatten?

Die großen und die kleinen Zuschauer waren wie verzaubert und sahen nur gebannt auf den großen Maginello. Und daher bemerkte auch keiner das Fernglas im Gebüsch, das die ganze Zeit auf Carlo gerichtet war und durch das er genauestens beobachtet wurde. Wer war das, der ihm so heimlich nachstellte?

Als die Vorstellung zu Ende war, ließen die Kinder Maginello erst nach dem Versprechen gehen, ganz bestimmt und recht bald wiederzukommen. »Darauf mein großes Zaubererehrenwort«, sagte er fast feierlich zu allen. Seine Augen strahlten, und dieses glückliche Lächeln lag wieder um seinen Mund. Dann machten sich Carlo und Trumtinchen auf den Nachhauseweg.

»Du hast recht gehabt, Sternchen«, fing Carlo unterm Gehen an. »Wenn sich Probleme nicht lösen lassen, dann muß man sie sein lassen und etwas anderes machen. Am besten, man sucht sich was, wofür es sich zu leben lohnt. Und ich lebe noch immer für die Zauberei. Das hatte ich vergessen.« Carlo schnippte kräftig mit dem Finger, als wolle er seine Worte damit unterstreichen, und legte auch ein kräftigeres Tempo vor.

Trumtinchen hatte inzwischen auf dem Rand von Carlos Zylinder Platz genommen und ließ sich vergnügt durch die Gegend schaukeln. Doch es bemerkte ebensowenig wie Carlo, daß ein großer, spindeldürrer Mann mit Ziegenbart ihnen in sicherem Abstand folgte. In einen weiten, schwarzen Umhang gehüllt und ebenfalls mit einem schwarzen Zylinder auf dem Kopf, ging er ihnen lautlos durch die Straßen nach. Da spürte Trumtinchen plötzlich seinen scharfen Blick im Rücken, drehte sich schnell um und sah gerade noch, wie sich der Mann in einem Hauseingang versteckte.

»Oh, ich habe eine schlimme Ahnung«, dachte Trumtinchen und duckte sich. »Carlo, Carlo!« rief es aufgeregt. »Beeil dich, wir müssen rasch nach Hause!« Und Carlo legte, ohne zu fragen, warum, einen Zahn zu.

Der lange Arm der Zauberknackerbande

Carlo und Trumtinchen waren schnell zu Hause. »Warum hattest du's denn auf einmal so eilig?« fragte Carlo, der sich in den Sessel gesetzt und »jetzt erst recht« eine Pfeife angezündet hatte. Schließlich war das heute ein ganz besonders schöner Tag.

»Ach, da war nichts«, antwortete Trumtinchen und versuchte auf der Marmorplatte des Nachtkastens wie über Eis zu schliddern, »ich wollte nur schnell wieder bei Guggi sein.«

»Na gut. Hoffentlich denkst du nicht, ich hätte heute alle Register meiner Zauberkunst gezogen.« Carlo sog genüßlich an seiner Pfeife. »Damals hatte ich in meinem Programm sogar noch eine Nummer mit einem echten Revolver. Die war zwar eine Riesenattraktion, aber auch nicht ganz ungefährlich.«

»Erzähl mir davon!« rief Trumtinchen und blieb gleich wie angewurzelt stehn.

»Nun, eine Person aus dem Publikum durfte diesen Revolver abwechselnd mit Platzpatronen und mit scharfer Munition laden, gerade so, wie es ihr einfiel, und ohne daß ich sehen konnte, welche Patronen sie sich aussuchte. Schießen sollte sie dann auf Tonteller an der Wand, und ich mußte vor jedem Schuß voraussagen, ob ein scharfer Schuß oder eine Platzpatrone kam. Vor dem letzten Schuß aber malte ich mir einen schwarzen Punkt auf die Stirn, setzte eine dunkle Brille auf und bat den Schützen, nicht auf den Teller, sondern direkt auf mich zu zielen und dann auch abzudrücken. Aber eines Tages ging die Nummer gründlich schief. Ich stand noch dicht bei dem Schützen, da richtete er den Revolver schon auf mich und drückte neben meinem Ohr ab. Na ja, und seitdem hab ich eben Hörprobleme.«

»Warum hat er das nur gemacht?« fragte Trumtinchen entsetzt.

»Ich glaube, er hatte was getrunken.«

»Wenn du so eine gefährliche Nummer im Programm hattest«, sagte Trumtinchen heilfroh, daß Carlo ihm davon erzählt hatte, »dann fällt mir jetzt ein großer Stein vom Herzen. Vorhin hab ich dich nämlich ein bißchen angeschwindelt. Aber das hatte einen guten Grund.«

»Also doch nicht Guggi, ich hätt's mir ja denken können«, sagte Carlo lächelnd. »Also, Sternchen, raus mit der Sprache. Was war's denn wirklich?«

»Halt dich fest. Einer von der Zauberknackerbande spioniert dir hinterher!«

»Bitte waaas?«

»Ja, und der Grund wird sein, daß die Zauberknacker von deinen neuen Plänen Wind bekommen haben«, sagte Trumtinchen, nahm Anlauf, schlidderte bis an den Rand der Marmorplatte und machte dort eine tiefe Verbeugung. »Das ist eine Ehre, großer Maginello«, sprach es, »denn einem unbedeutenden Zauberer würden die Zauberknacker nicht nachstellen. Drum sei so lieb, schau aus dem Fenster, und sag mir, ob dieser Mann unten auf der Straße steht. Aber Vorsicht, bleib hinter der Gardine, und paß auf, daß sie sich nicht bewegt und dich verrät.«

Carlo trat nahe ans Fenster und schielte nach unten. »Ich sehe niemanden«, sagte er. »Nur Autos, ein paar Passanten, sonst nichts Auffälliges. Sternchen, ich glaube, das hast du dir alles nur eingebildet.«

»Hab ich ganz bestimmt nicht! Uns ist so ein komischer Typ mit Ziegenbart auf dem Nachhauseweg gefolgt. Ich habe ihn genau gesehn. Es ist ein großer, spindeldürrer Mensch in einem dunklen Umhang und mit einem Zylinder auf dem Kopf. Und ich vermute, daß die zerrissene Spielkarte auch von den Zauberknackern stammt. Das war ihre erste Warnung. Danach wird's vermutlich ernst!«

»Da, tatsächlich«, rief Carlo, »jetzt sehe ich ihn auch. Er steht unten in der Toreinfahrt und schaut zu uns hoch.«

»Na bitte, was habe ich dir gesagt? Und dem werden wir jetzt gleich zeigen, was ein so großer Zauberer wie du noch alles auf dem Kasten hat.« Trumtinchen winkte Carlo zu sich heran und flüsterte ihm etwas ins Ohr, wobei es heftig mit den Armen in der Luft ruderte.

Pech gehabt: Der Knacker für den Zauberknacker

Kurze Zeit später waren Carlo und Trumtinchen wieder auf der Straße. Der dürre Mann stand noch immer in der Toreinfahrt. Nun tat Carlo so, als wolle er die Straße überqueren. Der Mann trat aus der Toreinfahrt heraus und folgte ihm. Doch nach ein paar Schritten drehte sich Carlo blitzschnell nach ihm um, so daß sich der Mann nirgends mehr verstecken konnte. Carlo hielt seinen Zylinder fest und ging mit gesenktem Kopf und vorgestreckter Faust direkt auf den Dürren zu. »Halt dich fest« rief er Trumtinchen zu – da landete auch schon seine Faust hart auf der Brust des Zauberknackers. Der schrie laut »au«, und sein Zylinder flog in hohem Bogen auf die Straße.

Carlo grinste ihn frech an. »Wundersssönen guten Morgen, gnä' Frau«, lispelte er und klopfte dem dünnen Kerl dabei so überschwenglich auf die Schulter, daß der fast in die Knie ging. Kurz darauf brüllte Carlo los: »Aber natürlich kann ich dir die Uhrzeit sagen, Kumpel!« Er zog den rechten Ärmel hoch und schaute auf sein Handgelenk. Hier trug Carlo freilich keine Uhr. »Wenn ich's recht sehe«, sagte er nun mit leiser Stimme, »zeigt meine Uhr viertel nach Montag!« Carlo sah wieder hoch und riß dabei die Augen dermaßen auf, daß man das Weiße darin sah, schob den Kopf vor und starrte dem Zauberknacker direkt ins Gesicht. »Oh, da müssen Sie sich aber langsam beeilen, liebes Kind, denn sonst rollt ihr Kopf noch davon. Und sagen Sie ihm Grüße von mir!« Carlo stieß dem Zauberknacker mit der Faust noch mal so kräftig gegen die Brust, daß diesem die Rippen knackten, und ging dann mit schallendem Gelächter weg.

Der Zauberknacker war wie gelähmt. Kein einziges Wörtchen hatte er erwidert. Und als Carlo sich nach geraumer Zeit noch einmal nach ihm umdrehte, stand er immer noch regungslos und kreidebleich da, hatte den Mund sperrangelweit geöffnet und schaute Carlo entgeistert nach. Sei Zylinder war mittlerweile von zwei, drei Autos überrollt und plattgefahren worden.

»Bravo, bravo, Carlo!« rief Trumtinchen in der Brusttasche, quietschte vor Vergnügen und wäre dabei fast noch herausgefallen. »Das hast du perfekt gemacht, Carlo. Der Kerl ist so verdattert, daß er uns bestimmt nicht mehr nachspionieren wird. Und sollte der nächste Zauberknacker doch daherkommen, dann kriegt er von dir genauso eine auf die Nuß, weil wir jetzt den Zauberknackerknacker haben!«

»Sternchen, Sternchen, du hast vielleicht Tricks drauf«, sagte Carlo lachend, »da kann ich mit meinen glatt zu Hause bleiben!« Und er drehte sich noch einmal um. Der Mann hielt jetzt seinen kaputten Zylinder in der Hand und drohte mit der hochgestreckten Faust. Doch weil er das so zittrig machte, fiel ihm der Hut aus der Hand und rollte wie ein Rad erneut auf die Straße. Und wieder fuhren ein paar Autos drüber.

So geht's

Überraschende Effekte – und was sich damit machen läßt

Wer meint, daß der Zusammenstoß zwischen Carlo und dem seltsamen Zauberknacker frei erfunden ist, der lese bei Paul Watzlawick (in: Lösungen, S. 125) die wahre Begebenheit nach, die weniger kraß, doch ähnlich in der Wirkung war. Sie trug sich folgendermaßen zu:

Als Milton Erickson einmal auf einem Spaziergang heftig mit einem Passanten an einem Hauseck zusammenstieß, teilte ihm Erickson betont höflich die falsche Uhrzeit mit und ging weiter. Es wird berichtet, der Passant habe noch eine ganze Weile wie versteinert dagestanden und Erickson nachgeschaut. Die verqueren Informationen (kein Pardon, sondern die Mitteilung der Uhrzeit, der falschen Uhrzeit, noch dazu mit übertriebener Höflichkeit) hatten den Mann völlig aus dem Konzept gebracht.

Erickson erkannte, daß das Bedürfnis, aus der Verwirrung herauszukommen, Menschen dafür bereitmacht, sich an die nächste sinnvolle Information zu klammern, die sie erhalten. Und dieses Wissen hat er unter anderem bei seinen berühmt gewordenen Therapien immer wieder erfolgreich eingesetzt. Mit ähnlich überraschenden, doch nicht ganz so drastischen Mitteln arbeitet die sogenannte »Musterunterbrechung«, die im nächsten Kapitel ausführlicher beschrieben wird. Hier vorab ein beachtenswertes Beispiel:

Elisabeth B., eine Teilnehmerin an einem Fachseminar, erzielte mit dieser Vorgehensweise erstaunliche Erfolge bei ihrem alkoholkranken Freund. In wöchentlichen Abständen war er abends nicht mehr ansprechbar, aß nichts, zog sich zurück, saß nur noch in sich gekehrt da und trank ein Glas nach dem anderen.

An einem solchen Abend, als Elisabeth das Essen wieder einmal umsonst zubereitet hatte, nahm sie all ihren Mut für eine Musterunterbrechung zusammen, zog ein Abendkleid an, machte sich eine wilde Frisur, malte sich die Backen feuerrot an und setzte sich eine blaue Schleife auf den Kopf.

Als sie mit dem Essenstablett das Zimmer betrat, in dem ihr Freund saß, kippte seine Stimmung augenblicklich um. Er lachte herzlich, sagte spontan: »Ich könnte auch Schorle trinken!« Doch an diesem Abend trank er nur Wasser.

Elisabeth war nun jeden Abend auf der Hut. Wenn sie den Stimmungswechsel bei ihrem Freund schon im Ansatz bemerkte und er wieder in dieses depressive Trinken hineinzurutschen drohte, ließ sie sich irgendwas »Überraschendes« einfallen. Das reichte schon.

Jetzt, nach über einem Jahr, trinkt ihr Freund deutlich weniger, und seine Psyche ist zunehmend stabiler geworden.

Leseempfehlung

Wer kleine Zaubertricks mal selbst ausprobieren möchte und darum nach Anleitungen sucht und/oder einen amüsanten und mit vielen Bildern versehenen Überblick über die Zauberkünste haben will, findet dies und noch einiges mehr bei:

Werner Waldmann: Zauberkunst. Magie, Illusionen, Tricks, Geschichte, Hilfsmittel, Anleitung. München 1996.

Kapitel 13

Schon mal den Kopf mit Luftanhalten durchgesetzt?

Als Carlo und Trumtinchen die Tulpenstraße 9 betraten, rief ihnen im Treppenhaus eine schrille Frauenstimme entgegen: »Herr Karl, Herr Karl! Moment, Moment, warten Sie doch!« Es war Frau Schulze, die ein Stockwerk höher wohnte und nun wie ein geölter Blitz zu ihnen herabsauste. »Ich wollte nur wissen, ob's mit'm Hören heute besser geht?« japste sie aufgeregt.

»Geh bloß nicht auf sie ein!« rief Trumtinchen Carlo zu. Der reagierte prompt und zog der Schulze mit viel Simsalabim eine Reihe Münzen aus der Schürzentasche. Die Schulze juchzte und ließ den Kehrbesen fallen. So eine Überraschung hatte sie noch nicht erlebt.

»Schönen Tag noch«, wünschte Carlo gleich darauf, nahm zwei Stufen auf einmal und schloß schnell die Wohnungstür auf.

»Man merkt, daß du die nicht ausstehen kannst!« sagte Trumtinchen und machte sich zum Ausstieg aus der Brusttasche bereit.

»Stimmt«, sagte Carlo und schloß die Tür, »die geht mir mit ihrer ständigen Fragerei auf den Wecker. Jetzt bin ich eh schon schwerhörig, da muß mich die alte Schachtel auch noch ständig daran erinnern. Vielleicht ist das ja lieb von ihr gemeint, aber irgendwie ist ihre Anteilnahme daneben.« Carlo hielt den Zeigefinger an seine Brusttasche, und Trumtinchen kletterte geschwind heraus.

»Jetzt hast du aber ein Rezept, um etwas dagegen zu unternehmen«, entgegnete Trumtinchen, »und wenn dich wieder was nervt, dann machst du einfach etwas, das die Leute verblüfft, und sie werden mit ihrem Unsinn ganz bestimmt aufhören.«

187

»So, so, mein kluges Sternchen, du spielst damit doch bestimmt auch auf Danny an, hab ich recht?«

»Nein, das war wirklich ganz allgemein gesprochen. Großes Zaubererehrenwort.«

»Dennoch: Du kannst dir nicht vorstellen, was ich bei Danny schon alles ausprobiert hab. Ich hab's mit Nachsicht versucht, ich hab's geschluckt oder gute Miene zu seinen listigen Spielen gemacht, und ich hab auch mal ordentlich auf den Tisch gehauen. Alles für die Katz, sag ich dir. Danny hat mich oft nur ausgelacht.« Carlo trug Trumtinchen in die warme und gemütliche Küche.

»Aber anscheinend blieb das, was du mit Danny gemacht hast, deshalb wirkungslos, weil es nicht das entscheidend andere war.«

»Ja, vermutlich hast du recht.«

»Das Etwas-entscheidend-anders-Machen war eine unserer ersten Lektionen auf Trumtino. Es ist eine einfache, aber sehr wirkungsvolle Hilfe und kann in vielen Situationen verwendet werden. Als ich zum Beispiel noch klein war, hab ich im Schlaf oft mit den Zähnen geknirscht. Als das nicht aufhörte, hat meine Mutter was ganz Einfaches gemacht. Sie hat mein Bettchen herumgedreht, und was ist passiert? Mit meiner Zähneknirscherei war's vorbei.«

»Das gibt's doch nicht«, sagte Carlo erstaunt und setzte Trumtinchen vorsichtig auf einer Serviette ab.

»Danke, Carlo. Und was müssen wir bei Danny abstellen, wenn ich es mal so sagen darf?«

»Gerade hat er sich etwas ausgesucht Blödsinniges ausgedacht, um mich auf die Palme zu bringen. Stell dir vor, er fragt mich regelmäßig bei Tisch, wie lange es noch bis Weihnachten ist. Dieses Spiel macht er seit etwa drei, vier Wochen mit mir.«

»Und wie reagierst du darauf?«

»Zuerst habe ich es ignoriert und mir gedacht, er macht halt seine dummen Witze mit mir, das legt sich schon wieder. Aber dann wiederholte er seine Frage immer wieder, und ich wurde immer wütender. Und wenn er jetzt wieder damit anfängt, dann schicke ich ihn sofort in sein Zimmer.«

Trumtinchen lächelte. »Du, da hat Danny aber einen erstklassigen Trick entwickelt, um dich zu ärgern. Und weil ihn das Sitzen am Tisch sicher total langweilt, kann ihm gar nichts Besseres passieren, als daß du ihn wegschickst. Raffiniert macht er das.«

»Ja, und was kann ich dagegen tun? Ich will mich nicht weiter so nerven lassen!«

»Paß auf. Beim nächsten Mal erklärst du ihm: ›Die haben Weihnachten abgeschafft – dafür wird jetzt zweimal Ostern gefeiert‹, oder du fängst einfach an, ›der Mai, der Mai, der lustige Mai‹ oder was Ähnliches zu singen.«

»Sternchen, was für verrückte Ideen«, sagte Carlo schmunzelnd und griff sich mit gespieltem Ernst an den Kopf.

»Klar, Ideen muß man haben! Du kannst auch zu Danny sagen: ›Das Wasser wird immer flüssiger.‹ Oder du läßt ihn den Abstand in Kilometern schätzen. Aber eines ist wichtig: Was du auch machst, du mußt es gut rüberbringen. Du darfst zum Beispiel nicht lachen, sonst verpufft die Wirkung.«

»Deine Vorschläge sind wirklich was ganz anderes!«

»Tja, drum erzähl ich dir noch was von mir. Ich hatte mal Ärger mit einer Lehrerin, weil sie mir meine Note nicht verraten wollte. Also habe ich eines Tages nach dem Unterricht zu ihr gesagt: ›Ich halte jetzt so lange die Luft an, bis Sie mir sagen, was ich für eine Note von Ihnen bekomme!‹ Und dann habe ich mich vor ihr aufgebaut und demonstrativ die Luft angehalten. Entweder, oder, dachte ich. Und was meinst du, Carlo, ist geschehen?«

»Keine Ahnung«, sagte Carlo.

»Die Lehrerin war so baff, daß sie sofort mit der Note herausrückte. Freilich hätte das auch schiefgehen können. Aber ich habe sie eben überrascht, und darum hatte ich Erfolg.«

»Warum ist mir das nicht während meiner Schulzeit eingefallen?« sagte Carlo und lachte herzlich.

»Sei bloß froh, sonst hättest du sicher Riesenärger bekommen. Mit dem Andersmachen kannst du aber immer noch anfangen, und du kannst eine Menge damit machen. Wenn du in eine miese Stimmung kommst, dann machst du eben auch sofort was anderes. Spazier durch die Wohnung, erledige ein überfälliges Telefonat oder geh kurz auf die Straße. Das sind ganz einfache Dinge. Egal, tu nur irgendwas, komm nicht weiter ins Grübeln, sonst bleibst du womöglich noch in trüben Gedanken hängen.«

»Danke, Sternchen, gut zu wissen. Aber da fällt mir noch eine andere Spezialität von Danny ein: Er kriegt ab und an ganz schöne Wutanfälle. Und ich habe darauf...«

»... immer mit Strafpredigten reagiert«, unterbrach ihn Trumtinchen, »oder du hast dich taub gestellt oder ihm sogar Schläge angedroht. Aber die Wutanfälle hörten nicht auf, sondern wurden immer schlimmer, stimmt's?«

»Ja, du hast schon wieder recht!«

»Und darum machst du einfach mal was anderes – je ausgefallener es ist, desto besser. Du kannst Danny beim nächsten Wutanfall etwa wortlos einen Apfel in den Mund schieben, durch die Wohnung tanzen, so wie ich die Luft anhalten oder eine Trillerpfeife aus der Tasche ziehen und so laut pfeifen, daß die Wände wackeln. Oder, noch besser, du zauberst ihm was vor. Probier's doch mal damit aus.«

»Du, das mach ich. Na, und zu guter Letzt hat Danny noch die scheußliche Angewohnheit, seine Sachen überall in der Wohnung zu verstreuen, wenn er von der Schule heimkommt. Da sieht's dann aus! Seine Jacke liegt im Flur auf dem Boden, seine Mütze auf dem Stuhl, die Sportschuhe stehen irgendwo herum, und den Rucksack finde ich im Wohnzimmer oder in der Küche. Ich bin's wirklich leid, ständig seine Sachen zusammenzusuchen und anschließend noch wegzuräumen. Mach ich das aber nicht, liegen sie noch tagelang so da.«

»Ißt Danny gern Schokolade?«

»Nein, aber Gummibärchen stopft er massenhaft in sich hinein. Wieso?«

»Na, ganz einfach, dann leg doch das nächste Mal auf jedes Kleidungsstück ein paar Gummibärchen. Ich bin gespannt, wie er darauf reagiert.«

»Und ich erst«, sagte Carlo schmunzelnd, machte daraufhin mit einer Hand eine Faust, schlug mit ihr dreimal auf den Tisch, öffnete sie langsam und hielt – zur großen Überraschung von Trumtinchen – ein paar Gummibärchen in der Hand.

So geht's

Die Musterunterbrechung

Wer weiß, wie Danny darauf reagieren wird. Doch welche Wirkung dieser Trick bei einem unordentlichen Ehemann hatte, berichtete seine Frau in einem Seminar so: Ihr Mann hatte die Angewohnheit, seine Sachen überall in der Wohnung zu verstreuen, wenn er nach Hause kam. Sein Mantel lag auf der Kommode, sein Jackett über einer Stuhllehne, die Schuhe standen irgendwo im Gang herum, seine Aktentasche fand sich im Wohnzimmer. Seine Frau war es leid, ihm ständig hinterherzuräumen. Da er gern Schokolade aß, legte sie auf jeden herumliegenden Gegenstand ein kleines Täfelchen Schokolade. Es dauerte eine ganze Zeit, bis er es bemerkte, dann lachte er, und sie berichtete weiter, daß er sich in der Folge gebessert habe.

Wenn sich also eine beklagte Situation ständig wiederholt, dann können wir mit »Musterunterbrechungen« ein problemlösendes Element einsetzen. Unser Vorteil ist: Weil wir bereits wissen, was auf uns zukommt, können wir etwas überraschend anderes machen, um so das üblicherweise ablaufende Muster zu stoppen. Doch es muß etwas sein, das wirklich originell ist und weder den anderen bestraft noch über ihn spottet noch der Einfachheit halber nur das Gegenteil des bisherigen Verhaltens ist. Und ein bißchen liebevoller Humor sollte auch dabeisein – so, daß man hinterher gemeinsam lachen kann.

Andere ideenreiche Beispiele: Eine Mutter beklagte sich darüber, daß ihre Tochter immer unpünktlich aufstehe. Was hat sie auf den therapeutischen Rat hin getan? »Die Mutter schlich sich abends, nachdem die Tochter eingeschlafen war, in deren Zimmer und stellte den Wecker so, daß er zwei Stunden früher als gewöhnlich klingelte. Am nächsten Morgen maulte die Tochter, die Mutter sagte nichts. Am folgenden Abend stellte sie den Wecker so, daß er drei Stunden später als gewöhnlich klingelte. Wieder schimpfte die Tochter. Am dritten Abend änderte die Mutter nichts an der eingestellten Weckzeit. Am folgenden Morgen (und danach an den meisten Tagen) stand die Tochter rechtzeitig auf« (Steve de Shazer: Wege der erfolgreichen Kurztherapie, S. 157).

Oder das Aufräumproblem: Eine erfindungsreiche Mutter hatte den Zirkus satt und legte die schmutzige Wäsche ihrer Kids sauber zusammengelegt in den Wäscheschrank zurück. Eine andere spannte eine Leine quer durchs Kinderzimmer und hängte dort die Sachen auf. Wieder eine andere berichtete, daß sie alle linken Schuhe ihres Kindes im Haus versteckte. Von da ab gab es kein Suchen nach den Schuhen mehr. Auch die anderen Methoden haben auf Anhieb funktioniert.

Eine junge Frau machte sich Sorgen über ihren Ehemann, der geschäftlich viel verreisen mußte. Wenn er nach ein paar Tagen wieder nach Hause kam, machte er immer einen deprimierten Eindruck. Die Frau nahm an, er freue sich gar nicht aufs Nachhausekommen. Dabei gab sie sich alle Mühe, ihn aufzuheitern, kochte ihm sein Lieblingsessen oder lud seine besten Freunde ein. Aber das half alles nichts.

Der Therapeut riet ihr, sie solle etwas überraschend anderes tun – etwas, das ihr Mann keinesfalls von ihr erwarten würde. Am wenigsten würde er wohl erwarten, meinte sie, daß sie bei seiner Heimkehr nicht da sei. Also schrieb sie ihm einen Zettel und verschwand. Was für eine Überraschung: Ihr Mann war nicht im mindesten bedrückt, als sie heimkam.

In der folgenden Woche begann sie, ausgiebig das Badezimmer zu streichen. Als er nach Hause zurückkam, bereitete er für beide das Essen zu.

Allmählich wurde der Frau klar, wie ihr Mann die Situation gesehen hatte. Wegen seiner Reisen hatte er Schuldgefühle entwickelt, denn mit ihrem Verhalten hatte sie ja deutlich gezeigt, daß ihr seine

Abwesenheit zu schaffen machte (Steve de Shazer, Wege der erfolgreichen Kurztherapie, S. 177 f.).

Vorsicht jedoch vor »unechten« Musterunterbrechungen! Zu den größten Irrtümern gehört immer noch, daß viele Menschen glauben, ihre Probleme dadurch zu lösen, wenn sie von dem Verhalten, das nicht gewirkt hat, genau das Gegenteil machen. Daß aber das – entgegen aller Logik – nicht funktioniert, weil es keine »echte« Musterunterbrechung ist, zeigt die triste Einsicht nach einer (inneren und/oder äußeren) Kehrtwende, daß man ebenso alles beim alten hätte lassen können. So etwa die Frau, die sich von ihrem »schwachen« Partner trennt, um endlich von einem »starken« Mann im Arm gehalten zu werden – und schließlich ernüchtert feststellen muß, daß sie mit diesem genauso schlecht zurechtkommt.

Daß der Wechsel von einem Extrem ins andere paradoxerweise an der beklagten Grundsituation nichts ändert, erläutert ein Beispiel von Steve de Shazer: »Als Frau Baker zur Therapie kam, stellte sie die Dinge so dar, daß sie entweder die Kinder ständig anschreien oder aber das Anschreien ein für alle Mal einstellen müsse. Sie hatte versucht, damit aufzuhören, aber ihre Bemühungen waren fehlgeschlagen, und das hatte sie nur noch stärker entmutigt. Ihre Erwartung war allerdings unrealistisch. Es gibt im Leben jeder Mutter Augenblicke, in denen sie ihre Kinder anschreit, und manchmal ist das Schreien wohl das Beste, was sie tun kann. Die therapeutische Anregung, sie solle doch ganz zufällig anfangen, einen ruhigeren und vernünftigeren Ton anzuschlagen, formte ihr problematisches Entweder/Oder-Schema in ein Sowohl/Als-auch-Schema um. Schon die Entscheidung der Klientin, ein einziges Mal nicht zu schreien, wenn sie normalerweise geschrien hätte, wäre eine winzige Veränderung, die zur Bewältigung des Problems führen könnte« (Wege der erfolgreichen Kurztherapie, S. 61).

Da Frau Baker das Entweder/Oder-Schema in ein zufälliges, nicht vorhersehbares Sowohl/Als-auch-Schema verwandelte, brachte sie eine neue pädagogische Qualität in die Kommunikation ein. Das heißt, durch den ruhigen und vernünftigen Umgangston ist in ihre bislang durchgängige Reaktion Schreien ein wichtiger Kontrast hineingekommen, der die Kinder Unterscheidungen treffen läßt. Wenn Frau Baker jetzt schreit, hat das für die Kinder eine neue Bedeutung. Sie wissen jetzt: »Vorsicht, die Mutter meint es ernst!« – weil ihr Ton eben nicht mehr ruhig und vernünftig ist. Die neue Verhaltensweise der Mutter ist für die Kinder auch weniger vorhersehbar: »Wird sie uns anschreien, oder spricht sie in ruhigem Ton mit uns?« Entsprechend reduzierten die Kinder Häufigkeit und Intensität ihrer Attacken gegen die Mutter.

Am einfachsten können wir der verhängnisvollen Entweder/Oder-Position entkommen und sie in ein Sowohl/Als-auch-Verhalten umwandeln, indem wir ein »und« zwischen die Extreme Entweder/Oder setzen. Ein eindringliches Beispiel dafür ist wohl immer noch die Frage, ob man sich von einem untreuen Partner trennen oder weiter mit ihm leben soll. Doch genau das ist in den meisten Fällen deshalb keine Lösung, weil die Situation nicht schlecht genug ist, um sich zu trennen, aber auch nicht gut genug, um zusammenzubleiben. Also ist es besser, ein Leben anzuvisieren (oder es sich sogar schon aufzubauen), das *mit* dem Partner *und ohne* den Partner funktioniert. Die Zukunft wird dann die richtige Lösung bringen. So ist man jedenfalls für beide Möglichkeiten gerüstet.

Ein solcher Fall wird ebenfalls von Steve de Shazer berichtet: Weil es einem untreuen Ehemann immer wieder gelingt, seine Frau mit verschiedenen Manövern zu verwirren und Hoffnung auf seine Rückkehr zu ihr zu wecken, baut de Shazer dieses Verhalten als wichtiges Element für die Lösung in seine Beratung mit ein. Am Ende lautet sein Rat an die Klientin:

»Wir sind da ja sicher einer Meinung, daß die Richtung, die Sie einschlagen werden, nämlich Ihr Leben allein zu leben und so zu tun, als würden Sie Platz für ihn lassen, die brauchbarste Alternative ist.

Wir denken, es ist nötig, daß Sie nicht nur sagen, daß Sie verwirrt sind, sondern diese Rolle überzeugend spielen, zum Beispiel wenn er anruft und etwas mit Ihnen unternehmen will, was hin und wieder vorkommen wird.

Sie sollten eine Münze werfen: Kopf = Ja, Zahl = Nein. Auch wenn Ihnen danach ist, ›Ja‹ zu sagen, aber Zahl oben liegt, sagen Sie ›Nein‹. Das gibt Ihrer Stimme dann eine gewisse Schärfe, und wenn er dann fragt: ›Warum nicht?‹, könnte Ihre Erklärung folgendermaßen lauten: ›Ach, ich weiß nicht, ich bin gerade so durcheinander, und mir ist einfach nicht danach.‹

Danach, aber nicht öfter als zwei- bis dreimal alle paar Wochen – etwas unregelmäßig, damit er nicht weiß, wann, rufen Sie ihn an. Solange Sie hierbei die Kontrolle behalten und Sie entscheiden, wann dieses ›zufällige‹ Ereignis stattfinden soll, rufen Sie ihn ruhig an und laden ihn irgendwohin zum Kaffee ein oder so. Tun Sie es aber nicht zu oft, Sie müssen da irgendwie ein Gefühl dafür bekommen, nicht zu oft, aber nicht zu selten.

Sie möchten, daß er das glaubt, selbst wenn Sie gar nicht mehr durcheinander sind. Sie möchten, daß er das annimmt, weil das die einzige Chance für Sie ist, daß er sich entwickelt und daß Sie beide klarkommen. Die einzige Chance ist, daß er die Sache beendet, zurückkommt und mit Ihnen neu anfängt. Andernfalls müssen Sie aufhören, so zu tun, als ob, und Ihr Leben allein in die Hand nehmen« (Steve de Shazer, Der Dreh, S. 54 f.).

Leseempfehlung

Steve de Shazer: Wege der erfolgreichen Kurztherapie. Stuttgart 1992.

Kapitel 14

Großer Besuch kommt angeflogen

Trumtinchen wurde die Zeit lang. Für Carlo aber verging sie wie im Flug. Das war kein Wunder, er hatte ja auch große Pläne, und die sah ihm Trumtinchen an der Nasenspitze an.

»Erzähl mir mehr von deinen Plänen!« bat es Carlo.

Mit »alle noch nicht spruchreif« wiegelte Carlo Trumtinchens Bitte ab. »Wenn's aber soweit ist, Sternchen, dann erfährst du sie zuerst!«

Doch Trumtinchen ahnte was: »Du denkst auch an den Zirkus, stimmt's?« fragte es.

»Kein Wörtchen werd ich dir verraten.« Carlo schmunzelte, legte den Finger auf den Mund und sagte leise: »Großes Zauberergeheimnis.«

Auch Guggi und Monsieur Pompong waren glücklich und zufrieden. Guggi bekam seine Freßanfälle jetzt tatsächlich besser in den Griff, denn jedesmal, wenn er vor seiner Speisekammer stand und sich auf seine Vorräte stürzen wollte, erinnerte er sich an das Bild vom sonnigen Strand mit Isolde, und die Speisekammer blieb zu – nicht immer, aber von nun an immer öfter. Und Monsieur Pompong hatte sich wieder mit viel Eifer in seine Schreiberei und aufs Käsetesten gestürzt.

Guggi hatte obendrein den festen Vorsatz gefaßt, ab sofort auch wesentlich gesünder zu leben. Wer konnte denn schon wissen, ob sich nicht eines Tages eine andere, noch hübschere Isolde bei ihm einfinden und sogar bleiben würde, jetzt, wo er doch viel weniger träge war. Außerdem hatte er an eine Zeitungsannonce unter der Rubrik »Er sucht Sie« gedacht.

So gesehen, war bei Monsieur Pompong, Carlo und im Nachtkasten alles in Butter.

»Gar nichts ist in Butter«, dachte Trumtinchen und machte ein sorgenvolles Gesicht. Die Gedankenbilder vom kleinen Zirkus waren nicht mehr aufgetaucht. Auch das fast allwissende graue Kästchen wußte weder Rat noch Antwort, gab nur immer ein monotones Piepsen von sich oder blinkte Trumtinchen verständnislos mit seinem bunten Geflimmer an, wenn dieses nach dem Zirkus und dem geheimnisvollen Koffer fragte.

So nahm Trumtinchen oft den kleinen Stein von Trumtino in die Hand, streichelte ihn oder legte ihn sacht an seine Wange. Das sollte beide trösten: Trumtinchen und den Stein. Denn für die Trumtine waren auch die Steine lebendig, hatten Gefühle und Empfindungen. Wer das nicht glauben mag, der denke nur an Trumtino – eine Seele von einem Stein, wenn auch einem sehr, sehr großen Stein, der gelegentlich etwas launisch war.

Carlo, Monsieur Pompong, Guggi – allen hatte Trumtinchen geholfen. Sogar Aurora hatte einen ganzen Tag länger gelebt. Und sie hatte, wie ausgemacht, am nächsten Tag bei Trumtinchen vorbeigeschaut. Noch viel hübscher hatte sie ausgesehen. Begeistert hatte sie von ihren erstaunlichen Erlebnissen berichtet und von der tollen Wirkung, die sie auf die anderen Eintagsfliegen hatte, weil sie sich eben so ganz anders, nämlich selbstbewußt und gelassen gegeben hatte. Nun ging es ihr von Grund auf gut.

Bei ihrem Besuch hatte sich Trumtinchen noch in einen komplizierten Vortrag über die richtige Gestalt von Sternen im allgemeinen verstiegen und sich dabei eindeutig für die Kugelform ausgesprochen. Die böte doch entscheidende Vorteile. Aurora konnte nicht in allen Punkten folgen, aber etwas anderes war ihr klargeworden: daß das So-tun-als-ob-es-einem-Gutgeht die anderen glauben macht, es gehe einem gut, und sie einen darum anders ansehen und behandeln. Das wiederum bewirkt, daß es einem zum Schluß tatsächlich besser geht. Und das hat bei ihr auch lebensverlängernd gewirkt.

Noch etwas hatte Aurora begriffen: Daß sie viel mehr Eindruck auf die anderen Eintagsfliegen machte, als sie bisher angenommen hatte. Denn die machten Aurora tatsächlich nach, wie Trumtinchen schon bald erfahren sollte. Jedenfalls war Aurora mit den neuen Kenntnissen und Fähigkeiten zu einer starken Zweitagsfliegenpersönlichkeit geworden.

Ja, und dann war Aurora nach einem herzzerreißenden Abschied schließlich zum Teich zurückgeschwirrt. In diesem Leben würden sie sich nicht mehr wiedersehen. So viel hätte Trumtinchen der sympathischen Aurora noch sagen und beibringen wollen. Doch ihre Freundschaft hatte eine interessante Begegnung zur Folge.

Gerade in dem Augenblick, als Trumtinchen wieder seinen Stein streichelte, kamen fünf junge Eintagsfliegen dahergeflogen. Das summte und brummte nicht nur ganz schön in der Schublade, sondern wehte auch die Schmetterlinge tüchtig durcheinander.

Guggi schaute natürlich gleich neugierig aus einem seiner vielen Löcher heraus. Dieses Spektakel wollte er sich nicht entgehen lassen. Es schien, als hätten die Eintagsfliegen schon die besten Voraussetzungen für ein Zweitagsfliegendasein, denn nach ihrer Landung standen sie sehr selbstbewußt da. Sie seien gekommen, erklärten sie einhellig, um sich bei Trumtinchen Tips fürs Fliegen zu holen.

»Und wo liegen eure Schwierigkeiten?« fragte es und steckte seinen Stein schnell weg.

»Wir haben alle dieselben«, meinte die eine und stellte sich höflich mit Namen Kati vor. »Mal läuft's mit dem Fliegen phantastisch, aber dann ist plötzlich irgendwie der Wurm drin, und wir fallen fast wie Steine zu Boden. Sag uns doch bitte, was wir da falsch machen?« Den Satz mit dem Wurm hätte Kati besser nicht gesagt, denn Guggi zog daraufhin beleidigt den Kopf ein und blieb vorerst verschwunden.

Trumtinchen überlegte und meinte dann: »Also, wenn ich's recht verstehe, läuft's bei euch mal besser und dann mal wieder schlechter. Hängt es vielleicht mit dem Luftdruck oder der Temperatur zusammen?«

»Nein, weder noch«, antwortete eine andere Fliege namens Julia. »Das ist davon völlig unabhängig, wie mir scheint. Es muß andere Gründe haben.«

»Weder Luftdruck noch Temperatur«, grübelte Trumtinchen weiter. »Trinkt ihr alle inzwischen wenigstens etwas Wasser?«

»Ja, wir haben's Aurora gleich nachgemacht«, sagte Julia eifrig.

»Gut. Waren eure Bäuche also während des Flugs voll oder leer?«

»Ich bin auch mit leerem Bauch schon mal abgestürzt«, gestand daraufhin Eva errötend.

»Und ich mit vollem«, sagte die andere kleinlaut. Es war Conny.

»Und ich mit vollem und ein anderes Mal mit halbleerem Bauch«, sagte die letzte Fliege Meike.

»So, so, das kann es also auch nicht sein«, sagte Trumtinchen und überlegte weiter. Die Fliegen sahen einander erwartungsvoll an. Nach einer Weile meinte es: »Ich denke, ich habe die Lösung! Ihr müßt euch nach der Ausnahme fragen. Ja, genau, das ist es!«

»Nach der Ausnahme fragen?« ertönte es im Fliegenchor.

»Ja, der Trick mit der Ausnahme läßt sich auf vieles anwenden, nicht nur aufs Fliegen«, meinte Trumtinchen. »Wenn zum Beispiel jemand sagt, daß er ständig traurig oder ängstlich ist, dann stimmt das nicht, denn es gibt immer wieder Momente, in denen es ihm besser geht. Und wenn ihr zum Beispiel Probleme mit dem Fliegen habt, dann wird das auch kein Dauerzustand sein. Mal läuft's besser, mal läuft's schlechter. Stimmt's?«

»Ja, genau!« riefen die Fliegen wieder im Chor.

»Na also. Und dann fragt ihr euch: Woran lag's, daß es mit dem Fliegen oder meinetwegen auch euren Nachbarn oder Freunden oder Bekannten besser ging?«

»Ich meine, es liegt immer an den anderen, wenn es Zoff gibt«, sagte Kati.

»So einfach ist es nicht«, entgegnete Trumtinchen. »Um das herauszufinden, muß man auch sich selbst ganz genau beobachten. Fragt euch daher: Habt ihr vielleicht eine freundliche Geste gemacht, habt ihr gelächelt, ein liebes Wort gesagt oder irgend etwas anderes getan, das aus dem üblichen Rahmen gefallen ist? Oder waren die anderen Fliegen besser drauf, und darum habt ihr euch aufmerksamer oder ruhiger verhalten. Und warum waren sie so gut gelaunt? Versteht ihr jetzt, was ich mit der Ausnahme meine?«

»Eigentlich noch nicht so ganz«, sagte Conny und blickte etwas unsicher drein.

»Also, laßt euch das mit der Ausnahme am Beispiel Fliegen erklären. Ihr müßt herausfinden, warum es mal besser läuft – oder mal schlechter, je nachdem. Jedenfalls muß es einen Unterschied geben zwischen dem, wenn es gut läuft, und dem, wenn es nicht so gut läuft. Entweder denkt ihr dann an was anderes, oder ihr habt ein besseres Gefühl, oder ihr stellt euch geschickter an. Aurora hatte ja den Fehler gemacht, beim Start falsch zu atmen. Ich hoffe, ihr macht das nicht so!«

»Nein, nein, Aurora hat uns viel beigebracht«, bemerkte Kati.

»Wir ziehen auch immer gleich die Beine an«, ergänzte Eva.

Und die Fliegenmädchen begannen, über die Ausnahme nachzudenken. Sie traten dabei nervös von einem Bein auf das andere, wiegten die Köpfe hin und her, stöhnten leise und schwenkten ihren Hinterleib. Eine knabberte sogar an ihrem Flügel.

»Ich weiß«, sagte Trumtinchen mitfühlend, »die Ausnahme ist oft schwer herauszufinden. Habt also bitte mit euch selbst Geduld!«

»Ich glaub, ich hab's!« rief Conny schon. »Ich fliege immer dann gut, wenn ich gar nicht darüber nachdenke, wie ich fliegen soll, sondern einfach drauflos fliege und und dabei an was ganz anderes denke.«

»Das ist eine sehr gute Möglichkeit«, bestätigte Trumtinchen, »auch ein Tausendfüßler darf zum Beispiel nicht darüber nachdenken, wie er eigentlich vorwärtskommt. Wenn er das machen würde, käme er wahrscheinlich ganz schön mit seinen Beinen durcheinander. Doch zurück zur Ausnahme, liebe Conny. Mit ihr kannst du auch andere Dinge meistern, zum Beispiel eine unangenehme Aufgabe erledigen, indem du dir sagst: ›Die Arbeit muß getan werden‹ – und nicht weiter darüber nachdenkst, ob sie dir Spaß macht oder nicht. Du machst sie einfach, und damit hat sich's!«

»Funktioniert das auch beim Lernen?« fragte Meike, »denn das mache ich nämlich gar nicht gern.«

»Na, und wie. Du setzt dich hin, legst los und fragst dich nicht, ob du jetzt Lust dazu hast oder nicht.«

»Ich habe da auch einen Vorschlag, wie ich mich total verbessern könnte«, sagte Julia. »Ich glaube, ich stürze sicher nicht mehr ab, wenn ich mir zuerst genau vorstelle, wie man superspitzenklasse fliegt. Dabei würde mir meine ausgeprägte Phantasie sehr helfen«, fügte sie stolz hinzu.

»Ja, und setz deine Phantasie noch mehr ein«, sagte Trumtinchen, »denn wer viel Phantasie hat, hat auch gute Ideen. Aber, davon abgesehen, mach einfach deine Flüge zuerst im Kopf, das heißt, stell sie dir so intensiv und so perfekt wie nur möglich vor, und dann wird dir das genauso in der Praxis gelingen. Wir Trumtine haben es so ähnlich vor unseren Prüfungen im Figurenfliegen gemacht und das ganze Programm vorab im Kopf abgespult. Und je besser wir das konnten, desto lockerer lief's dann in der Prüfung. Ja, was möchtest du sagen, Kati?«

»Ich vermute«, sagte Kati, »ich atme falsch, nein, nicht beim Start, sondern während des Flugs. Da fange ich plötzlich an zu hecheln, und dann läßt meine Kraft schnell nach.«

»Ich glaube, ich mache einen ähnlichen Fehler«, stimmte ihr Eva zu, »und habe den Mund beim Fliegen auf. Da wird mir dann furchtbar schwindlig.«

»Trumtinchen«, unterbrach sie Meike, »wir müssen wieder zum Teich zurück. Hab tausend Dank für deinen Rat. Du hast uns tolle Tips gegeben. Ab sofort richten wir zusätzlich einen regelmäßigen Flugdienst zu dir ein. Morgens und abends soll ein Kurier vorbeifliegen, damit wir wissen, wie es dir geht oder ob wir etwas für dich erledigen können. Bitte achte doch darauf, daß ein Fenster offen ist oder die Türen angelehnt sind. Da kommen wir dann schon durch. Also, ein herzliches Lebewohl!«

»Bitte, bitte, ich hab euch sehr gern geholfen«, sagte Trumtinchen gerührt.

Die Fliegen stiegen auf, Meike voraus. Drei von ihnen flogen deutlich besser. Trumtinchen winkte ihnen vom Schubladenrand aus nach, auch dann noch, als sie schon längst im Türspalt verschwunden waren. Es hatte diese Wesen mit den großen Flügeln sehr liebgewonnen.

So geht's

Die Ausnahme

»Ausnahmen« nennt der Fachmann in der Beratung jene Situationen, in denen ein fortwährendes Problem gar nicht oder nur abgeschwächt auftritt – und Ausnahmesituationen gibt es immer wieder. Denn ständige Veränderungen gehören zum Leben. Beispielsweise ist kein Gemütszustand konstant. Geht es uns schlecht, so gibt es auch immer wieder Phasen, in denen es uns besser geht. Haben wir berufliche oder private Probleme, so gibt es auch da Momente, wo sie gar nicht oder nur abgeschwächt auftreten, sei es, daß eine schwierige Beziehung glatter läuft oder Reibereien mit Kollegen oder Vorgesetzten seltener sind. Woran lag das?

Die lösungsorientierte Therapie behauptet: weil in diesen Situationen etwas anderes geschehen ist. Dieses »andere«, das die Ausnahme schafft, herauszufinden und gezielt einzusetzen hilft Probleme lösen. Die wichtige Frage bei der Suche nach dieser Ausnahme ist: Wenn uns etwas von dem glückt, was wir erreichen möchten, oder wenn eine bislang problematische Situation besser gerät – was war dabei die *entscheidende* Abweichung vom üblichen Gefühls-, Denk- und/oder Verhaltensmuster?

Wenn dieses »andere« schon einmal einen guten Einfluß auf eine Situation hatte, dann wird es das in einer ähnlichen Situation sehr wahrscheinlich wieder haben. Selbstverständlich kann im umgekehrten Fall ein negatives »anderes« auch das Gegenteil bewirken und die Situation zum Schlechten hin beeinflussen. Doch es ist immer das entscheidend »andere«, das die Situation gewendet hat. Und das läßt sich durch Ausprobieren herausfinden.

Nehmen wir an, jemand meint, man würde sich nicht für ihn interessieren, dann wird er die Situationen, in denen ihn jemand interessant, attraktiv oder anziehend findet, nicht wahrnehmen. Oder er nimmt sie doch wahr, interpretiert sie aber als »Ausnahme, die seine Regel bestätigt«, und nicht als »Ausnahme, die die Regel außer Kraft setzt«. So kann er die guten Erfahrungen nicht für eine Lösung benutzen. Beginnt er jedoch solche Ausnahmesituationen als Anzeichen für positive Veränderungen zu bemerken und weiter auf sie zu achten, dann hat er bereits ein erstes, qualitatives Urteil getroffen: Er hat in seinem eintönigen Schwarzweißfilm ab und an schon kleine, bunte Farbtupfer entdeckt – und die lassen sich »vergrößern«. Das geht so:

Nehmen wir das Problem, das uns gerade am meisten beschäftigt, und fangen wir an, nach diesen kleinen Farbtupfern Ausschau zu halten – rückblickend, gegenwärtig oder in der nächsten Zeit. Fragen wir: Wie sind sie entstanden, wie entstehen sie? Wenn es uns schwerfällt, diese Farbtupfer zu entdecken, betrachten wir unsere Situation mit den Augen des Partners, eines guten Freunds oder einer guten Freundin (siehe Kapitel 15: »Das zirkuläre Fragen«).

Fragen wir uns weiter: Haben wir vielleicht das Problem als Herausforderung gesehen, haben wir es losgelassen, oder haben wir Verantwortung abgegeben, dort, wo wir nicht zuständig sind? Oder verhielten wir uns anders, machten wir eine andere Geste, sprachen ein anderes Wort, hatten einen anderen Tonfall etc.? Oder, umgekehrt, was haben wir nicht gemacht, was wir sonst, in vergleichbaren Fällen, gemacht hätten? Oder kam etwas anderes auf uns zu (und was war das?), und reagierten wir darum anders, waren interessierter, freundlicher, aufgeschlossener, ruhiger etc.?

Ein Beispiel: Dieses Anders-Machen kann mit einem Vermeiden beginnen, etwa wenn eine Ehefrau absichtlich eine halbe Stunde später nach Hause kommt, um so dem Dauerkrach mit ihrem Mann am Donnerstag abend aus dem Weg zu gehen. Als er vom Kegelabend heimkommt, ist er erleichtert, daß seine Frau (ausnahmsweise) nicht zu Hause ist. Daraufhin legt er sich gleich zu Bett.

Als die Frau ihrem Therapeuten davon erzählt, macht er ihr den

Vorschlag, am nächsten Donnerstag eine Münze zu werfen und je nachdem, wie sie fällt, entweder aus dem Haus zu gehen oder da zu bleiben. Der Ehemann weiß, daß sie die Münze werfen wird. So ist er bei der Heimkehr nicht sicher, ob er seine Frau antreffen wird oder nicht.

Die Ehefrau ist an beiden Donnerstagen zu Hause. Sie hat keine Münze geworfen. Als ihr Mann heimkommt, überrascht sie ihn mit selbstgebackenen Plätzchen. Es gibt keinen Streit. (Steve de Shazer: Wege der erfolgreichen Kurztherapie, S. 215 f.)

Das entscheidend andere, das die Situation positiv beeinflußt, ist die Unsicherheit gegenüber dem Kommenden – bei der Ehefrau durch das Werfen der Münze ausgelöst, ob sie ausgehen soll oder nicht (was sie aber dann doch nicht tut) und beim Ehemann, weil er nicht weiß, ob seine Frau zu Hause sein wird oder nicht. Dem Streitmuster ist damit schon im Vorfeld der Boden entzogen.

Trumtinchens Tip, wie man eine ungeliebte Aufgabe angehen soll, stammt von einer Teilnehmerin eines Fachseminars, die das nach dem Motto macht: »Die Arbeit muß getan werden!« Sie denkt erst gar nicht darüber nach, ob ihr die Arbeit Spaß machen könnte oder nicht – sie macht sie. Die junge Frau ist **Handlungstyp**, da kommt ihr der Persönlichkeitstyp sicher entgegen.

Interessanterweise taucht dieselbe Lösung in einem anderen Fallbeispiel bei Walter und Peller auf: Ein junges Mädchen, das große Schwierigkeiten hat, ihre Hausaufgaben zu machen, kommt in die Beratung. Die Frage nach den Ausnahmen bringt die Lösung: Sie macht ihre Aufgaben problemlos, wenn sie ihre Gefühle von Unlust oder Desinteresse einfach übergeht und fest an die bevorstehende Versetzung denkt (John L. Walter und Jane E. Peller: Lösungsorientierte Kurztherapie).

Erinnern wir uns: In Kapitel 8: »Das Kino im Kopf« hat Trumtinchen bei Monsieur Pompong auch eine Ausnahme herausgefunden und ihm damit einen akzeptablen Rat gegeben: Er kann sich leichter an seine Schreibarbeit setzen, wenn er das, was er schreibt, zu Anfang nicht so wichtig nimmt.

Leseempfehlung

Steve de Shazer: Das Spiel mit Unterschieden. Wie therapeutische Lösungen lösen. Heidelberg 1994.

John L. Walter, Jane E. Peller: Lösungs-orientierte Kurztherapie. Ein Lehr- und Lernbuch. Dortmund 1994.

Kapitel 15

Die Geschichte vom nie begonnenen Käsekuchen

Trumtinchen konnte es schon riechen: Monsieur Pompong war im Anmarsch und kletterte gerade am Nachtkasten hoch. »'allo, 'allo, Sternschen!« rief er schon von unterwegs, drehte sich dann geschickt über den Rand, ließ sich in die Schublade plumpsen und flötete: »O là là, was war'n denn das für 'übsche Mademoisellen?«

»Was willst du denn um diese Zeit hier?« gab ihm Trumtinchen zur Antwort. »Ich denke, du mußt den ganzen Tag Käse probieren.«

»Pardon, ich hab mir heute freigenommen«, sprach er akzentfrei weiter. »Gestern war's mir zu stressig. Termine, nichts als Termine. Und komm ich nicht rechtzeitig, dann ist der eine oder andere Käse schon aufgegessen. Komm ich zu früh, ist es auch wieder nichts. Außerdem wollte ich vorbeischauen und dich fragen, wie geht's, wie steht's, und was gibt's Neues von euch?«

»Wenn er so launig ist«, dachte sich Trumtinchen, »dann stimmt was nicht.« Doch der Besuch war ihm recht, denn so würde wieder etwas Zeit unbemerkt vorübergehen. »Danke, Monsieur Pompong, es geht mir gut«, antwortete es, »aber manchmal kann ich es nicht mehr erwarten, bis der Zirkus endlich da ist und ich Gewißheit habe.«

»Verstehe. Aber wo steckt unser Guggi?«

»Weiß ich nicht. Ich habe seine Bohrmaschine auch noch nicht gehört. Entweder sitzt er irgendwo am Ende eines Gangs und brütet darüber, wie er am geschicktesten weiterbohrt, oder er ist beleidigt, denn da ist vorhin eine dumme Bemerkung gefallen. Also eins von beiden oder beides zusammen. Willst du mit ihm reden?«

»Non, non. Um ehrlich zu sein, ich habe was auf dem Herzen, und das würde ich lieber gern mit dir allein besprechen. Es geht um meine Freundin Susi.«

»Dann erzähl mal.«

»Also gestern war sie ziemlich merkwürdig. Sie hatte vor, einen Käsekuchen zu backen. Dagegen wäre ja nichts einzuwenden, denn wie du weißt, liebe ich Käse, aber es gab da ein winziges Problem: Der Zucker war alle. Ihre Nachbarin hat zwar immer welchen, aber Susi ist ganz plötzlich eingefallen, daß die Nachbarin sie neulich nur flüchtig gegrüßt hat. Sie schien zwar wenig Zeit zu haben, aber vielleicht, so meinte Susi, war ihre Eile nur gespielt? Kurz und gut: Je mehr Susi darüber nachdachte, desto sicherer wurde sie sich, daß die Nachbarin etwas gegen sie habe. Und aus dem Grund sei die Bitte um Zucker völlig ausgeschlossen. Ich sag dir, Sternchen, Susi hat sich da so hineingesteigert, daß sie noch heute morgen eine Mordswut auf die Nachbarin hatte. Ich verstehe das nicht. Sag mir doch bitte, was ich von der Geschichte halten soll?«

»Du hast es eben selbst gesagt, Monsieur Pompong: Susi hat eine Geschichte erzählt, eine Story, das ist alles.«

»Nein, nein, Sternchen, das war keine Geschichte, das hat sich wirklich so abgespielt!«

»Glaub ich dir ja auch. Und trotzdem ist jeder von uns so was wie ein Geschichtenerzähler.«

»Daß ich nicht lache«, tönte jetzt Guggi erbost aus dem Hintergrund und schien sich für einen Moment fast so groß wie Trumtino aufzuplustern – er war zumindest genauso rot im Gesicht. »Sternchen, jetzt gehst du aber entschieden zu weit. Du wirst doch nicht allen Ernstes behaupten wollen, daß wir alle irgendwelche Geschichten erzählen?«

»Ja, in gewissem Sinn schon, denn jeder erzählt sich und den anderen, was er denkt und meint, was er sich wünscht, worüber er sich ärgert oder freut und was ihn sonst noch bewegt. Das macht er wissentlich oder unwissentlich, aber es ist meist nur seine ganz persönliche Sicht. Oder willst du mir da widersprechen? Und außerdem hast du noch ein paar Holzkrümel am Mund hängen.«

»So?« sagte Guggi kleinlaut und hatte allmählich wieder seine normale Größe angenommen.

»Ja, und damit meine ich, Susis Geschichte stimmt ganz sicher für Susi. Sie hat etwas von sich erzählt. Erzählt euch jemand seine Story, dann könnt ihr ganz locker bleiben und denken: ›Gut, das ist deine Geschichte, schön. Aber da überlege ich mir erst mal, ob ich sie dir auch abkaufe!‹ Und damit könnt ihr einem möglichen Streit schon von vornherein aus dem Weg gehen.«

»Das verstehe ich trotzdem nicht«, maulte Guggi von neuem los. »Schau doch: Wenn wir Susi jetzt fragen könnten, dann würde sie doch felsenfest behaupten, daß das keine erfundene Geschichte ist, sondern eine wahre!«

»Genau das habe ich gerade versucht zu erklären. Warum gibt's denn Krach? Weil jeder seine Meinung durchsetzen will und selbst nicht kapiert, daß er wahrscheinlich bloß seine eigene Geschichte und nicht die absolute Wahrheit erzählt. Jede Meinung ist nur ein Standpunkt, und der, lieber Guggi, kann auch wie eine Falle sein, in der man festsitzt. Und um aus der wieder herauszukommen, muß man sich was Kluges einfallen lassen.«

»Oui, oui«, sagte Monsieur Pompong zustimmend, aber fragte dann: »Und was mache ich da am besten?«

»Das ist gar nicht schwer. Man muß sich zu seiner ersten Meinung noch eine andere Meinung bilden oder, anders gesagt, an die erste Geschichte noch eine zweite dranhängen. Aber der entscheidende Trick dabei ist, daß die neue Meinung oder die neue Geschichte positiver sein sollte als die alte, denn nur dann wird's einem leichter ums Herz.«

Guggi machte große Augen, und Monsieur Pompong dachte offensichtlich nach.

»Das geht so: Eine Geschichte, die dir eine schlechte Stimmung macht, kannst du verwandeln, wenn du sie dir anders erzählst. Dann bekommt sie einen anderen Sinn für dich. Aber was ist damit gleichzeitig noch passiert?«

»Keine Ahnung!« sagte Monsieur Pompong.

»Nun, ich will's euch sagen: Ihr habt kein Problem mehr damit.«

»Übrigens kenn ich das schon«, sagte Guggi von oben herab. »Das ist wieder so ein schlauer Trick von dir. Aber ob der funktioniert? Na, auf Trumtino ganz bestimmt. Da ist ja so manches möglich.«

»Probier's doch einfach aus, Guggi«, entgegnete Trumtinchen gelassen, »dann wirst du schon sehn.«

»Ach, hör doch nicht auf diesen verfressenen Oberlehrertyp«, warf Monsieur Pompong ein, »der hat doch ständig was zu mekkern. Mir ist gerade ein Beispiel eingefallen: Wenn ich so mitbekomme, wie Carlo sich bei Danny durchsetzen will, dann bin ich der Meinung, daß er ganz schön stur ist. Oder lieg ich damit falsch?«

»Ich sag dazu nichts mehr!« Guggi war jetzt endgültig beleidigt.

Trumtinchen nickte. »Ja, das könnte man so sehen. Aber das ist die eine Sicht. Die andere und bessere wäre: So, wie Carlo seine Meinung vertritt, kann man das auch als Konsequenz ansehen. Und wenn man das so sieht, dann fällt's einem plötzlich schwer, zu sagen: Carlo ist ein Sturkopf. Aber ich möchte noch ein anderes Beispiel bringen. Wenn ich der Meinung bin, daß jemand ein Schlamper ist, dann . . .«

»Ist wieder mal von mir die Rede, wie erfreulich!« unterbrach Guggi eingeschnappt.

»Jetzt hast du dich aber getäuscht, mein Lieber. Dich hab ich gar nicht gemeint. Aber interessant ist, daß du dich angesprochen fühlst. Also, ich sag's noch mal: Ist jemand ein Schlamper, dann muß man anerkennen, wie wenig es ihm ausmacht, was andere über ihn denken.«

»Na bitte, da bin ich ganz deiner Meinung«, erklärte Guggi nun schon versöhnlicher. »Das seh ich nämlich auch so!«

»Und noch ein anderes Beispiel. Wenn sich jemand nur schwer entscheiden kann, dann muß man sich klarmachen, daß es tatsächlich nicht leicht ist, sich festzulegen, wenn man keine Fehler machen will. Oder ein anderer ist unzuverlässig, dann kann man von ihm sagen: Die Situation hat sich für ihn inzwischen grundlegend verändert, und darum verhält er sich auch anders.«

»Und was mache ich bei einem Geizkragen?« wollte Monsieur Pompong wissen.

»Wenn einer geizig ist, kann man besondere Sparsamkeit darin sehen.«

»Momentchen«, unterbrach Guggi, »das stimmt nicht ganz: Wenn einer geizig ist, dann ist er eben geizig. Wir hatten einen schlimmen Geizkragen in unserer Familie. Der hat sich nichts gegönnt und wäre verhungert, wenn wir ihn nicht mit unseren Vorräten durchgefüttert hätten!«

»Das ist doch kein Argument«, entgegnete Trumtinchen. »Er hat trotzdem am Essen gespart.« Nun zog Guggi einen Flunsch. Trumtinchen fuhr fort: »Da gibt's noch viele andere Beispiele: Wenn einer steif und förmlich ist, dann kann man darin auch große Selbstbeherrschung sehen. Oder einer spricht nicht viel, so ist er ruhig und bedacht. Aber genug damit. Habt ihr erst mal die Umdeutung geschafft, dann ist eure schlechte Stimmung damit verflogen. Und warum? Weil sich eure Gefühle mit dem neuen Etikett verändert haben.«

»Wieso sagst du auf einmal ›Etikett‹?« fragte Guggi und machte sein typisch nachdenkliches Gesicht.

»Na, was ein Etikett ist, weißt du doch! Denk an eins auf einer Flasche. Und nach dem Umdeuten ist ein neues und besseres drauf.«

»Und wie kann ich das Verhalten von Susi anders sehen, äh, neu etikettieren?« fragte Monsieur Pompong eifrig.

»Du kannst bei Susi anerkennen, daß sie nicht naiv vertrauensvoll ist. Die Phantasie ist zwar mit ihr durchgegangen, aber sie hat sich doch Gedanken über sich und ihre Nachbarin gemacht.«

»Das überzeugt mich nicht«, erwiderte Monsieur Pompong. »Susi hat sich doch saublöd benommen, das kann ich einfach nicht anders sehen!« Monsieur Pompong tippte sich mit dem Finger an die Stirn.

»Bei dir soll sich ja auch nicht schlagartig was im Oberstübchen ändern, du sollst dir nur so nach und nach eine andere Sicht der Dinge angewöhnen, besser noch gleich mehrere.«

»Na gut, wenn du meinst, Sternchen. Aber sag mir noch, wie ich das ansehen könnte, daß ich mit Susi manchmal heftigen Krach habe?«

»Überlege mal selbst. Was könnte auf einem Etikett für ›sich oft krachen‹ geschrieben stehen?«

»Tja, da könnte man vielleicht lesen: Zwei, die oft Krach haben, verstehen sich nicht besonders gut.«

»Richtig, das ist die eine Möglichkeit. Was könnte es aber noch heißen?«

Monsieur Pompong schüttelte den Kopf, und Guggi sah demonstrativ in die Luft.

»Na, außerdem könnte noch daraufstehn: Man kann nur mit dem über längere Zeit streiten, der einem nah ist und den man ernst nimmt. Streit ist auch eine Möglichkeit – freilich keine besonders gute –, sich intensiv mit jemandem auseinanderzusetzen.«

»Stimmt genau. Ist mir einer wurscht, dann streite ich nicht mit ihm«, sagte Guggi wieder etwas belehrend.

»So hab ich das noch gar nicht gesehen«, meinte Monsieur Pompong erleichtert.

Kurze Zeit darauf stieß Carlo zu ihnen. Er hatte die große Lupe mitgebracht und beugte sich nun zur Schublade herab. »Worüber debattiert ihr denn schon wieder?« fragte er schmunzelnd.

»Wir sprechen über die große Kunst des Umdeutens«, antwortete Trumtinchen und zwinkerte Carlo zu, »natürlich auch von uns Trumtinen erfunden. Doch hier ist Monsieur Pompong. Darf ich euch miteinander bekannt machen?«

»Bonjour, bonjour«, rief Monsieur Pompong charmant nach oben, und Carlo entgegnete: »Schon viel von Ihnen gehört, verehrter Meister! Wann erscheint Ihr außergewöhnliches Buch?« Das ging Monsieur Pompong natürlich runter wie Öl, und er machte eine tiefe Verbeugung.

»So so, die große Kunst des Umdeutens besprecht ihr gerade«, meinte Carlo dann.

»Ja, was wir damit meinen, kann ich dir gleich an Dannys Verhalten erklären. Der stellt doch vieles, was du ihm sagst, mehr oder weniger in Frage. Ich denke dabei nur an seine raffinierten Ausreden, wenn er zu spät von der Schule nach Hause kommt. Aber so, wie er das macht, sind das doch die besten Voraussetzungen dafür, daß er später vielleicht ein ausgefuchster Rechtsanwalt wird. Hast du's schon mal so betrachtet?«

Jetzt war Carlo verblüfft. »Nein, habe ich nicht«, sagte er, und es schien, als würde ihm dieser Gedanke gut gefallen.

»Wenn du Danny nun so siehst, wirst du mit ihm ganz anders umgehen. Und Danny wird dann spüren, daß sich in dir was verändert hat. Er weiß zwar nicht genau, was, aber er spürt, daß deine Einstellung ihm gegenüber anders ist, was nicht heißen soll, daß du ihm seine Ausreden glaubst.«

»Nicht schlecht, Sternchen. Damit könnt ich's mal probieren.«

»Aber ich wollte euch noch was anderes verraten. Mit dem Umdeuten tut man sich leichter, wenn man versucht, das eigene Problem aus der Sicht eines anderen zu sehen, und das geht so: Angenommen, Monsieur Pompong hätte ein Problem, so könnte er Guggi fragen: Lieber Guggi, welchen Rat würdest du mir in dieser Angelegenheit geben?«

»Aber ich kann Guggi doch wirklich fragen, ich komme ja fast jeden Tag zu ihm!« protestierte Monsieur Pompong.

»Das ist doch nur ein Beispiel!« Trumtinchen runzelte die Stirn. »Es geht bei diesem Trick nicht um Guggis tatsächliche Meinung zu deinem Problem, sondern um etwas ganz anderes. In dem Moment, in dem du dir vorstellst, was Guggi zu dir sagen könnte, lockern sich bei dir gleich ein paar Gehirnwindungen.«

»Merci, merci, die sind auch so locker genug!«

»Na, wer weiß. Jedenfalls fängst du an, in eine neue Richtung zu denken. Ein anderes Beispiel: Angenommen, jemand hat Schwierigkeiten mit seinem Lehrer. Dann bringt ihn die herbeigedachte Meinung seiner Freunde oder seiner Schulkameraden, der anderen Lehrer oder der Putzfrau in der Schule auch auf ganz neue Ideen.«

»Echt verblüffend«, warf Guggi ein. »Aber du scheinst vergessen zu haben, daß wir keine Schulkinder mehr sind!«

»Gut, dann seien es eben Schwierigkeiten mit dem Chef oder dem Nachbarn. Nur eins ist wichtig: Ihr sollt die, die ihr in Gedanken fragt, nicht über Probleme reden, sondern gute Lösungsvorschläge machen lassen. Und es kommt bei diesem Phantasiespiel auch nicht darauf an, eine tatsächlich zutreffende Meinung herauszufinden – Sinn und Zweck des Ganzen ist, daß ihr erstens eine neue, bessere Sicht bekommt und zweitens Lösungen für euch entdeckt.«

Es wurde in der Schublade noch lange hin und her diskutiert. Carlo hatte sich mittlerweile in seinen Sessel gesetzt. Er putzte zuerst ausgiebig seine Brille, blätterte dann in einem alten Zauberbuch und steuerte nur zuweilen den einen oder anderen Satz bei. Guggi bot extra fein geraspelte Holzspäne an. Er selbst aß aber nichts davon. Die Tricks von Trumtinchen wirkten bei ihm immer besser.

Später landete noch Hugo, der diensthabende Abendkurier, und meldete, daß einige Zweitagsfliegen versuchen wollten, sich zu Dreitagsfliegen weiterzuentwickeln. Aber das würden die anderen Fliegenarten gar nicht gern sehen. Ärger wünschten sie sich allerdings nicht, und eigentlich seien sie mit den zwei Tagen auch mehr als zufrieden.

Nachdem Hugo die Tagesneuigkeiten berichtet, Trumtinchen nach etwaigen Wünschen gefragt und allen höflich noch eine gute Nacht gewünscht hatte, setzte er seine große Fliegerbrille wieder auf, startete und zog summend nach oben. Doch kurz vor dem Fliegenfänger machte er unversehens kehrt und stürzte sich senkrecht nach unten. Hatte er vielleicht was vergessen? Nein, Hugo war plötzlich übermütig geworden. Er hatte heute früh auf einem Suchflug bemerkt, daß es ein herrlich pfeifendes Geräusch gab, wenn er seine Schwanzfäden beim Sturzflug leicht spreizte. Genau das war ihm jetzt eingefallen. Zudem legte er noch seine Flügel an, so daß er wie ein Pfeil mit einem Höllenlärm in die Tiefe schoß. Er hielt nun direkt auf die am Boden liegende Katze zu.

Kater Mohrle bekam's mit der Angst, machte sich flach, so gut er konnte, und kniff die gelben Augen zu. Beinahe hätte der verwegene Hugo tatsächlich seine Schnurrhaare gestreift, doch er zog im allerletzten Moment nach oben, nutzte den verbliebenen Schwung zu einem doppelten Looping und flog anschließend immer noch schrill pfeifend durch die Tür nach draußen.

So geht's

Die Kunst des Umdeutens: Das Gute im Schlechten

Trumtinchen behauptet: »Wir alle sind Geschichtenerzähler«, und erklärt es damit, daß jeder seinen Mitmenschen (und sich selbst) von dem erzählt, was er fühlt, denkt und meint, sich wünscht oder befürchtet, wie er sein Leben sieht und was er von sich und den anderen hält.

Manche dieser Geschichten klingen mitreißend, spannend oder dramatisch, etliche leiern wie Schallplatten, bei denen die Nadel hängt. Andere sind heiter und beschwingt, wieder andere machen traurig, denn ihnen scheint ein Happy-Ending versagt zu sein. Fällt die Geschichte beim Publikum durch, weil sie vielleicht zu abgehoben ist, dann wird ein sensibler Geschichtenerzähler sie so lange verändern, bis sie die Zuhörer anspricht. Ein anderer aber wird seine Geschichte unverändert lassen, wird ihr noch mehr Gewicht verleihen, indem er sie nicht nur lauter und aggressiver vorträgt, sondern als einzig gute und wahre hinstellt.

Etwa dagegen zu argumentieren oder so eine Geschichte großzügig zu übergehen sind Methoden, die nie richtig funktionieren. Und wenn bei Gesprächen schon von vornherein feststeht: »Ich habe mit meiner Geschichte recht, und du hast mit deiner unrecht!« – dann ist das keine gute Basis, um eine liebevolle Beziehung miteinander zu führen.

Wenn wir zu den Menschen gehören, die das durchschaut haben und wissen, daß jeder seine eigenen, subjektiven Geschichten erzählt (die viel mit seiner Lebensgeschichte zu tun haben) – dann haben wir viel gewonnen, denn wir können uns die fremden Geschichten aus der Distanz und in Ruhe anhören, gleichgültig, ob sie vom Privat- oder Berufsleben handeln. Wir wissen, das sind die Geschichten der anderen – das ist ihre Realität, aber nicht die unsere. Und wir können diese Geschichten individuelle Erzählungen sein lassen und uns die endlosen Diskussionen oder gegenseitigen Vorwürfe schenken. Doch damit können wir es nicht bewenden lassen.

Meine Geschichte und deine Geschichte

Es geht darüber hinaus um das Zusammenspiel zwischen unserer persönlichen Geschichte und der gemeinsamen Wirklichkeit und wie wir ihr durch konstruktive Geschichten näherkommen können oder, umgekehrt, sie durch abgehobene Storys immer mehr verlieren.

»Ich bin nicht dazu da, um in deiner Geschichte zu gefallen!« Dieser Satz könnte durchaus von Trumtinchen stammen. Aber er findet sich so ähnlich formuliert in der Gestalttherapie.

Um seelische und zwischenmenschliche Probleme zu lösen, sucht diese Therapierichtung den Weg für die Selbstverantwortung, die der Mensch nur auf sich nehmen kann, wenn er sich so akzeptiert, wie er ist. Erst dann, so behauptet sie, werden sich Probleme lösen und Störungen beseitigt. Aus diesem Kontext heraus ist das sogenannte »Gestaltgebet« Frederick S. Perls' zu verstehen:

»Ich tu, was ich tu; und du tust, was du tust.
Ich bin nicht auf dieser Welt, um nach deinen Erwartungen zu leben,
Und du bist nicht auf dieser Welt, um nach den meinen zu leben.
Du bist du, und ich bin ich,
Und wenn wir uns zufällig finden – wunderbar.
Wenn nicht, kann man auch nichts machen.«
(Gestalt-Therapie in Aktion, S. 13)

Aber so sehen nicht alle Menschen ihr Leben in der Gemeinschaft mit anderen und in einer gemeinsam erlebten Welt. Und wenn man diese Zeilen im Sinne der Geschichten über das Leben, über sich selbst, den Partner und die anderen umformuliert, könnte das »Gebet« so lauten:

Ich erzähle meine Geschichte, und du erzählst deine Geschichte.
Ich bin nicht auf dieser Welt, um in deiner Geschichte zu gefallen,
Und du bist nicht auf dieser Welt, um in meiner Geschichte
zu gefallen.
Du hast deine Geschichte, und ich habe meine Geschichte.
Wenn sie zufällig übereinstimmen – wunderbar.
Wenn nicht, uns aber etwas daran liegt, dann sollte jeder das, was fehlt, in seiner ergänzen,
damit eine gute, gemeinsame Geschichte daraus wird.

Wie macht man das? Es gibt viele Möglichkeiten, daß aus der eigenen Geschichte und der des anderen trotz der unterschiedlichen Wertesysteme, Entwicklungslinien und Lebenserfahrungen eine gemeinsame Geschichte und damit eine gemeinsam erlebte Realität werden kann. Über das Pacen haben wir schon einen Weg kennengelernt. Eine weitere Möglichkeit ist, die Geschichte des anderen anders zu interpretieren. Dann wird sie verständlicher, weil sie für uns eine andere Bedeutung erfährt, die uns – bezogen auf die Unstimmigkeit, die wir empfinden – anders fühlen, denken oder handeln läßt.

Und diese positive Veränderung zieht wieder andere Veränderungen nach sich, die in Richtung einer gemeinsamen Geschichte gehen. Dazu mehr in den folgenden Beispielen.

Ist uns dieser wichtige Schritt einer Umdeutung gelungen, dann haben wir uns von der ersten, negativen Sichtweise auf die Geschichte des anderen gelöst und uns eine zweite, positive angeeignet. »Wir haben eine bessere Story daraus gemacht«, würde Trumtinchen es ausdrücken, »und uns wird's leichter ums Herz.« Und darum werden wir auch nicht mehr so schnell in die Ausweglosigkeit unserer ersten Beurteilung zurückfallen.

Ein viel zitiertes Beispiel fürs Umdeuten findet sich bei Milton H. Erickson: Ein vierzehnjähriges Mädchen dachte, ihre Füße seien zu groß. Aus diesem Grund begann sie sich immer mehr zurückzuziehen und ging schließlich gar nicht mehr aus dem Haus. Ihre Mutter wandte sich an Milton Erickson. Er kündigte der Mutter an, er werde bei ihr unter einem Vorwand einen Hausbesuch machen, und die Mutter solle bei allem mitspielen, was er vorgebe.

Erickson kam. Er hörte die Brust der Mutter ab, während die Tochter als »Anstandsdame« dabeistand. Als die Untersuchung zu Ende war, machte Erickson einen Schritt zurück und trat der Tochter kräftig auf die Zehen. Als sie aufschrie, fuhr er sie wutentbrannt an: »Wenn du diese Dinger groß genug wachsen lassen würdest, daß ein Mann sie sehen könnte, würde dir niemand drauftreten!«

Bevor Erickson das Haus verlassen hatte, fragte die Tochter bereits, ob sie zu einer Veranstaltung gehen dürfe. Ihre Füße waren von da ab für sie kein Problem mehr (Milton H. Ericksons gesammelte Fälle, S. 327).

Trumtinchens Umdeutung von Dannys abweisender Reaktion liest sich in einem Fallbeispiel der Therapeuten Walter und Peller so: Eltern beklagten sich, daß ihr Sohn ein Streithammel sei. Alles, was sie sagten, stelle er in Frage oder wiegele er geschickt ab. Der Vater, der viel Wert auf strenge Erziehung legte und sich ein erfolgreiches Kind wünschte, deutete das Verhalten seines Sohnes als Zeichen dafür, daß er nicht in der Lage sei, sich konform zu verhalten und etwas im Leben zu erreichen.

Die Botschaft der Therapeuten an die Eltern lautete so: »Uns beeindruckt wirklich, wie ausdrucksstark ihr Sohn ist, und wir denken, er hat das Zeug, ein erfolgreicher Strafverteidiger zu werden ...«

Es war ganz offensichtlich, daß dem Vater dieser Gedanke gefiel. Jetzt war er in der Lage, mit seinem Sohn zu diskutieren, statt ihn nur zum Parieren zu bewegen. Wir ahnen schon, daß dieser Sohn natürlich nicht mehr länger gegen seinen Vater war, der ihn nun auf einmal ernst nahm (John L. Walter und Jane E. Peller: Lösungs-orientierte Kurztherapie, S. 150).

Milton Erickson hatte mit einem weniger harschen Etikettentausch im folgenden Beispiel Erfolg: Die achtjährige Ruth haßte sich, weil sie Sommersprossen hatte und von den Kindern in der Schule »Sommersprosse« gerufen wurde. Als ihre Mutter sie zu Erickson brachte, weigerte sie sich, aus dem Wagen zu steigen, weil sie Erickson auch »haßte«. Die Mutter mußte sie also mit Gewalt zu ihm bringen.

Ruth kam mit geballten Fäusten zur Tür herein. Erickson nannte sie gleich eine Diebin, die Zimt gestohlen habe (er hatte in Erfahrung gebracht, daß sie alle Speisen mit Zimt gern aß), und hielt ihr vor, daß sie auf den Küchentisch gestiegen sei, um Zimtplätzchen zu stibitzen. Dabei habe sie etwas Zimt abbekommen und schaue jetzt wie ein »Zimtgesicht« aus. Oder etwa nicht? Ruth brach in Lachen aus, und sie und Erickson begannen, miteinander zu plaudern.

Die Verbindung zwischen den beiden dauerte noch vier Jahre. Ruths Haß verlor sich immer mehr (Milton H. Ericksons gesammelte Fälle, S. 349 f.).

Ein anderes Beispiel: Eine Frau, die in jungen Jahren an Kinderlähmung erkrankt war, begab sich in therapeutische Behandlung. Sie trug Beinschienen und ging an Krücken. Zu Beginn der Beratung sagte sie, sie fühle sich zum ersten Mal in ihrem Leben wegen ihrer Behinderung deprimiert. Sie wolle am liebsten ihre Krücken verstecken. Als sie schließlich im Lauf der Beratung begann, Stöcke von ungewöhnlicher Bauart, Farbe und Form zu benutzen und offen zur Schau zu stellen, betrachteten die Therapeuten dies als Zeichen außergewöhnlicher Stärke. Und das sagten sie ihr auch. Da die junge Frau bisher angenommen hatte, daß die anderen in ihr den »Krüppel« sähen, hatte dieses Etikett ihren Umgang mit Menschen und Situationen bestimmt. Der neue Denkrahmen »Stärke« unterstützte ein neues, positiveres Verhalten (Steve de Shazer: Wege der erfolgreichen Kurztherapie, S. 67 ff.).

Ein historisches Beispiel von Umdeutung: Während einer Unruhe im Paris des 19. Jahrhunderts erhält ein Kommandant der Garde-abteilung den Befehl, einen Platz von der dort demonstrierenden »Canaille« durch Einsatz von Schußwaffen zu räumen. Er befiehlt seinen Leuten, die Gewehre zu laden und auf die Demonstranten zu richten. Während die Menge vor Entsetzen erstarrt, zieht er seinen Säbel und ruft mit schallender Stimme: »Mesdames et Messieurs! Ich habe den Befehl, auf die Canaille zu schießen. Da ich aber vor mir eine große Anzahl ehrenwerter Bürger sehe, bitte ich Sie weg-zugehen, damit ich ungehindert auf die Canaille schießen kann!« Der Platz war in wenigen Minuten leer (Paul Watzlawick: Lösun-gen, S. 103).

Was hatte die Leute beeinflußt? Der Kommandant bot ihnen eine überraschend neue Definition der Situation an. Er nahm den Men-schen gegenüber eine Haltung höflicher Rücksichtnahme ein, die sie dazu brachte, sich unter diesem positiven Etikett zu sehen und danach zu handeln.

Das Umdeuten kann also nur dann Lösungen schaffen, wenn es in den Bezugsrahmen der ersten Interpretation auch paßt. Das heißt, es muß nicht nur den Gegebenheiten entsprechen, sondern ihnen auf eine konstruktive Weise gerecht werden. Wir wollen mit dem Umetikettieren die erste Geschichte verbessern, nicht ver-schlechtern oder via falscher »Definition« gänzlich mißverstehen, wie das folgende Beispiel zeigt.

In der Klatschspalte einer Zeitung aus San Francisco stand: »Da liegt dieser Kerl mit dem Gesicht nach unten auf der Powell Street, der Verkehr steht mehrere Häuserblöcke weit still. Eine kleine, alte Dame steigt aus einer aufgehaltenen Seilbahn aus und beginnt, ihn künstlich zu beatmen – worauf er den Kopf dreht und sagt: ›Also, gute Frau, ich weiß nicht, was Sie da spielen, aber ich versuche, dieses Kabel da zu reparieren!‹« (Daniel Goleman: Lebenslügen, S. 214).

Humor ist mehr als Lachen

Es ist traurig, daß wir in bedrängenden Situationen dieses einfache Hilfsmittel für Lösungen oft nicht parat haben, sondern nach dem Motto reagieren: Die Stimme verschlägt's uns selten, doch meist vergeht uns das Lachen. Die Autoren C. und S. Andreas betonen aber gerade, daß Humor und Lachen zwei der wirksamsten, jedoch am wenigsten genutzten Möglichkeiten sind, die wir bei Problemen zur Verfügung haben. Bleiben wir ernsthaft, dann heißt das meist, nur eine einzige Deutung zu haben und darin festzusitzen. Mit Humor können wir aus dieser Falle ausbrechen, indem wir einen tiefen Atemzug tun und die Dinge nicht so ernst nehmen. Doch wie bringt man sich auf diese Schiene, wenn einem wirklich nicht zum Lachen zumute ist?

Die Autoren machen folgenden Vorschlag: Stellen wir uns vor, daß wir einer Freundin (oder einem Freund), die wir sehr schätzen, weil sie mit heiklen Situationen gut umgehen kann, von unserem Problem erzählen. Während wir es ihr schildern, fällt sie vor Lachen fast vom Stuhl (Connirae und Steve Andreas: Gewußt wie, S. 262).

Diesen Trick hat Peter S. ausprobiert, und er hat ihn fähiger gemacht, ein aktuelles Problem anzugehen. In einem Seminar berichtete er von seinem Erfolg:

Seit Monaten auf Arbeitssuche, hatte er Hemmungen, sich auf Zeitungsannoncen hin telefonisch zu melden. Schon den Telefonhörer in die Hand zu nehmen kostete ihn größte Überwindung. Das ließ er in Gedanken seinen Freund Roland wissen. Roland kann kräftig lachen, und Peter ließ ihn noch mehr lachen. Und plötzlich kam ihm das Telefonieren und damit sein Problem anders, ja, eben richtig lächerlich vor. Er war augenblicklich klarer im Kopf, und ihm kam sogar die Idee zu einem lustigen Einstieg in das bevorstehende Gespräch.

Das zirkuläre Fragen

Wie locker gehen wir beispielsweise darüber hinweg, wenn der Nachbar einen Kratzer in sein neues Auto fährt. »Ach«, werden wir ruhig und sicher sagen, »den kann man rauspolieren, und dann sieht man ihn nicht mehr!« Dieser Kommentar wird dem Nachbarn vielleicht eine Hilfe sein. Bei zwischenmenschlichen Problemen funktioniert das ähnlich: Zu (m)einem Problem die Meinung eines Außenstehenden zu hören, der beispielsweise zu mir sagt: »Du, das ist ganz normal, daß du dich in so einer Situation aufregst. Das würde mir nicht anders gehn. Aber ich sehe die Dinge so . . ., und wenn du vielleicht das oder das tust oder denkst, dann kriegst du die Sache schon wieder auf die Reihe. Du wirst sehn!« – das zu hören tut gut.

Eine ähnliche Vorgehensweise nennt der Fachmann in der Beratung »zirkuläres Fragen«. Es vermittelt dem Ratsuchenden, der sich in seinem Problemdenken festgefahren hat, einen Ausweg über andere, fremde Sichtweisen. Nehmen wir als Beispiel an, eine Mutter geht zum Therapeuten, weil die Tochter Schulprobleme hat, so könnte er mit folgenden Fragen ihr Gedankenspiel anregen: »Wenn ich Ihren Mann fragen würde, was würde er mir dazu sagen? Was sagt die Lieblingslehrerin Ihrer Tochter? Stellen Sie sich vor, Sie seien Ihre Tochter. Was würde sie sagen, wie Sie sie unterstützen könnten?«

Hat zum Beispiel Frau Y Schwierigkeiten mit ihrem Chef, dann bringt sie die imaginierte Meinung ihrer Kollegen oder vielleicht der Putzfrau, des Wachmanns an der Pforte, der Ehefrau des Chefs etc. auf ganz neue Sichtweisen und Ideen. Doch sollte sie dabei immer lösungs- und nicht problemorientiert denken und die Frage »Warum?« durch die Frage »Wie anders?« ersetzen. Dadurch, daß sich Frau Y mit den Augen anderer sieht, wird sie vielleicht nicht nur ihre Kollegen besser verstehen (da sie sich vielleicht zum ersten Mal intensiv mit ihnen in diesem Phantasiespiel gedanklich auseinandersetzt), sondern ihr Problem bekommt auch eine entscheidend neue Qualität. Mit ähnlicher Vorgehensweise läßt sich zum Beispiel auch eine Familientherapie ohne tatsächlich anwesende Familie durchführen, eine Partnertherapie ohne den Partner.

Wichtig: Lassen wir (wie Trumtinchen schon gesagt hat) unsere fiktiven Gesprächspartner keinesfalls über Probleme, sondern nur über Lösungen reden. Es kommt bei unserem Phantasiespiel auch nicht darauf an, die tatsächliche Meinung des nicht Anwesenden wiederzugeben. Sinn und Zweck sind allein, daß wir andere Sichtweisen und dadurch neuen Schwung erhalten. So ein Gedankenspiel regt nicht nur die Phantasie an, es entlastet auch und tut darum gut, schafft neue Zusammenhänge, Ideen, Einblicke und läßt uns Abstand zu dem gewinnen, was uns gerade so belastet. (Wer will, kann sich ja den Satz vorsagen: »Was würde das kluge Sternchen dazu sagen?« Und dann läßt er sich von ihm eine Superlösung für sein Problem erzählen.)

P.S. Die Geschichte vom nie begonnenen Käsekuchen ist bei Paul Watzlawick die Geschichte vom »Mann mit dem Hammer«, die wesentlich dramatischer endet:

»Ein Mann will ein Bild aufhängen. Den Nagel hat er, nicht aber den Hammer. Der Nachbar hat einen. Also beschließt unser Mann, hinüberzugehen und ihn auszuborgen. Doch da kommt ihm ein Zweifel.« Die Geschichte geht weiter wie bei Susi. Doch zum Schluß denkt sich der Mann voller Wut: »Und der Nachbar bildet sich noch ein, ich sei auf ihn angewiesen. Bloß weil er einen Hammer hat. Jetzt reicht's mir wirklich. – Und so stürmt er hinüber, läutet, der Nachbar öffnet, doch bevor er ›Guten Tag‹ sagen kann, schreit ihn unser Mann an: ›Behalten Sie sich Ihren Hammer, Sie Rüpel!‹« (Anleitung zum Unglücklichsein, S. 37 f.).

Leseempfehlung

William H. O'Hanlon und Angela L. Hexum: Milton H. Ericksons gesammelte Fälle. Stuttgart 1994.
Ericksons Lösungswege verblüffen. Aber man wird den Verdacht nicht los, daß sich einige Falldarstellungen wie Hagiographie lesen.

Thomas Weiss und Gabriele Haertel-Weiss: Familientherapie ohne Familie. Kurztherapie mit Einzelpatienten. München 1991.

Wer die Methoden der Kurztherapie systematisiert lesen mag, der findet diesen Überblick in:

Eva Madelung: Kurztherapien. Neue Wege zur Lebensgestaltung. München 1996.

Wer zudem praktische Tips und Anlaufadressen haben möchte:

Moshe Talmon: Schluß mit den endlosen Sitzungen. Wege zu einer lösungsorientierten Kurztherapie. München 1996.

Kapitel 16

Zirkus Pompino gastiert in der Stadt

Geduldig warteten Carlo und Trumtinchen schon seit dem Vormittag auf dem Messeplatz am Stadtrand. Carlo hatte seinen Zylinder aufgesetzt und ihn mit einer langstieligen Papierrose geschmückt, in der Trumtinchen saß. Während Carlo auf und ab spazierte, schaukelte Trumtinchen mit der Blume wild hin und her. Da wäre Carlo beinahe der Zylinder vom Kopf gefallen.

Es wurde Mittag, und beide wollten schon enttäuscht nach Hause gehen, da bogen die Zirkuswagen endlich um die Ecke. Rot und weiß waren sie angemalt, genau so, wie Trumtinchen es vorausgesehen hatte. Auf den ersten Blick sahen sie bunt und lustig aus. Aber schaute man genauer hin, entdeckte man die vielen Beulen und den alten Anstrich, der an vielen Stellen abgeblättert war. Ein alter Schlepper wurde hinterhergezogen, weil er unterwegs kaputtgegangen war. Nur jetzt, beim Aufstellen der Zelte, bloß keine Panne mehr! Die Zirkuskinder zogen los, um Plakate anzukleben. Und die Zirkusleute packten kräftig zu – jeder Handgriff mußte sitzen.

»Später«, gab der Zirkusdirektor mit Namen Scholl zur Antwort, als Carlo ihn kurz zur Seite nehmen wollte, »Sie sehen ja, was hier los ist.«

Also mußten Carlo und Trumtinchen noch länger warten. Erst als Scholls Caravan stand und er beim Aufbau des großen Spielzelts eine Weile zugeschaut hatte und zufrieden damit schien, war er zu einer Auskunft bereit. »Ja, wir besitzen so einen schwarzen Lederkoffer«, antwortete er auf Carlos Frage, »und der reist mit uns, solange ich denken kann. Mein Vater wollte es so. Ich habe ihn von ihm geerbt, und er wieder von seinem Vater. Eine alte Puppe liegt drin. Aber wieso wollen Sie das wissen?«

»Und wo ist der Koffer jetzt?« fragte Carlo stur.

»Ich glaube, er ist im Futterwagen«, sagte Scholl und schickte einen jungen Mann los, um den Koffer zu holen.

»Nun verraten Sie mir doch, woher Sie von dem Koffer wissen«, fing Scholl wieder an.

»Lieber Herr Scholl«, sagte Carlo. »Ich sammle alles, was mit Zauberei zusammenhängt. Ja, und als Sie die Puppe erwähnt haben, wurde es für mich erst richtig interessant.« Zum Glück war Carlo das eingefallen, denn Scholl von den Trumtinen und ihren geheimnisvollen Botschaften mittels Gedankenübertragung zu erzählen schien ihm nicht sehr angebracht.

Da kam der junge Mann schon mit dem Koffer unterm Arm zurück. Scholl öffnete die alten Schlösser. Der Deckel quietschte. Man sah hinein. Schwarzer Samt umhüllte einen kleinen Körper in der Größe einer Puppe. Vorsichtig schlug Scholl das Tuch zu beiden Seiten auf. Da blickte Carlo auf ein Wunderwerk: Es war eine mechanische Puppe aus dem vorigen Jahrhundert mit einem feinen Gesicht aus Porzellan, von blonden Haaren eingerahmt. Sie trug ein rosa Seidenkleid mit Spitzenkragen und Stiefelchen aus weichem Leder. An ihrer Hand funkelte ein Ring. Die Augen unter langen Wimpern waren fest geschlossen, und es sah so aus, als schlafe sie. Märchenhaft schön war sie, ein wahres Meisterstück.

Scholl wurde weggerufen. Behutsam hob Carlo die Puppe aus dem Koffer und wollte sie gerade gegen seine Schulter lehnen, da stieß Trumtinchen hoch oben in der Rose einen schrillen Freudenschrei aus. »Da, da, da!« rief es mit sich überschlagender Stimme und kletterte, so schnell es nur konnte, aus der Blume auf den Zylinderrand und deutete und winkte wild zu der Puppe hin. Tatsächlich, an einer Haarnadel auf ihrem Kopf schaukelte Laniah hin und her. Kurze Zeit darauf fielen sich die zwei Sternenkinder vor Glück und Freude weinend um den Hals. Und Carlo wischte sich verstohlen eine Träne weg.

Laniah war beim Zirkus Pompino auf der Spitze des Spielzelts gelandet. Mutig war sie die Zeltbahnen heruntergerutscht und hatte nach langem Suchen im Koffer bei der Puppe ihr Lager aufgeschlagen. Sie hatte sich einfach durch den engen Spalt unter dem Deckel hineingezwängt. Zwar war Laniah etwas blaß, weil ihre mitgebrachte Sternenkost aufgebraucht war, aber sonst schien sie gesund und munter. Sie hatte die ganze Zeit mit allen Tricks versucht, sich bei guter Stimmung zu halten, und das war ihr gelungen.

Carlo legte die Puppe wieder zurück und deckte sie sacht zu. »Wenn sie jetzt die Augen aufmachen und ›hallo‹ sagen würde«, dachte er, »wäre ich nicht überrascht. So lebendig sieht sie aus.«

Direktor Scholl kam zurück und zupfte Carlo am Ärmel. »Entschuldigen Sie. Ich wollte Sie die ganze Zeit schon fragen, ob es sein kann, daß ich Sie von irgendwoher kenne? Ihr Gesicht kommt mir bekannt vor.«

»Das kann sein«, erwiderte Carlo. »Ich war Maginello, der Zauberer.«

»Sie sind Maginello?« versetzte Scholl freudig überrascht. »Ich erinnere mich gut an Sie! Als Junge war ich mit meinem Vater in einer Vorstellung von Ihnen. Großartig, wirklich großartig, Ihr Programm. Und was machen Sie heute so, verehrter Maginello?«

»Beruflich gar nichts mehr, Zaubertricks übe ich nur noch für mich, damit ich nicht ganz einroste!«

»Hervorragend, lieber Maginello, und nennen Sie mich Harry! Sagen Sie, hätten Sie nicht Lust zu einem kleinen Gastauftritt bei uns? Einen Zauberer haben wir nicht in unserer Vorstellung, und ich denke, der Name Maginello ist immer noch bekannt, und außerdem...« Scholl hielt mitten im Satz inne, räusperte sich und fuhr dann fort: »Ich will nichts beschönigen. Uns geht es nicht besonders gut, das haben Sie sicher schon gesehen. Wir kommen gerade so über die Runden. Wer will noch eine Handvoll Artisten, einige struppige Kamele, einen kleinen Elefanten und ein paar magere Ponys sehen? Von den Ziegen will ich gar nicht erst reden. Die Kinder wollen sie streicheln, sicher, aber damit hat sich's auch. Die Leute sitzen lieber zu Haus vor dem Fernseher. Ich kann es ja irgendwie verstehen. Aber wenn Sie, lieber Maginello, bei uns auftreten würden, dann kämen sicher mehr. Zaubern hat im Fernsehen wenig Reiz, das muß man mit eigenen Augen sehn. Also, was halten Sie von meinem Vorschlag? Nur zahlen kann ich Ihnen nicht viel, lieber Maginello.«

»Keine schlechte Idee, Harry. Das würde sich gut treffen, denn ich habe vor, in meinem Leben etwas zu verändern. Einerseits ist es mir auf meine alten Tage zu ruhig, andererseits ist es aber auch recht aufregend. Ich schlage vor, ich schaue mir heute abend zuerst mal Ihre Vorstellung an. Danach setzen wir uns zusammen und reden über Ihre Idee. Und was das Geld betrifft, werden wir uns in jedem Fall einig. Was mich besonders fasziniert, ist diese Puppe. Wenn sie noch funktioniert, hätten Sie eine große Attraktion in Ihrem Programm. Sie wissen, solche Puppen sind sehr kostbar. Sammler zahlen jede Summe dafür. Und so gesehen, kann Ihrem Zirkus eigentlich gar nichts passieren.«

Und Carlo erzählte Harry aus der Zeit, da diese Puppen von sehr geschickten Uhrmachern gefertigt wurden und je nach Ausführung Musik machten, Fragen beantworteten, weissagten, Schach oder Karten spielten. Das Publikum glaubte, daß in ihnen Zwerge verborgen waren, die den Puppen Leben gaben. Doch die Blütezeit dieser kunstvollen Konstruktionen war schon lange vorbei.

»Jetzt, wo Sie das erzählen, verehrter Maginello, fällt mir auch die tragische Geschichte dieser Puppe wieder ein. Derjenige, der sie damals anfertigen ließ, wollte, daß sie seiner verstorbenen Tochter aufs Haar glich. Das hübsche Zirkuskind soll vom Seil gestürzt sein. So jedenfalls berichtete es mir mein Vater, aber Sie wissen ja, wie schnell solche Geschichten entstehen. Ich kann nicht so recht daran glauben.«

»So, so«, meinte Carlo nachdenklich. Er wollte jedenfalls in seinen alten Zeitungsausschnitten nachschauen, ob er nicht etwas über die Puppe darin fände. »Hat Ihre Familie immer schon Scholl geheißen?« fragte er.

»Ja, ja, wir waren auch immer Zirkuskinder. Aber warum fragen Sie?«

»Ach, nur so«, sagte Carlo wie beiläufig.

Der Koffer mit der Puppe wurde nicht mehr im Futterwagen verstaut. Er stand nun mitten im Zirkusrund, und Pippo, der Clown, sollte ihn abstauben und die angelaufenen Messingbeschläge polieren. Fröhlich pfiff er vor sich hin. Doch war da nicht ein Geräusch, regte sich da nicht etwas im Koffer? Pippo drückte sein Ohr daran und lauschte. Da, er hörte es ganz deutlich: »Tok, tok, tok« klopfte es von innen an die Wand. Und gleich darauf wieder: »Tok, tok, tok«. Pippo rannte wie ein geölter Blitz nach draußen.

»Es spukt, es spukt!« rief er laut über den Platz, und kurz darauf war der ganze Zirkus zusammengelaufen.

»Ruhe, Ruhe!« rief Scholl, und augenblicklich waren alle still. »So«, meinte er, »und warum machst du so ein Geschrei, Pippo?«

»Der Koffer da!« Pippo deutete aufgeregt zum Zelt. »Die Puppe hat geklopft, als möchte sie wieder raus. Ich hab's ganz deutlich gehört. Nie und nimmer geh ich in das Zelt zurück!«

»Nun sei doch nicht so ein Hasenfuß!« sagte Scholl und legte ihm die Hand auf die Schulter. »Pippo, das ist doch nur eine Puppe! Komm, ich geh mit dir hinein. Wir schauen beide nach.«

Der ganze Zirkus zog ins Spielzelt. Scholl öffnete den Koffer und schlug das Samttuch zurück. »Na bitte, Pippo, was hab ich dir gesagt?«

»Aber da, das Auge, was ist mit dem Auge los?« stotterte Pippo.

»Das linke Auge ist offen«, stellte Carlo sachlich fest und schob Pippo beiseite.

»Das ist allerdings merkwürdig«, sagte Scholl und drehte sich zu Carlo um. »Kann das Federwerk nachgelaufen sein?«

»Möglich«, meinte Carlo. »Weil sie vorhin hin und her bewegt wurde, hat es sich weitergedreht, und davon ist dann das Auge aufgegangen. Aber ich halte es für unwahrscheinlich, denn im Futterwagen ging's ja auch nicht gerade ruhig und komfortabel zu. Aber ich darf mich entschuldigen, Harry, ich hab noch was Wichtiges zu erledigen!«

Carlo hatte es mit einem Mal eilig. Er verabschiedete sich von den Zirkusleuten, versprach, zur Vorstellung wieder da zu sein, und hastete mit den beiden glückseligen Trumtinchen in der Rose zur Straßenbahn. »Ich muß gleich in meinen alten Zeitungen nachschauen«, sagte er unterwegs. »Die Puppe läßt mir keine Ruhe!«

Carlo verschwand im Keller, und die beiden Trumtinchen zogen unterdessen mit großem Hallo bei Guggi ein. Auch Monsieur Pompong war da. Beide freuten sich riesig. »Jetzt kommt doch endlich Leben in diese triste Bude«, sagte Guggi trocken. »Da werden wir übrigens noch so manche irre Party zusammen feiern.«

Laniah machte sich gleich über die dargereichten Kuchenkrümel her. Sie hatte wirklich großen Hunger. Anschließend berichtete sie, daß sie noch viele Gedankenbotschaften von anderen Trumtinen empfangen hatte, mit bunten Bildern von fernen Städten und fremden Landschaften.

Carlo wurde tatsächlich fündig. In einer vergilbten Zeitung seiner Sammlung entdeckte er einen Nachruf auf einen Zirkusdirektor namens Linus Schmitt. In dem stand unter anderem, daß er einem Uhrmacher den Auftrag gegeben hatte, eine Puppe zu bauen, die seiner verstorbenen Tochter Stephanie in Größe und Aussehen glich. Doch bevor sie fertig war, starb Schmitt überraschend. Man vermutet, so las Carlo weiter, daß er den tragischen Unfall seines achtjährigen Kindes nicht verkraftet hatte.

»Schmitt«, dachte Carlo und pfiff durch die Zähne, »das ist ja hochinteressant. Und der Artikel bestätigt, was Scholl gesagt hat. Dieser Linus Schmitt wird doch nicht jener Vorfahre sein, von dem mein Vater immer sprach? Und ich habe ihm das nie geglaubt.« Und Carlo packte die alte Zeitung sorgfältig weg.

Am Abend besuchte Carlo die Vorstellung. Die wenigen Zuschauer sahen ein Programm aus mittelmäßigen Kunststücken, derben Späßen und viel Geschrei mit plärrender Musik vom Tonband. Carlo fand es schlichtweg deprimierend. So was wollte freilich keiner sehen. Nach der Vorstellung traf er sich wie verabredet mit Scholl in dessen Caravan.

»Sei'n Sie mir nicht böse, Harry«, begann Carlo ohne Umschweife, »aber wenn Sie und Ihre Leute mit dem Zirkus überleben wollen, dann muß sich Ihr Programm ändern. Es muß entschieden besser werden. So kann es jedenfalls nicht bleiben. Wenn Sie erlauben – ich hätte ein paar Vorschläge dazu. Schließlich bin ich ja oft genug beim Zirkus aufgetreten und habe noch viele attraktive Nummern im Kopf!« Klar, daß Carlo auch wußte, wie man eine gute Vorstellung auf die Beine stellt.

»Abgemacht!« Scholl würde ihm für die Entwicklung des neuen Programms freie Hand lassen. Am nächsten Morgen, versprach Carlo, wollte er gleich mit der ersten Straßenbahn beim Zirkus sein, um die Puppe auszuprobieren. Ob ihr Federwerk überhaupt noch ging und was sie dann wohl vorführen würde?

Das Amulett

Carlo war früh aufgestanden. Vorsichtig zog er die Schublade weiter auf und sah hinein. »Jetzt aber aufgewacht, ihr Schlafmützen, wir wollen doch zum Zirkus!«

»Müssen wir unbedingt mit?« fragten Trumtinchen und Laniah noch ganz verschlafen. »Wir würden viel lieber bei Guggi bleiben.«

»Freilich, ihr müßt nicht mit. Die Puppe kann ich auch allein ausprobieren«, antwortete Carlo und war gleich darauf zur Tür hinaus.

Monsieur Pompong gesellte sich wenig später neugierig zu den dreien. Nun saßen alle in der Schublade beisammen. Trumtinchen hatte seinen kleinen Stein in ihre Mitte gelegt. Laniah mußte noch einmal genau und ausführlich berichten. Monsieur Pompong fand ihre Rutschfahrt übers Zirkuszelt besonders aufregend. Und Guggi bekam eine richtige Gänsehaut, als sie dann von der Puppe erzählte. Er fand es reichlich »gruselig«.

Beim Zirkus angekommen, nahm Carlo die Puppe aus dem Koffer. Er knöpfte ihr den Kragen auf und sah ein Amulett an ihrem Hals. Er öffnete es. Ein kleines Bild lag darin. Auf der Rückseite standen in steiler Schrift der Name Stephanie geschrieben und die

Zahl 8 mit einem kleinen Kreuz dahinter. »Also ist das tatsächlich jene Puppe«, dachte Carlo und streichelte ihr übers Haar. Dann drückte er sie an sich und murmelte: »Nun ist es gut. Ab sofort bist du meine kleine Stephanie.«

Carlo öffnete Stephanies Kleid am Rücken und zog das Federwerk auf. Dann stellte er sie auf die Beine, hielt sie im Gleichgewicht und drückte den kleinen Stift zwischen den Schulterblättern hinein. Es knackste zwar, doch Stephanie rührte sich nicht vom Fleck. Carlo zog also den Stift wieder heraus, drehte die Feder ein wenig weiter, stellte Stephanie wieder auf die Beine und drückte den Stift hinein. Es knackste wieder, etwas rieb, dann ein schleifendes Geräusch..., und plötzlich öffnete Stephanie langsam das andere Auge, drehte den Kopf in kleinen Rucken nach beiden Seiten, hob den Arm und machte zwei Schritte nach vorn.

»Das reicht«, dachte Carlo, »ich will die Feder nicht zu sehr beanspruchen«, und er zog den Stift heraus. Gut, die Puppe funktionierte, man mußte ihre Gelenke nur etwas ölen. Carlo schloß Stephanies Kleid, legte sie in den Koffer zurück und deckte sie wieder zu.

Jeden Vormittag probte Carlo nun mit den Zirkusleuten, und sie waren mit Feuereifer dabei. Die Musik kam auch nicht mehr leiernd vom Tonband, sondern Scholl hatte auf Carlos Rat hin Musiker dafür engagiert, und ihr »Dschingdarassabummmtätäää« klang weit über den Platz und hallte von den kahlen Wänden der angrenzenden Häuser zurück. Neue, größere Plakate wurden auch noch gedruckt. »Einmaliges Gastspiel des großen Maginello!« las die ganze Stadt. Das Fernsehen und die Tageszeitung berichteten ebenfalls darüber. So sprach man allerorts über Carlo und seinen unheimlichen Fund.

Die Menschen waren auf den kleinen Zirkus aufmerksam geworden. Mütter standen mit ihren Kindern in Grüppchen bei den Zelten und sahen sich die fremde Zirkuswelt genauer an. Natürlich wollte jeder einen Blick auf die Puppe werfen. Aber die war bei Scholl im Caravan gut weggesperrt. Nur von neun bis elf war Stephanie hinter einer Scheibe ausgestellt. Eine Sammelbüchse stand davor, und auf einem Pappschild war zu lesen: »Bitte eine Spende für unsere Tiere. Vielen Dank!« Die Büchse füllte sich allmählich. Und dann kam der große Tag mit Stephanies Auftritt.

Ob Carlo die Premiere gelingt?

»Ausverkauft« war eilig über die Plakate in der Stadt gepinselt worden. Das Zirkuszelt barst schier vor Zuschauern. Und dann ging's los. Das neue Programm war so lustig, daß das große und kleine Publikum mit Klatschen nicht mehr aufhören wollte. Ein Riesenspektakel wurde da geboten und schien sich bis zum Höhepunkt des Abends noch zu steigern: Carlo und seine einmalige Zaubervorstellung.

Zirkusdirektor Scholl höchstpersönlich kündigte Carlos Auftritt an: »Hochverehrtes Publikum! Sehen Sie, staunen Sie über den großen Maginello!« rief er den Leuten zu, dann deutete er zu einer kleinen Bühne hin. Mucksmäuschenstill war's da auf einmal im ganzen Zirkusrund.

Unter Trommelwirbelschlägen trat Carlo aus dem Dunkel ins gleißende Licht der Scheinwerfer. Wie gut ihm der alte Frack noch paßte! Er hob den Zauberstab, der Vorhang hinter ihm teilte sich: Da stand Stephanie, fein und zart, als käme sie aus einer anderen Welt. Auch die Trumtinchen in der Rose hielten für einen Moment den Atem an. Stephanie breitete die Arme aus und machte einen Knicks. Dann ging sie in Trippelschritten nach vorn, drehte den Kopf und klatschte in die Hände. Ein Riesenbeifall brach im Zirkus los.

Stephanie hob nun den Kopf, als würde sie den Beifall hören. Aber mitten in der Bewegung hielt sie plötzlich inne und schaute starr in die Menge. Oh Schreck, war etwa die Feder gebrochen? Carlo warf gleich den Zauberstab in die Luft und fing einen knallbunten Blumenstrauß auf. Er war wie für Stephanie herbeigezaubert. Da – sie erwachte, trippelte zurück, drehte sich um, verbeugte sich mit großer Eleganz, winkte, warf einen Handkuß in die Menge – und senkte langsam ihren Kopf. Das Werk war vollends abgelaufen. Das Licht ging aus, der Vorhang schloß sich wieder.

»Das ist noch mal gutgegangen«, dachte Carlo erleichtert, »die Feder hat gehalten!« Und er begann mit seinem Zauberprogramm. Zwei Zirkusleute assistierten ihm. Carlo ließ sich zuerst in einen großen Karton stecken und diesen von scharfen Messern durchbohren – nicht ohne zuvor dem einen Assistenten den Zylinder in die Hand gedrückt zu haben. Unversehrt und auch noch im Clownskostüm von Pippo entstieg er dem Karton. Dann ließ Carlo schnell herbeigezauberte Stoffhasen ins Publikum fliegen, Gegenstände verschwinden und wieder auftauchen, und selbst, was die Zuschauer so alles in ihren Taschen hatten, wußte er genau. Dann ließ er sich mit Handschellen fesseln und befreite sich ruckzuck.

So ein Feuerwerk der Zauberei hatten die Leute schon lange nicht mehr gesehen. Dieses Tempo, diese Vielfalt, diese Tricks! Zum Schluß kam Beifall ohne Ende. Auch Trumtinchen und Laniah waren vor Glück wie aus dem Häuschen. Sie waren aus der Rose gesprungen und an einem Seil hochgeklettert. Von ihrem luftigen Sitz aus konnten sie alles bestens überblicken. Es war einfach großartig!

Trumtino kommt ins Grübeln

Rabenschwarz lag der Zirkus da. Die Zuschauer waren nach Hause gegangen. Nur im großen Spielzelt brannte Licht. Die Zirkusleute saßen in der Manege an Tischen beisammen und aßen und tranken – in ihrer Mitte Carlo und der stolze Scholl. Diese Vorstellung mußte gefeiert werden! Derweil waren die beiden Sternenkinder zu Stephanie gegangen.

Und noch was gab's zu feiern: nämlich Carlos Entschluß, samt Mohrle und den beiden Trumtinchen mit dem Zirkus auf Tournee zu gehen. Ohne den großen Zauberer Maginello würde es keine Vorstellung mehr geben. Eine Woche noch wollte der Zirkus in der Stadt gastieren und dann weiter durch die Lande ziehn. Auch die Trumtinchen freuten sich auf die Reise, denn so würden sie ganz bestimmt die anderen Familienmitglieder wiedersehen. Sie mußten nur konzentriert genug deren Gedankenbotschaften folgen.

Und was sollte aus Monsieur Pompong und Guggi werden? Die blieben beide da. »Verreisen – und noch so weit?« erklärten sie beide einhellig und zeigten wenig Begeisterung. »Vielleicht ein andermal.« Die Trumtinchen hatten zwar die großartige Idee, Guggi in einem erlesenen Stückchen Holz mitzunehmen, aber auch damit ließ er sich nicht locken. »Und übrigens wird mir doch immer so leicht schwindelig«, meinte er und lächelte verschmitzt. Aber sie hatten alle fest ausgemacht, daß sie ganz intensiv aneinander denken wollten. Was da wohl für interessante Botschaften zustande kämen?

War das eine Stimmung heute abend! Carlo prostete Scholl kräftig zu. Wie wohl er sich unter den Zirkusleuten fühlte und wie gut ihm der Sekt schmeckte, jedenfalls besser als das allabendliche Glas Kamillentee vor dem Zubettgehen. »Ob das mit dem Zirkusblut doch stimmt?« ging es Carlo wieder einmal durch den Kopf. Wie dem auch sei – vor dem Heimweg wollte er noch einmal nach Stephanie sehen und natürlich seine Trumtinchen abholen. Also grüßte er freundlich in die Runde und machte sich für den Aufbruch bereit.

Beschwingt schritt Carlo in die Tulpenstraße zurück. Trumtinchen und Laniah hatte er wieder in die Rose gesetzt. Hier kuschelten sie sich zusammen und waren bald darauf eingeschlafen.

Und von ganz oben, aber diesmal rechts vom Mond, sah Trumtino auf die Erde nieder. »Hat sie nicht doch eine praktische und auch so verlockend kugelige Form?« dachte er – und kam ins Grübeln. Und wie er so angestrengt darüber nachdachte, schien's, als würde sein Funkeln und Strahlen in ein gefährliches Dunkelrot übergehen.

Literaturverzeichnis

Andreas, Connirae und Steve: Gewußt wie. Arbeit mit Submodalitäten und weitere NLP-Interventionen nach Maß. Paderborn 1993.

Bandler, Richard und Will MacDonald: Der feine Unterschied. NLP-Übungsbuch zu den Submodalitäten. Paderborn 1990.

Coulter, Catherine R.: Portraits homöopathischer Arzneimittel. Zur Psychosomatik ausgewählter Konstitutionstypen. Heidelberg 1990.

Erickson, Milton H., Ernest L. Rossi und Sheila Rossi: Hypnose. Induktion – Psychotherapeutische Anwendung – Beispiele. München 1978.

Friedmann, Dietmar: Integrierte Kurztherapie. Neue Wege zu einer Psychologie des Gelingens. Darmstadt 1997.

– und Klaus Fritz: Wer bin ich, wer bist du? Mehr Erfolg durch bessere Menschenkenntnis. München 1996.

– und Klaus Fritz: Wie ändere ich meinen Mann? Den Partner verstehen, die Beziehung verbessern. München 1997.

Goleman, Daniel: Emotionale Intelligenz. München 1996.

– Lebenslügen. Warum wir uns immer wieder selbst täuschen. Weinheim 1991.

Grinder, John und Richard Bandler: Therapie in Trance. Hypnose: Kommunikation mit dem Unbewußten. Stuttgart 1995.

Kubelka, Susanna: Endlich über vierzig. Der reifen Frau gehört die Welt. München 1987.

Madelung, Eva: Kurztherapien. Neue Wege zur Lebensgestaltung. München 1996.

Meiser, Hans Christian (Hrsg.): Trance. Andere Bewußtseinszustände und die Arbeit mit ihnen. Frankfurt/Main 1996.

O'Hanlon, William und Angela L. Hexum: Milton H. Ericksons gesammelte Fälle. Stuttgart 1994.

Perls, Frederick S.: Gestalt-Therapie in Aktion. Stuttgart 1996.

Robbins, Anthony: Grenzenlose Energie. Das Power-Prinzip. Wie Sie Ihre persönlichen Schwächen in positive Energie verwandeln. München 1994.

de Shazer, Steve: Wege der erfolgreichen Kurztherapie. Stuttgart 1992.

– Der Dreh. Überraschende Wendungen und Lösungen in der Kurzzeittherapie. Heidelberg 1993.

– Das Spiel mit Unterschieden. Wie therapeutische Lösungen lösen. Heidelberg 1994.

Silverman, Kenneth: Houdini!!! New York 1996.

Talmon, Moshe: Schluß mit den endlosen Sitzungen. Wege zu einer lösungsorientierten Kurztherapie. München 1996.

Waldmann, Werner: Zauberkunst. Magie, Illusionen, Tricks, Geschichte, Hilfsmittel, Anleitung. München 1996.

Walter, John L. und Jane E. Peller: Lösungs-orientierte Kurztherapie. Ein Lehr- und Lernbuch. Dortmund 1994.

Watzlawick, Paul: Anleitung zum Unglücklichsein. München 1983.

– Lösungen. Zur Theorie und Praxis menschlichen Wandels. Bern 1974.

Weiss, Thomas und Gabriele Haertel-Weiss: Familientherapie ohne Familie. Kurztherapie mit Einzelpatienten. München 1991.

dialog & praxis
Märchen – psychologisch gedeutet

Eugen Drewermann
Lieb Schwesterlein, laß mich herein
Grimms Märchen tiefen-psychologisch gedeutet
dtv 35050

Eugen Drewermann
Rapunzel, Rapunzel, laß dein Haar herunter
Grimms Märchen tiefen-psychologisch gedeutet
dtv 35056

Verena Kast
Mann und Frau im Märchen
Märchen psychologisch gedeutet
dtv 35001

Verena Kast
Wege zur Autonomie
Märchen psychologisch gedeutet
dtv 35014

Verena Kast
Wege aus Angst und Symbiose
Märchen psychologisch gedeutet
dtv 35020

Verena Kast
Märchen als Therapie
dtv 35021

Verena Kast
Familienkonflikte im Märchen
Märchen psychologisch gedeutet
dtv 35034

Gerlinde Ortner
Märchen, die Kindern helfen
Geschichten gegen Angst und Aggression und was man beim Vorlesen wissen sollte · dtv 35065

Gerlinde Ortner
Neue Märchen, die Kindern helfen
Geschichten über Streit, Angst und Unsicherheit, und was Eltern wissen sollten · dtv 35103

Ingrid Riedel
Die weise Frau in Märchen und Mythen
Ein Archetyp im Märchen
dtv 35098

dtv